● 赵中建 选编

欧洲创新潮

欧洲国家创新政策进展

华东师范大学出版社

目录

编者前言 /1

一、欧洲创新政策素描

概要 /1

引言 /2

1. 创新趋势图表的发展 /6

1.1　创新的四年 /6

1.2　创新趋势图表网站 /7

1.3　政策数据库——一种分析工具 /11

1.4　欧洲创新记分牌 /18

1.5　政策工作坊——国家间借鉴的平台 /22

2. 近期热点 /25

2.1　集群政策 /25

2.2　战略性专利申请 /27

2.3　公众对创新的热议 /30

3. 展望 /33

3.1　加强跨国间的创新政策学习 /33

3.2　前景：未来的行动与机遇 /34

二、欧洲国家创新政策报告

概要 /37

引言 /44

1. 欧洲创新政策发展 /46

1.1　引言 /46

1.2　政策努力和优先政策 /47

1.2.1　政策讨论和政策目标 /47

1.2.2　政策措施发展趋势 /54

1.3 各成员国的创新挑战和政策回应 /57
    1.3.1 方法途径 /57
    1.3.2 指标分类带来的挑战 /59
1.4 政策管理的发展 /66
    1.4.1 政策制定与分级机制 /66
    1.4.2 政策评估与评估的作用 /71

2. 各国的创新挑战与政策回应 /77

2.1 比利时 /78
2.2 捷克共和国 /82
2.3 丹麦 /85
2.4 德国 /88
2.5 爱沙尼亚 /92
2.6 希腊 /95
2.7 西班牙 /98
2.8 法国 /102
2.9 爱尔兰 /105
2.10 意大利 /108
2.11 塞浦路斯 /111
2.12 拉脱维亚 /114
2.13 立陶宛 /117
2.14 卢森堡 /119
2.15 匈牙利 /122
2.16 马耳他 /125
2.17 荷兰 /126
2.18 奥地利 /130
2.19 波兰 /133
2.20 葡萄牙 /136
2.21 斯洛文尼亚 /139

2.22 斯洛伐克 /142
　　2.23 芬兰 /145
　　2.24 瑞典 /148
　　2.25 英国 /151
3. 国际视野中的欧洲创新政策 /155
　　3.1 引言 /155
　　3.1.1 2004年欧洲创新政策的拓展和延伸 /155
　　3.1.2 三组国家和地区创新表现概况 /155
　　3.2 创新绩效与创新能力的比较分析 /158
　　3.3 创新政策管理 /164
　　3.3.1 北美自由贸易协议国家/巴西 /164
　　3.3.2 亚洲国家或地区 /166
　　3.3.3 欧盟地中海援助计划国家 /167
　　3.4 当前的挑战和政策优先事项 /168
　　3.4.1 挑战驱动创新政策的发展 /168
　　3.4.2 政策发展趋势和优先考虑事项 /169
　　3.5 全球层面的政策学习 /173
　　3.5.1 如何把握欧洲的创新政策和绩效表现 /173
　　3.5.2 政策学习的机会 /175

三、欧洲国家创新进展报告 /180
　　概要 /180
　　引言 /185
1. 欧洲创新绩效 /187
　　1.1 2005年欧洲创新记分牌：基本结果 /187
　　1.1.1 欧洲总体创新绩效 /187
　　1.1.2 短期内难以达到一致水平 /189
　　1.1.3 创新绩效的五大维度 /190

1.1.4 创新投入与创新产出 /192
1.1.5 各国创新绩效和发展趋势：面临的挑战 /194
1.2 2005年欧洲创新记分牌：专题 /198
1.2.1 创新绩效与经济绩效 /198
1.2.2 产业创新记分牌 /201
1.2.3 欧盟与美国、日本之间的创新差距 /204
1.2.4 创新指标调查：对创新需求的影响 /207
1.2.5 各国创新优势与劣势 /208

2. 创新挑战与政策趋势 /211

2.1 共同的目标，不同的挑战 /211
2.2 欧洲各国创新系统面临的主要挑战 /215
2.3 创新对策能否应对挑战 /222
2.3.1 创新动力方面的创新挑战 /223
2.3.2 知识创造方面的挑战 /230
2.3.3 创新与企业家精神方面的挑战 /236
2.3.4 知识应用方面的挑战 /240
2.3.5 知识产权方面的挑战 /242
2.4 欧洲创新政策的新趋势 /244
2.4.1 2004年以来各国主要创新政策目标的发展 /244
2.4.2 2005年创新政策新举措 /248
2.4.3 关注服务创新 /253
2.5 政策管理的发展 /255
2.5.1 管理结构 /255
2.5.2 创新政策的制定与评估 /266
2.5.3 政策基准和跨国学习 /269

3. 结论：创新政策对经济增长和就业的影响 /278

各国简称对应表 /280

编者前言

自 21 世纪以来,经济全球化日益凸显,伴随而至的是世界各国对创新和竞争力的关注,如创新和竞争力已经成为美国政府和社会各界普遍关注的话题,这在 2006 年 2 月布什总统签署《美国竞争力计划——在创新中领导世界》政府文件以来表现得尤为突出,而这一签署的文件又是以美国竞争力委员会 2003 年的《创新美国:在挑战和变革的世界中达至繁荣》和美国国家科学院 2005 年的《迎击风暴:为了更辉煌的经济未来而激活并调动美国》两份著名报告为基础的。在欧洲,尤其自 2000 年里斯本峰会提出《里斯本战略》以来,创建一个"创新型欧洲"也已成为一个非常重要的战略目标。同样,到 2020 年把中国建设成创新型国家,也已成为我国的重要战略目标之一。

趋势图表项目(TrendChart initiative)是欧盟委员会企业和产业秘书处(Directorate-General Enterprise and Industry)下属之创新政策理事会(Innovation Policy Directorate)发起的一项研究。趋势图表项目曾经作为一个独立研究机构而存在,现已归并于 PROINNO Europe。趋势图表项目从 2003 年起逐步发布有关欧盟创新政策的进展报告。《欧洲创新政策素描》(*Building a comprehensive picture of innovation policies across Europe*)作为第一份年度报告,对欧盟在 21 世纪最初四年的发展及其重点进行了分析,探讨了诸如集群政策、专利申请和公众如何看待创新等热点主题,并对未来的发展走向进行了些许展望。

《2004 年欧洲创新政策》(*Innovation Policy in Europe 2004*)是趋势图表项目对欧盟创新政策的综合分析。这份报告在阐述欧盟创新政策发展的前提下,以"创新挑战和政策回应"为题对欧盟 25 个成员国逐一进行了国别分析和研究,展示了欧盟各国在创新政策及其实践方面的图景,并从国际比较的角度,分析了北美自由贸易协议国家/巴西、亚洲国家或地区以及欧盟地中海援助计划国家等三类地区创新政策的现状和发展,试图以此给欧盟开展创新活动提供一种国际视野。

《欧洲创新进展 2006 年度报告》(*European Innovation Progress Report 2006*)

是创新趋势图表项目发布的第三份报告，通过对欧洲创新记分牌记分结果的分析来展示欧洲的绩效，着重分析了创新动力、知识创造、创新与企业家精神、知识应用和知识产权等五大方面的挑战，并细数了应对这些挑战的创新政策新举措。

趋势图表项目自发表《欧洲创新进展 2006 年度报告》且归并于 PRO INNO Europe 后，即更名为 INNO-Policy TrendChart，并又先后发表了《欧洲创新进展 2008 年度报告》和《欧洲创新进展 2009 年度报告》，以及在 2011 年 12 月与 ERAWACH 机构合作发表了《欧盟及超越欧盟的创新政策趋势》（Innovation Policy Trends in the EU and Beyond）报告。《欧洲创新进展 2008 年度报告》的主要目标还是追溯了 27 个欧盟成员国以及 12 个其他国家（冰岛、挪威、瑞士、克罗地亚、土耳其、以色列、巴西、加拿大、中国、日本、美国和印度）的创新政策发展，分析了面临的挑战和发展趋势，探讨了创新的治理结构，并聚焦了支持创新的初创公司和在创造力在创新政策中的地位和作用。

《欧洲创新进展 2009 年度报告》首先分析了全球金融危机对欧洲创新政策和创新绩效的影响，探讨了创新的治理结构，着重归纳了自《里斯本议程》实施 10 年来监控欧盟成员国创新政策和治理结构所得出的经验教训：(1) 持续的创新绩效并不具有一致性，它源自于良好的治理结构和良好的创新政策；(2) 创新政策的进步是毫无疑问的；(3) 创新的治理结构对于好的政策是至关重要的，这是必须依赖的途径，而且作为结果，变革是缓慢的、演进式的；(4) 由于金融危机的出现而带来了第 4 个经验教训，即危机可能重新扩大差距，因此应该进一步加强创新政策，以作为抵消危机结果的一种方式。该报告还通过预算数据分析了不同的国家创新政策：创新领导者（innovation leader）的芬兰、创新紧跟者（innovation follower）的荷兰、温和创新者（moderate innovator）的西班牙、创新追赶者（catching-up）的匈牙利以及欧盟候任国的土耳其。

《欧盟及超越欧盟的创新政策趋势》报告继续分析了创新政策的趋势和

关键性挑战以及创新治理结构，着重关注了创新政策的重点，如研究和创新资助的稳定性问题、基于使命驱动的应对绿色增长和社会挑战的途径、对需求驱动的途径的关注、企业与学界在研究和创新政策方面的交叉与融合、扩大创新政策的内容、支持研究和创新的政策措施、创新政策的国际化等。

我们这里先行选译了2003至2006年的三份报告，旨在使我们在进行具体研究前对欧盟创新政策的发展有一大致了解，旨在提供一幅有关欧盟创新政策发展脉络的清晰图景。对于2008至2011年的三份报告，我们也会择机继续跟进，以求关注欧盟创新政策的持续发展。需要指出的，"欧洲"和"欧盟"是联系紧密但又不同的两个概念，但由于包括27个成员国的欧盟今天已经成为欧洲的最主要组成部分，因此这些分析报告中使用的"欧洲"一词往往又是指代"欧盟"的。本书选择的三份报告原先出自 www.trendchart.org 网站，现在则均来自 www.proinno-europe.eu 网站，特此说明并致谢忱。

本书系编者主持承担且已结题的上海市哲学社会科学研究课题"欧洲国家创新政策研究"的成果之一，另一主要成果系编者撰写的作为本书姐妹篇的《欧洲国家创新政策热点问题研究》一书，内含服务创新、创新集群、创新生态系统、创新项目评估指标等专题研究，并就瑞典和英国的国家创新政策进行了个案研究。

本书所选报告的翻译工作，由我和我所指导的部分博士生和硕士生（邵兴江、朱鹏、李敏、肖玉敏、李雪飞、吴敏、黄丹凤和段敏希）共同完成，并由我审校全部译稿。此外，浙江大学的访问博士生彭惠敏也参与了部分工作。特向他们表示谢意，并祝他们在各自的工作岗位上用所学知识回报社会。尽管我们在本书的编译过程中倍加小心，但译文中依然还会存在这样或那样的缺陷和不足，恳盼读者谅解并予以指正（联系邮箱：zjzhao@gec.ecnu.edu.cn）。

赵中建
于华东师范大学课程与教学研究所
2012年4月18日

一、欧洲创新政策素描

概要

2003年欧洲创新年度报告回顾了"创新趋势图表"(Trend Chart on Innovation)的各项活动和成就。它描述了有关创新趋势图表的各项产品及服务的现状,有选择地介绍了一些最新报告和工作坊(workshop)的研究成果,并对其发展前景进行了展望。

- 欧洲创新趋势图表的内容包括对创新表现的监控、对创新发展促进政策的汇总与分析以及对各种优质创新政策实践的交流。它旨在勾勒出一幅关于欧洲各国创新政策的最新整体画面,并促进欧盟创新政策委员会的有关创新政策在各成员国中顺利实施。

- 根据用户们的回馈信息,创新趋势图表网站(www.trendchart.org)已建设成一个全面的、便于用户使用的综合性网络工具平台,网站上提供可供搜索的创新政策数据库、可供下载的专家报告,以及当前比较知名的创新政策制定者与实践参与者的名单。

- 网站上提供的创新政策数据库全面介绍了当前欧盟国家推动创新发展的700条政策措施。该政策数据库的建立,得益于各国出台的最新创新政策分析报告。这些报告包含了对各国政治经济背景的分析,以及所采取的各项创新政策,并详细阐述了各项政策的目标、机制和影响。此外,这些报告还对创新政策的一般趋势进行了评估。

- 欧洲创新记分牌(the Innovation Scoreboard)强有力地反映了欧洲创新发展的总体表现,并为进一步的探讨提供了一个很有价值的切入点——特别是为各国政策制定者和实践者之间相互学习和合作提供了很好的条件。2002年欧洲创新记分牌进一步扩大了范围,向下延伸至地区层面,向外扩展至13个欧盟候选国家。

- 趋势图表政策基准工作坊(policy benchmark workshop)正试行在各国创新政策制定者之间进行直接的经验交流,并且推动重点政策领域的探讨与实践。一项最新的评估结果表明,参与者们对于政策基准工作坊的价值持肯定态度,并肯定了其对各国创新政策及各国间的合作有着直接的影响。

- 激励和支持"创新集群"的政策发展既是年度"趋势报告"的主题,也是政策基准工作坊活动的目标。相关具体政策措施的数量和种类十分繁多，但无论是政策的目标，还是对经济发展所起到的真正作用都不是十分清晰，而且政策的行政效果与企业界的期望也并不总是一致的。

➢ 政策制定者开始担心专利申请制度的某些用法可能会带来消极的影响。在最近一次针对"战略性专利申请"的政策基准小组会议上，来自18个国家的专家一致认为，为了保证专利申请制度对创新产生真正的影响，有必要对其开展进一步的研究。

➢ 2003年出版的主题报告讨论了两个全新的议题。组织创新和企业创新需要更宽泛、更全面的政策方案，需要新的机制来协调各个部门之间的关系，并进行政策的反思和学习。公众对创新的辩论，《2000年委员会通讯》中关于创新政策的重要目标之一就是如何保障所有的利益相关者都能够参与到创新之中，这种参与表征了一种生机盎然的创新文化。大部分国家已经开始在这方面采取行动，但是力度和经费都远远不足。

➢ 创新趋势图表为各国的创新政策制定者构建了一个透明的、可供交流和对话的政策平台，然而，创新政策的"国情依赖性"使得各国建立起自身连贯的、有组织的创新政策学习计划同样十分重要。

➢ 目前，创新趋势图表已经稳固发展成为欧洲各国创新政策制定者的一种重要的政策工具箱。在未来的发展中，创新趋势图表将进一步扩展规模，提高质量，使其能够对更多的创新政策推动者发挥更大的作用。

➢ 目前，正如欧盟委员会所要求的那样，创新趋势图表正在朝着"成为各个国家创新活动进展的评价机制"的方向发展。

引言　为欧洲各国政策制定者间的相互学习铺平道路

欧洲创新趋势图表的内容包括对创新表现的监控、对创新发展促进政策的汇总与分析以及对各种优质创新政策实践的交流。它旨在勾勒出一幅关于欧洲各国创新政策的最新整体画面，并促进欧盟创新政策委员会的有关创新政策在各成员国中顺利实施。

国家间政策学习的一种工具

　　在2000年3月召开的里斯本大会上，欧盟成员国呼吁，要在就业、创新、企事业以及研究等领域建立国家绩效基准。具体而言，他们要求定期收集某些特定指标数据，为各国的政策发展提供指南，鼓励各国间相互学习或者通过同行评议（peer review）的方式开展"开放性合作"。为了在创新领域达到这一要求，需要建立起一套新的框架，促进各国间的相互学习与合作，而创新趋势图表提供了这样一个框架。该框架从1999年起试行，2000年开始全面实施，希望通过该框架，能够尽可能有效而且快速地促进创新政策的制定，提高创新绩效。

　　该框架主要包括以下三个方面的内容：

➢ **欧洲创新记分牌**　该记分牌在可收集到的数据基础之上，对欧盟所有成员国及候选国家的创新绩效的量化指标进行概括与分析，突出其优势与劣势。其目的是，希望能够激发商界人士、研究者及相关政策制定者的进一步讨论，为政策改进打下基础。

➢ **创新政策措施数据库**　该数据库可以从网上免费获取，目前收录了欧洲各国700多条创新领域的政策措施，并按照国别和主题进行了分类。它不仅介绍了各类政策的对象群体、目标和机制，而且也呈现了许多实践中的成就与问题。这些资料的收集工作由各国的专业团队分别负责，他们定期完成各国的"创新进展报告"，反映各国最新的创新政策发展与方向。

➢ **创新政策基准工作坊**　为了加强各国之间的相互借鉴，创新政策基准工作坊提前针对某些政策制定或实践开展中的问题，邀请全欧洲的创新政策制定者与实践者，尤其就一些共同关注的领域，进行同行评议。

　　创新趋势图表网站是向公众展示这些活动和成果的平台，创新记分牌、创新政策措施数据库和各国创新主题报告均可以从该网站上免费访问。

谁是参与者？

　　创新趋势图表的行动由欧盟委员会企业与产业秘书处组织实施，并在实施过程中得到了一个高级官员团队（a Group of Senior Officials，简称GSO）的紧密协助。该高级官员团队成员来自欧盟各成员国，也包括来自欧盟候选国家及新加盟国的一些人员，它主要确保创新趋势图表活动能够及时反映各国政策制定团队的需求和利益,并在创新基准工作坊的准备活动中扮演重要的角色,如判断创新政策发展趋势、各国创新主题以及创新活动积极倡导者与参与者等。

参与创新基准工作坊的 275 名成员(甚至更多),以及每月数以万计浏览创新趋势图表网站的人们,组成了一个规模不断扩大、联系日趋密切的创新政策制定团队,他们当中既有大学及商界的高级决策者,也有国家和地区性的行政官员。通过成员之间实时的专业技术交流以及长期的实践合作,创新趋势图表项目希望能够为整个欧洲创新能力的提升发挥重要的作用,这种创新能力的提升是实现里斯本宣言目标所必须的。

本报告的目的是什么?

2003 年的欧洲创新年度报告是一份活动报告(activity report)。它描述了当前创新趋势图表项目的产品和服务的现状,并介绍了近期一些报告和工作坊的成果,与此同时,它还对未来短期内创新趋势图表项目的发展进行了预测。

本报告是对去年那份报告的补充与完善。在那份报告当中,我们以 2000 年欧盟创新政策委员会提出的政策目标为基础,对各成员国进展情况进行了评估,这些政策目标是在创新趋势图表项目的活动和报告的基础上所提出来的。(见下框注)

两年一次的创新政策报告

在欧盟 2003 年春季召开的关于欧盟经济、社会与环境问题的大会上,欧盟理事会强调了继续将"创新趋势图表"项目作为创新政策领域一种监控机制的必要性。

"欧盟理事会认为在开发新产品、服务以及商业运营方式等方面进行创新具有重要意义;我们呼吁各成员国和委员会本身需要进一步采取行动,为商业领域内的创新提供条件,尤其需要整合研究、财政和商业方面的专业能力;我们强烈建议为了促进欧盟创新能力的提高,需要创设一个共同的目标框架,包括建设一套监控创新进展的评估机制。"

> 在欧盟委员会 2003 年所出版的时事通讯中，提出要"在里斯本战略①框架内修正欧盟的战略举措"，负责"每两年出版一份报告，汇报各国和欧盟在促进创新政策方面的进展情况"。
>
> 本期报告——即 2002 年欧洲创新政策报告，可以从 http://trendchart.cordis.lu/Reports/annual.home.html 网站浏览或下载。报告于 2004 年出版。

在接下来的工作中，欧盟创新政策委员将会继续每两年出版一份欧洲创新政策报告。如果将这些报告综合在一起，我们就能看到创新趋势图表项目的整体运作情况，同时这些报告也反映了整个欧洲创新政策的发展历程。

---

① COM(2003)112 final, available at http://trendchart.cordis.lu/innovation-policy/communications

1. 创新趋势图表的发展

1.1 创新的四年

创新趋势图表为欧洲各国的创新政策制定者提供了一个充满生机的、持续性的平台——如监控创新表现，相互交流优质实践经验，政策改进等，它是一个世界上独一无二的平台。

从1999年1月试行开始，在过去的四年中，创新趋势图表项目已经取得了很多成就，特别是：

➢ 已经出版了三期欧洲创新记分牌 自2000年首次采用"指标性"基准以来，创新记分牌的指标体系和规模得到了平稳的发展，各个国家数据的可比性得到了很大的提高，分析方法得到了不断的完善。特别是现在许多基于时间序列的指标体系被用于评估每个国家的创新相对进展情况，从而能够鉴别出哪些国家是"发展领先的"，哪些是"迎头赶上的"，哪些是"丧失动力的"，哪些是"远远落后的"。创新记分牌项目很好地体现了创新政策制定的形象，并且为欧盟各成员国推广创新绩效基准做出了主要贡献。

➢ 已经组织了12次创新政策基准工作坊 每一次工作坊都有特定的创新政策主题。从2000年11月到2003年6月期间，工作坊的主题囊括了从贷款抵押到终身学习在内的各个方面的主题，吸引了超过来自32个国家的275名成员参与。通过对国家政策和主题（选自于创新趋势图表政策数据库）以及绩效指标（根据欧洲创新记分牌所引出）的陈述与深度讨论，为各国政策制定者制定出"智能基准"（intelligent benchmarking）打下良好的基础，并作出实践性的政策改进。

➢ 建立起一个持续性的全欧洲范围内创新工作者合作网络 该合作网络目前已包括了30个国家约40位左右的独立专家，他们定期对创新趋势图表网站的政策数据库进行更新，目前已经涵盖了700条左右的政策和计划。该政策数据库极大地方便了政策制定者们在某一政策领域内分享和借鉴其他国家的经验。每一年创新工作者合作网络都会根据这30个国家的创新进展情况发表一份报告，并定期发表一些特殊主题的创新"趋势报告"，如科学与产业关系、创新性融资等。

由创新趋势图表提供的创新政策基准及其改进框架是世界上独一

无二的——如它既不同于美国也不同于日本,美国和日本都没有做过类似的尝试。

尽管该框架体系已经给欧盟成员国的政策制定者带来了明显的惠益,但是它仍处在一个不断完善的过程当中。通过近四年来对不同国家可比较性数据的收集,我们才能够第一次从真正意义上描绘出创新政策的发展"趋势",正如创新趋势图表所期待的那样。

1.2 创新趋势图表网站

工具箱与用户界面

为了回应用户们的反馈,创新趋势图表网站已经发展成为一个综合性的、易于使用的在线工具箱,它包括一个可供搜索的创新政策数据库,一个可供下载的专家报告数据库,以及一个包括当前比较知名的创新政策制定者与实践参与者的通讯录。

创新趋势图表项目旨在为尽可能多的机构与个人提供支持,帮助它们提高创新意识、传递创新意识、分享欧洲创新政策的成果。然而,并非所有创新活动的积极推动者都能够参与到创新趋势图表项目所举办的政策基准工作坊中,但是所有人都可以访问该项目的网站,网站内容包括了工作坊的所有分析报告、发言稿和讨论结论。所有这些内容以及该项目活动的主要出版物如欧洲创新记分牌(European Innovation Scoreboard),都可以从该网站免费下载。创新趋势图表网站的点击率从 2002 年 6 月开始每个月以大约 20% 的速度递增,到 2003 年 5 月时,每月的平均点击率为 50 000 次(见图 1.2-1)。和其他网站一样,网站的点击率在假期期间会有一定的下降,而主要内容的更新会刺激点击率的进一步提升,例如,2002 年 12 月创新记分牌和创新政策报告发布后,2003 年 1 月份网站点击率增加了 64%,网站上可供下载的政策类文件和报告总数达到了 1 300 多篇,其中 70% 以上的内容包含在创新政策数据库中(见图 1.2-2)。通过对网站不同版块访问人数的分析,可以确定今后创新政策记分牌的年度报告中应该关注哪些问题。浏览创新政策记分牌的相关资料及下载各国趋势年度报告的总点击率,占到了整个网站点击率的 70%。

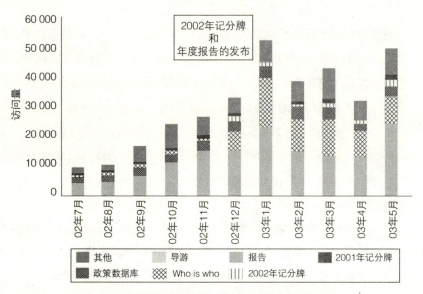

图 1.2-1　创新趋势图表网站访问量增长情况

说明：从 2002 年 7 月以来，创新趋势图表网站的浏览人数实现了平稳的增长，平均每个月的点击率达到了 50 000 次。其中，2002 年创新记分牌和创新政策报告发布后的一个月内，网站点击率增加了 64%。

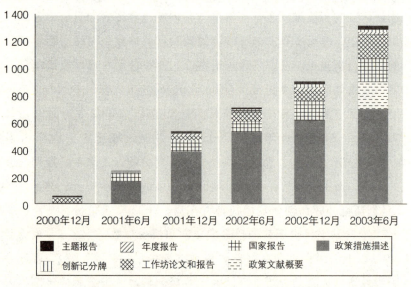

图 1.2-2　网站可供下载的文件数目增强情况，按类型划分，2002—2003 年

说明：绝大多数用户登陆创新趋势图表网站是为了下载某一种类型的报告，将所有这些数目加起来，可以占到整个网站点击率的 80% 以上。

保持良好的势头

2002年下半年，创新趋势图表项目小组对网站用户进行了一项大规模的调查，这些网站用户来自于各国政府及地方政府部门、负责实施创新政策的机构、创新支持组织、大学与研究中心以及欧盟委员会的下属部门。调查的目的是希望能够更加清晰地了解那些真正的网站用户是如何使用该网站的，如：他们为何登陆该网站？他们对网站的哪个版块最感兴趣？网站上所提供的内容对他们有帮助吗？他们还期望从该网站上了解到哪些更多的信息？

从最后131名用户的反馈结果来看，用户对创新趋势图表网站总体上持非常肯定的态度。在问及网站内容的准确性、综合性、清晰性及有用性等问题上，56%的用户认为"好"或者"非常好"，另有34%的用户认为是"可接受的"，同样在问及网站结构、易于使用性以及网站美观性等问题上，两个百分比分别为48%和42%。

我们为何做这件事情？

调查结果显示，网站用户认为创新记分牌是他们使用得最多的在线产品，这也验证了我们对版块点击率的分析。尽管创新记分牌每年只出版一期，但是78%的用户反映他们每年要登陆四次甚至更多。然而，调查结果显示，用户对政策数据库的使用情况超出了我们的预期——73%的用户反映他们每年要登陆四次甚至更多。从机构的角度分析显示，商界和学界机构对政策基准工作坊的内容最为关注，创新支持机构最为关注的是创新趋势报告，而政府机构部门则对政策数据库使用得最多。

此外，本次调查还对用户们为何登陆创新趋势图表网站的原因进行了调查，并按重要性的高低进行了排序。调查结果显示（图1.2-3），最重要的原因是出于对新闻以及创新政策进展的监控关注，另一个几乎同样重要的原因是为了获取某些相关资料，以便更好地进行政策制定，这一点在欧盟候任国的用户中体现得尤为明显。被认为最不重要的原因是"认识更多的专家或机构"，但尽管如此，仍有60%的人认为这点"非常重要"或"相当重要"。

近期的改版

2003年3月，根据用户们的反馈意见，我们对创新趋势图表网站进行了一系列显著的改进：

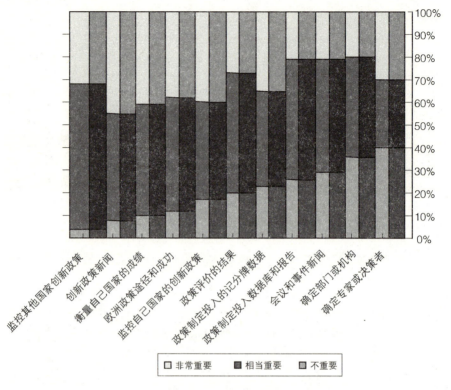

图 1.2-3 使用创新趋势图表网站的原因

> 网站主页面经过了重新设计,使得访问者能够更加清晰地了解网站的各个版块,并突出某些重点主题。
> 增添了新的版面——网站的新内容——能够更好地突出网站的重点和最新文件。
> 新的界面允许用户通过国别目录或点击地图进入,了解与某个成员国相关的创新趋势发展的相关资源。
> 新的综合搜索页面可以使用户能够将搜索范围缩小到一个或几个具体的版块。
> "风云榜"(who is who)版块(通讯录)经过了彻底地检查,使得用户们能够通过具体的组织名称和人名进行检索,并且每次可以按照国家或创新主题的不同来缩小检索范围。

网站全貌

除此以外,创新趋势图表网站还通过以下这些版块为用户们提供了更多大量有价值的资料。

> 政策数据库包含了当前欧洲创新政策的完整资料，并按照主题和国别进行了分类，此外还有政策文件的概要。
> "风云榜"数据库包含了政策数据库中负责不同主题的相关机构、政府部门以及个人的详细资料与联系方式。
> 工作坊版块介绍了创新趋势图表项目所举办的所有性质的政策基准工作坊的内容与信息，包括背景资料、主题发言与结论报告。
> 创新记分牌每年发表一期，是评价欧洲创新绩效的主要工具，可以浏览或下载。
> 各国创新报告重点介绍了欧盟30个成员国、加盟国、候任国以及附属国家的创新政策的重点及发展趋势等，该项工作由各国的创新政策专家小组具体负责完成。
> 创新趋势报告根据各国的创新报告对欧洲创新政策的发展作一个"横向的"分析，分析并指出欧洲创新政策的未来发展趋势及热点领域。
> 每两个月出版一期创新趋势图表时事通讯，并通过电子邮件发送给每一位网站注册用户，内容包括最新的政策、计划和项目信息，相关会议的新闻，还包括一篇与欧洲创新领域著名人物的访谈。

1.3 政策数据库——一种分析工具

政策数据库是创新趋势图表工具箱的核心，它全面呈现了目前已经在全欧洲实施的近700条创新发展的支持性政策。该政策数据库建立在常规分析报告的基础之上，在这些报告中，包含了对各国政治经济背景的分析，以及所采取的各项创新政策，并详细阐述了各项政策的目标、机制和影响。此外，这些报告还对创新政策的一般趋势进行了评估。

政策数据库

数据库自带一种便捷式的菜单，用户可以点击不同的国家和"行动方案"来查阅具体的政策措施。用户可以通过点击横向标题或纵向标题来获取某一国家或某一计划领域内的所有相关政策，或者查阅某个具体国家为了实施某一计划所制定的所有政策。高级的检索工具可以使用户按照国别、行动方案、目标群体、起始日期与截止日期、标题等多种搜索方式实施精确搜索。

数据库不仅详细提供了每项政策的具体内容、参考资料以及相关机构和联系人的联系方式等,还简要介绍了每项政策的筛选标准(eligibility criteria)、实施机制(dilivery mechanism)以及经费预算,并对每项政策的影响结果和适用范围进行了说明。

除此以外,数据库中还收录了很多政策文献的概述——如官方的高级绿皮书与白皮书、战略规划、演讲、预算说明和政策研究等资料的摘要。与每项措施相关的机构和负责人的联系资料也是该政策数据库的一个重要组成部分,它作为一个独立的数据库也可以单独访问。总而言之,创新趋势图表网站数据库能够使用户们了解到其他欧洲国家的创新政策措施和计划,并对不同国家的创新政策进行比较,此外用户们还能通过该数据库向相关机构或部门获取进一步的资料和信息,并与有关官员进行直接的对话与交流。

国别分析

和往常一样,去年创新趋势图表也出版了一份综合性的国家创新政策报告,内容包括对 30 个国家的创新政策分析。

一般而言,在每一部分的开头会对该国创新领域的最新进展进行描述,特别是出现的新议题、新开展的项目计划以及相应的机构与政治变革:

- ➢ 治理体制(the system of governance)——创新政策出台及实施过程中的结构及相关机构(见实例)。
- ➢ 创新绩效(innovation performance)——根据创新趋势图表项目自身的欧洲创新记分牌的测量结果,附带说明性的解释与评论。
- ➢ 政策发展(policy development)——国家对创新发展的支持,如立法、政策声明、预算分配以及其他相关行为。
- ➢ 政策辩论(policy debate)——鉴于公众及相关机构对创新政策所展开的辩论,常常能够预示着创新政策的下一步发展方向,因此报告中对此也会有所涉及。
- ➢ 区域维度(regional dimension)——区域结构和政策也会对国家的创新能力和绩效有所影响。

接下来报告会从 17 项"行动方案"出发对每个国家的创新支持系统进行

评论，其关注焦点仍然集中在近期的变化和所期望发生的变化上。最后，报告会对该国创新政策措施进行一个全面性的总结——该国的所有政策措施都收录在创新趋势图表政策数据库中，现在还可以从该数据库中获得政策文件的摘要。

综述报告

创新趋势图表项目每年都会根据最近的两份国家系列报告撰写一份综述报告，该报告对主要的研究发现和政策发展趋势进行总结性的概述，并对各个国家的创新发展进行跨国的比较分析，从而凸显出国家创新政策在发展方向上的转变。

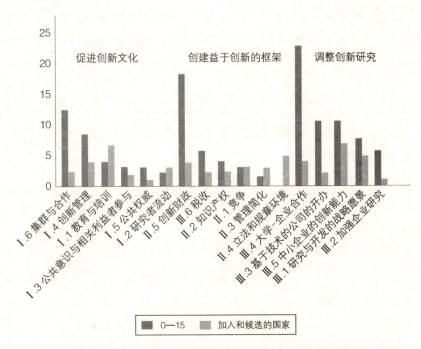

图1.3-1 2002年每条行动方案中的新增措施或修订措施的数量

说明：通过对新增措施和修订措施的分类我们可以看出，在2002年，无论是欧盟成员国家、新加盟国家还是候任国，都将国家支持创新政策发展的重点放在"如何促进研究和创新发展相匹配"的问题上。

2002年的综述报告所涉及的时间段为2001年12月到2002年10月。报告指出：

➢ 无论是从国家内部还是国家之间来看，由于具体政策目标的不同，政策的

- 优先发展顺序也有较大的差异。
- ➢ 无论是欧盟成员国家、新加盟国家还是候任国，他们共同最关注的问题是"如何促进研究和创新发展相匹配"，而最少关注"如何培育一种创新的文化"。
- ➢ 欧盟成员国家中出现的新的创新政策热点问题包括：大学与产业界合作、创新性融资、为高新技术产业的启动提供支持等。
- ➢ 欧盟新加盟国家和候任国继续强调的创新问题包括：教育与培训、提升中小企业（SMEs）吸收创新的能力。

从2002年的新增措施和修订措施中，我们可以清楚地看到这些趋势（见图1.3-1），对各国创新发展"努力程度"的评估结果进一步证明了这一点。尽管这种评估结果具有一定的主观性，但是同样的评估标准已经被连续用了三年，它为我们衡量政策发展重点发生了哪些变化提供了一个新的角度。

参与创新趋势图表项目政策调查的国家名单

欧盟成员国：

奥地利	德国	荷兰
比利时	希腊	葡萄牙
丹麦	意大利	西班牙
芬兰	爱尔兰	瑞典
法国	卢森堡	英国

新加盟及候任国

保加利亚	匈牙利	罗马尼亚
塞浦路斯	拉脱维亚	斯洛伐克共和国
捷克共和国	立陶宛	斯洛文尼亚
爱沙尼亚	波兰	

准成员国

冰岛	列支敦士登	
以色列	挪威	

图 1.3-2 表示在 2000—2002 年期间，在总共四项政策目标当中，前三项目标的重视度得到了进一步提升，而第四项目标的重视度有所降低。在这个问题上，欧盟成员国与新加盟国、候任国之间是一致的。在教育与培训、国家研发计划两项目标中，所投入的资源和政治关注"超过了平均水平"，并逐年得到提高。在知识产权保护问题上，尽管相关政策重视度得到了一定的提升，但仍然"低于平均水平"。令人惊讶的是，在提升公众创新意识的问题上，相关政策重视度原本在 2000 年就相对较低，到了 2002 年又进一步地下降。

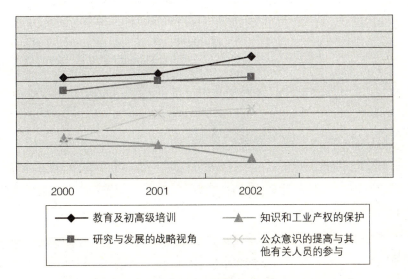

图 1.3-2 某些创新领域内政策重视度的变化情况，2000—2002 年

图 1.3-3 为我们展示了另外三个政策目标的被重视程度的变化情况，在这里，欧盟成员国（实线部分）与新加盟国及候任国（虚线部分）的情况不太一致。在提升中小企业吸收创新的能力上，欧盟成员国与新加盟国及候任国一样，在相关政策重视度上出现了轻微的下降，但后者重视程度仍比前者高出很多。在创新性融资问题上，欧盟成员国的重视程度有所降低，但在新加盟国及候任国中重视程度却得到了提升，这在某种程度上是因为它们的起点更低。欧盟成员国进一步重视税收政策对创新发展的重要性，而在新加盟国及候任国中，这一领域内的重视程度下降了。

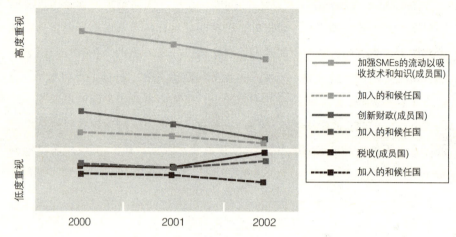

图1.3-3　欧盟成员国与新加盟国在有关创新政策目标问题上重视程度的比较

发展趋势报告

发展趋势报告突出了年度综述报告中某些具体的政策主题,从一个更广的范围内描述出这些主题的"发展趋势"。该工作同样由各国的创新工作小组成员负责。去年创新趋势图表项目团队一共发表了八篇这样的报告,绝大部分报告与创新趋势图表的政策行动方案有关:

- 知识产权(IPR)——欧盟成员国不再将有关知识产权的新举措作为一种特殊的立法议题来对待,而是将其作为成功创新政策的一个核心的、实践性的方面来处理。政府正在尽最大的努力完善相关法律框架并建立知识产权的仲裁机构。很少有国家采取直接拨款津贴的方式建立知识产权仲裁机构。
- 创新性融资——新的创新型公司在融资问题上仍存在很大的不足,政府在一些高风险领域,尤其是刺激投资等领域往往扮演着更为重要的作用。目前运用税收制度鼓励公司创新性的融资行为正成为各国一种通行的做法。所有国家都在努力寻求进一步增加风险资本,但是各国的做法并不完全相同。
- 创业(Start-ups)与新技术公司(NTBFs)——在鼓励新技术公司的发展上,历来存在着"雷声大雨点小"的局面,这一点在新加盟国家和候任国中表现得尤为明显,需要采取更多的行动。当前政府给予中小企业及创业行动的支持的主要方式是直接资助或提供贷款,而政府用于企业孵化器

(incubator)方面的经费资助却出乎意料地少，这可能是由于对企业孵化器的支持主要是由地方政府提供的。当前国家性的"虚拟孵化器"(virture incubator)项目计划已经开始出现。

> 产业与科学关系(industry-science relationship)——超过一半的项目计划支持产业界与科学界成果的转换与开发，但是加强两个领域内的互动与合作同样十分重要。目前出现的一个重要趋势是建立一种长期的、基于网络的合作关系，以此作为加强两个领域的合作手段。欧盟成员国比新加盟国和候选成员国更强调这一点。

与此相关的四份趋势报告的有关内容，我们将会从第二章开始呈献给大家。

创新政策的主题与行动方案

创新趋势图表政策数据库中的700多条项目和计划被划分到三个主题17条"行动方案"下，该划分标准参照了1996年欧盟委员会在《欧洲创新第一行动计划》中所提出的目标。

1. 培育创新的文化

   教育与培训

   学生、研究人员与教师的流动状况

   提升公众的创新意识，让更多的人了解创新，参与创新

   培育企业内部管理创新与机构创新的氛围

   政府给予创新政策制定者的支持

   提升创新集群与合作

2. 构建创新发展框架

   竞争

   保护产业与知识产权

   行政简化

   改善立法与制度环境

   创新性融资

   税收制度

> 3. 匹配研究与创新
>   研究与开发的战略规划
>   加强公司所开展的研究
>   新技术公司的创业
>   加强研究、大学与公司合作
>   提升公司能力,特别是中小企业吸收技术,并理解如何进行创新

1.4 欧洲创新记分牌

创新记分牌很好地诠释了欧洲在创新领域内的绩效表现,并为进一步的思考与辩论打下了扎实的基础——特别是有助于各国的创新政策制定者和实践者开展合作和相互学习。2002年的欧洲创新记分牌将关注面的下延扩展至地区层面,外延扩展到13个欧盟候任国。目前,欧盟委员会正计划根据各国创新政策制定者们的意见和讨论,对创新记分牌作进一步的完善。

早期的创新记分牌

第一期欧洲创新记分牌发表于2000年9月,内容包括对各成员国家的创新表现进行总结,并概括了四个主要标题:人力资源;知识创造、新技术的转化与应用;创新性融资与产出;信息与通讯技术(ICT)的投资。为了更好地对这些指标进行比较和分析,创新记分牌还介绍了美国和日本在相关领域内的表现,并将其与欧盟及其成员国的表现进行了比较。

2001年的创新记分牌建立在上一年的基础之上,增添了"终身学习"这一新的指标,重点对七项创新指标进行分析,并介绍了美国和日本在相应领域内的发展情况。在十项创新指标上建立起了时序数据(time series data),并对欧洲创新发展的趋势进行了详细的分析——包括根据欧盟1999/2000的年度平均发展水平对各个国家创新水平进行分组,以及根据1995/1997年和1999/2000年的平均进步水平进行分组(见图1.4-1)。

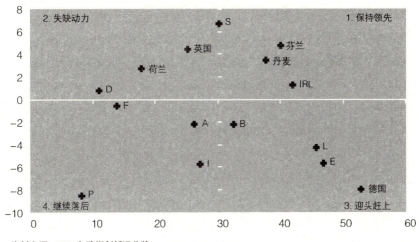

图1.4-1 从创新指标看欧盟各国的整体创新发展趋势

最新记分牌——2002年版

欧洲创新记分牌的最新版(2002年版)在2002年9月所能收集到的资料基础之上,对17项指标中的13项进行了完全更新。

数据证明,欧盟在创新领域内的表现继续落后于其主要竞争对手。尤其在研发领域,欧盟用于研发领域的投资占GDP总值的比例只相当于美国的60%,增长率只有5.4%,而美国为7.0%。尽管欧洲专利局(European Patent Office,EPO)的高新技术专利从2001年起增加了55%,但美国的增长速度更快,达到67.8%。尽管如此,创新记分牌同样表明欧盟在某些领域正在迎头赶上——在8项可比较的指标中,有5项欧盟所取得的进步比美国来得更大。

2002年版进一步拓展了欧洲创新记分牌的调查范围:

➢ 收录了与《第六研究框架计划》(Sixth Research Framework Programme)相关的三个附属国家冰岛、挪威和瑞士的全部资料。

➢ 第一次全部收录了13个候任国的资料,指出这些国家在某些层面的发展已经超出了欧盟平均发展水平,如高等教育、高技术产业就业率、信息与通讯技术的投资、外商直接投资(FDI)。几乎在所有领域内,这13个国家的平均创新表现都低于成员国家的平均水平,但是在5项可比较的指标上,它们取得的进步更快,特别是在研发(R&D)和信息与通讯技术的投资上。

➢ 同样也是第一次对欧盟区域(EU regions)的创新表现进行了比较。为了帮助地区政府更好地选择、调整、聚焦所采取的创新支持政策，该区域记分牌对欧洲创新最发达的地区以及推动它们创新发展的动力进行了分析与比较，一共采用了7项指标，包括人力资源、高技术产业就业率、用于研发的投资、专利活动等。这些只是建立完整区域创新基准体系的第一步，但却为各种层面上的地区之间的比较(国内和国际的)以及与欧盟发展平均水平的比较打下了良好基础。

➢ 2002年创新记分牌还第一次开展了主题式记分牌(thematic scoreboards)活动，调查了国家用于终身教育的投资与国家创新表现之间的关系。通过15个专项指标对劳动力的适应能力、基础教育、终身教育的参与及投资等进行分析，研究发现，2001年创新记分牌上三个在终身学习领域表现最为出色的国家——瑞典、丹麦、荷兰——同样也是引领创新发展的国家。

2002年创新记分牌并没有包括前两版一直在做的"总创新指数"(summary innovation index)，这是由于还有四个关于企业的创新指标没有能够获得最新统计数据，新的"总创新指数"将于2003年面世，到时将放到下一期的创新记分牌中，并且会对各国的"总创新指数"进行比较和分组，如图1.4-1所示的那样。

未来发展

创新记分牌仍处在不断发展和完善当中，欧盟委员会希望进一步提升创新记分牌的知名度和影响力——把它与欧盟其他方面的记分牌更好地整合起来，如企业、研究与就业以及"结构指标"(structural indicators)等，同时欧盟委员会希望它能够以2003年《创新政策：以里斯本战略为基础，跟进国家发展策略》为基础，配合创新趋势图表项目的其他工具，给创新政策制定者们带来更大的帮助。在2003年的这份欧盟报告中，提倡一种新的"扩散式"(diffusion-based)创新观，而不仅仅是一种"以研究为基础"(research-based)的创新观。

2003年2月，创新趋势图表项目小组举办了一场以"欧洲创新记分牌的未来发展"为专题的政策工作坊，汇聚了许多政策制定者和统计学专家，共同讨论欧洲创新记分牌的未来发展问题。作为讨论的结果，新的创新政策记分牌应该包括：

> 更加清晰地描述"非高新技术"(none-high-tech)领域内的创新表现；
> 将有关企业创新表现的指标一分为二，从制造业和服务业两个角度去描述；
> 为不同成员国的"创新路径"(innovation paths)提供互补性指标。

此外，工作坊还揭示出对创新问题的讨论不应该仅仅建立在研发领域的基础之上，但现阶段由于缺乏可比较性的资料而无法实现这一点。

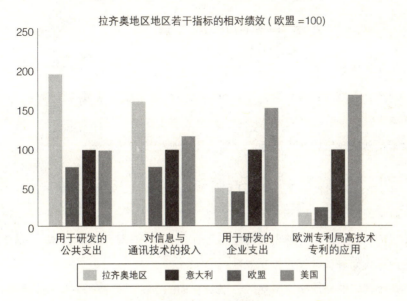

图 1.4-2　拉齐奥地区若干指标的相对绩效(欧盟＝100)

区域创新记分牌——拉齐奥(2002)

拉齐奥是欧盟第一个拥有自己的创新记分牌的地区，它所采用的创新记分牌的结构和方法与欧盟创新记分牌是一致的。该创新记分牌的使用大大提高了意大利区域创新指标的可获得性。

该记分牌还添加了对欧盟、美国、日本在相同指标上的比较。

如图 1.4-2 所示，该记分牌列出了拉齐奥在创新表现上的优势与劣势，其中优势有公共部门的研发投入、信息与通讯技术的投入、高新技术产业就业等；而劣势则包括专利及风险资本。

欧盟 FILAS 计划负责人 Luis Iurcovich 认为："该报告将会为本地

> 区的创新领域工作者提供有益的帮助。"
>
> 该记分牌的完全版可以从这里下载：
> http://www.osservatoriofilas.it/download/Scoreboard _ Lazio _ Engl. PDF

1.5 政策工作坊——国家间借鉴的平台

创新趋势图表的项目之一"政策基准工作坊"正在试行在创新政策制定者之间开展直接的经验交流，并且鼓励他们在重点政策领域内开展进一步的辩论与实践。最新的一份评估表明，参与者对工作坊的价值表示认可，并肯定其对国家创新政策以及跨国间的创新合作所产生的具体影响。

创新趋势图表项目通过创新记分牌和创新政策数据库，使得欧洲各国的创新政策制定者们能够相互学习彼此成功与失败的经验。不仅如此，创新趋势图表项目还提供了一种更加直接和互动的方式——创新政策工作坊，以专题讨论的形式促进各国间的相互学习。

每个国家的创新能力和需求，以及它们的工业、经济和制度结构都各不相同。创新政策工作坊提供了一个良好的平台，使得各个国家能够在参照其他国家的经验基础上制定出适合本国国情的创新"智能基准"。每一期创新政策工作坊都会召集30位左右的创新政策制定者或相关项目负责人举行为期两天的深度讨论，以创新记分牌和创新政策数据库为依据，对相关国家政策、计划以及绩效指标进行阐述和交流。通常，半数以上的参与者都会进行一个简短的发言，然后再进行各种形式的讨论（包括有组织的讨论和自由讨论）。

在每次工作坊活动举行之前，参与者都会得到一份与本次工作坊主题有关的资料，如背景资料、相关指标数据、核心问题分析，以及有关的进一步参考资料等。在每次工作坊活动结束之后，参与者还会得到一份有关本次讨论的主要成果、相关收获与政策建议的资料。所有这些资料，包括每次工作坊活动的时间表、参与人员名单以及发言稿，都能从创新趋势图表的网站上获取。

最新的工作坊活动

截止到目前为止，一共举办了12场创新政策工作坊活动，其中2002年举办了5场，所涉及的主题非常广泛：

➤ 增强终身学习政策对创新的影响。2002年10月，来自芬兰和荷兰的经验表明，建立一个完整的制度框架有利于发挥创新政策与终身学习政策作用的进一步整合。葡萄牙和英国的例子代表了一种自上而下实施的终身学习计划，而德国和意大利的例子恰恰相反，它们采用的是一种自下而上的终身学习计划，主要依靠地方政府的资源。本次工作坊揭示出推动终身学习政策有利于提升国家在教育和就业率方面的表现，为各国间的具体政策学习铺平了道路，它指出了政策中哪些值得借鉴的具体方面及如何应用于其他国家的政策实践当中。参与者们认为，可以将建立"终身学习推动创新"专题记分牌作为各国间政策学习的起点，比较分析各国的优势与劣势。

➤ 加强各国间创新政策学习。2002年11月，除了将创新趋势图表项目自身作为一个案例外，本次工作坊还对六个国家政策学习的经验以及另外三个欧洲跨国政策学习实践的经验进行了讨论。经验表明，政策学习只有在高级政策制定者充分了解本国的政策体系的基础上，并将政策学习的经验融入本国的政策体系当中，才能取得最佳的效果。创新记分牌项目使得政策制定者们认识到，创新表现是可以得到而且也应该得到提升的，但它必须建立在系统实施的基础之上。创新政策对于国情的"依赖性"使得我们必须拥有"制定政策的智慧"，能够根据实践的需要灵活选择和调整政策。创新政策数据库的建立提升了政策透明度，但还没有充分体现出它的效果。创新政策工作坊为跨国间的政策学习提供了一个良好的平台，但是其活动开展还应该进一步经常化，并让那些学习意识最弱的政策制定者们参与进来。每个国家都应该围绕自身独一无二的优势发展各自的创新能力，必须进一步加深对多样性的理解，灵活制定国家创新基准战略（benchmarking strategy）。

➤ 欧洲创新记分牌的未来发展，2003年2月（见本书第20页）。

➤ 欧洲创新的热点问题：加强跨国创新集群政策，2003年5月（见本书第27页）。

➤ 信息与通讯技术政策发展新趋势：战略性专利申请所面临的挑战，2003年6月（见本书第29页）。

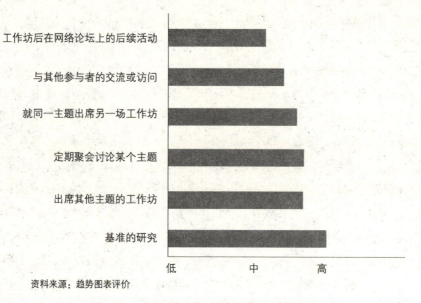

资料来源：趋势图表评价

图 1.5-1　工作坊活动参与者对后续活动的关注度

评估

2003年初，创新趋势图表项目对2001年至2002年期间所举办的八次工作坊活动进行了一次评估，所采用的评估方式是对工作坊活动的参与者进行问卷调查，获取他们对工作坊活动的意见反馈。

➤ 参与者对工作坊活动的总体平均满意度高达77％，对每次工作坊活动的平均满意度在82％—70％之间。

➤ 参与者对工作坊的后续活动继续抱有很高的热情（见图1.5-1），希望能够开展更多的专题政策论坛。

➤ "通过相互间的交流和学习，获取成功或失败的经验"以及"扩大个人的交往范围"是参与者最常提到的参与工作坊活动的两点收获。最常提到的不足是"活动时间太短，无法充分进行私下交流或一对一讨论"。

➤ 39％的参与者认为工作坊的活动对他们的实践产生了实质性的影响，包括开展新项目、吸收新思想，使得政策项目更加聚焦。

➤ 14％的参与者表示在实践活动中运用到在工作坊期间所建立的人脉关系，包括安排访问或联合举办活动。

2. 近期热点

2.1 集群政策

在过去的一年中,支持并鼓励集群政策的发展既是"创新趋势报告"的一个主题,也是创新政策基准工作坊的热点之一。尽管相关政策措施众多,种类也非常多样,但是政策的目标和所产生的经济影响并不是十分明显。这在很大程度上是由于政策的制定者(行政部门)与政策的"功能者(functional regions)"(企业)对创新在认识上并不总是趋于一致的。欧盟委员会对于相关方法论上的支持以及鼓励跨国间的借鉴与学习确实是十分有意义的。

美国经济学家迈克尔·波特(Michael Porter)自 1990 年在其《国家竞争优势》(The Competitive Advantage of Nations)一书中提出"集群"这一概念以来,"集群"就一直是创新政策领域中一个极具争议性的词汇。波特在这本书中论证道:根本无需竞争。

一个国家的繁荣昌盛是由该国企业的生产力和竞争力所决定的,公共政策应该为教育与培训领域内的投资和竞争扫清障碍。从长期来看,对"核心产业"的补贴、保护主义以及工资成本降低将会降低企业的生产力,因为它会损害企业的竞争意识,从而制约企业创新动机的发展。

可获得的技能与资本、强有力的国内需求、激烈的本地竞争、适当的对相关产业的扶植——波特认为,一旦具备了这些条件,一个有效的循环体系将会建立起来。在这个体系中,产业通过自身不断的技术和产品的更新,获得生产力的不断提高。简而言之,只有在产业"集群"状态下,生产力才能得到"飞速的"提升。

趋势报告

2003 年 4 月出版的专题报告显示,某些国家在集群政策的发展上较为"成熟"(mature),但其他国家仍处在起步和发展阶段。同时,集群政策在聚合程度(level of aggregation targeted)、政策的实施是在国家层面还是地区层面、由哪些部门负责、对政策制定者或产业发展有多大的促进作用等等问题上,也体现出较大的差异。

集群的发展被广泛视作提高竞争力的一项核心手段,它在很多国家的政

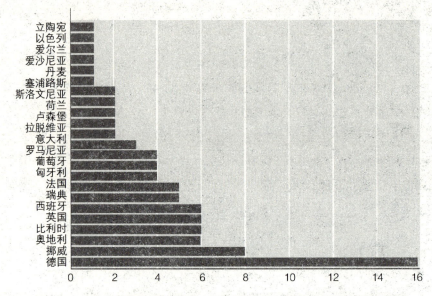

图2.1-1 创新趋势图表政策数据中各国促进集群与合作的相关措施数量比较

策文件中处于优先发展的位置。在某些地区性的发展政策中,集群被视作实现某些计划目标的手段,而不仅仅作为集群的目标本身。这些政策包括:加强产业和研究与政府的整合、加强企业间以及企业与研究机构间在研发领域内的合作、加强企业间非研发领域内的合作,如强化部门价值链(sectoral value chains)。

目前,已有的集群更多采取的是一种自下而上的方式,往往作为某项产业或地区发展战略的一个组成部分。与此相反,那些高新技术的集群政策,往往是由政府部门自上而下推动的,与科学和技术发展政策联系在一起。

集群政策的基本原理是:

➢ 通过在某一有限的地理区域内,激发专业和知识技能的集中化,集群扮演着"创新磁体"(innovation magnets)的角色。

➢ 通过规模经济和知识的迅速传播,集群提升了参与企业的竞争力。同时它还能解决某些共同的问题,培育一种学习的文化。

➢ 在未来的经济增长中,对以技术为基础的集群支持,是一项战略性的投资。

➢ 集群将有助于形成共同的愿景,并实现共同的目标。

一些国家在经过慎重选择后将集群政策的发展权保留给地区政府,而另外一些国家则主要通过国家性的集群计划推动地区集群政策的发展。绝大多数候选国在这方面还处于刚刚起步阶段,对于这些国家而言,如何进行政策学习与交流至关重要。

可以明显看到的是,在一些国家特别是一些较大的国家中,国家性政策和地区性政策间的契合度正变得越来越好。但令人不解的是,为何跨国间的集群政策始终未能得到充分的发展,尤其是商业上的合作常常会受制于一些政治或行政壁垒。

政策工作坊

2003年5月,来自欧盟17个成员国的45位政策制定者和专家参与了一次"创新热点问题"政策基准工作坊。本次工作坊对国家和地区性集群政策的未来发展趋势进行了分析与讨论,并以同行评议的方式探讨了如何才能开展好集群政策的实践活动。本次工作坊的三个主题是:采用何种方法并描述"创新热点问题"? 现有政策在多大程度上反映出这些热点问题? 这些政策多大程度上体现出欧洲化或者跨国化的联系以及如何强化这种联系?

本次工作坊总结到:从本质上讲,集群政策必须是同一阶层的(horizontal),而且依赖"创新制度"的现代方法,但是这不应被视作为一种可以解决所有政策问题的万能药。对现有资料的实证分析并不足以推动跨部门及跨国界创新计划的开展,创新政策制定者必须更多地考虑企业本身所提出的集群计划,通常这类计划都不仅仅限于某个国家和地区。成功的集群政策不是孤立发展起来的,必须充分认识到地方性和全球性之间的联系,并予以进一步强化。集群政策所产生的效益并不是自然发生的,但由于缺乏清晰有效的实践范式,使得对集群政策的影响效果的评估尤为重要。欧盟委员会可以在这方面发挥重要的支持作用,如进一步提升基准、交流经验、组织跨地区间的政策合作、促进集群政策评估的方法与交流。2003年10月在哥本哈根举行的欧洲创新集群政策研讨会也对欧盟委员会的这一职能进行了讨论,该研讨会是由企业与产业秘书处和丹麦国家企业与住房部(Danish National Agency for Enterprise and Housing)联合组织的。

2.2 战略性专利申请

最近几年,专利作为提升欧洲创新能力的一条重要途径在大学、中小企业以及其他相关机构中得到广泛的推行,然而政策制定者们开始忧虑现行的专利制度可能会在某些方面带来负面影响。近期召开的一次工作坊活动专门就"战略性专利申请"问题进行了重要探讨。该工作坊邀请了来自欧盟18个国家的有关专家对相关问题交流看法,对各自的经验进行比较分析。他们认为有必要进一步研究战略性专利申请所发挥的真正作用。

专利一般可以通过以下两种途径激发创新:专利赋予专利所有人独家开发或生产某项产品的权利——通常为20年。对于专利所有人而言,由于专利制度允许他直接、售出、或者合约转让给第三方的方式从中得利,这就为创新的激发提供了动力。但是反之,专利法也规定专利所有人必须对专利技术进行详细的说明,从而促进创新在整个经济领域内的传播。对相关专利技术的公开有助于避免他人在已解决的领域内进行重复劳动而造成资源浪费,并且可以加速该国在该领域内的创新进程。

然而,现行的专利制度并不适用于当前出现的一种新型专利活动。"战略性专利申请"一词被用于描述当前公司发展过程中所出现的一种专利发展趋势,即专利不仅仅是对智力产权的保护,而且还要防止竞争对手进行类似的专利开发或反专利开发。政策制定者们越来越担心"战略性专利申请"的广泛使用会妨碍新知识在整个经济领域内的应用和推广,从而降低效率。

趋势发展报告

2003年4月出版的"战略性专利申请"主题报告全面论述了该领域内的核心问题:

➢ 专利权范围的扩大——20世纪80年代以来,知识产权体系(patent regime)的绝大多数改变都与专利权范围的扩大有关,以期与欧盟的立法体系相吻合,例如生物技术业和软件业。这些改变带来了专利技术活动的快速增长,特别是技术领域内的专利增长。但是究竟是专利的增长促进了创新,还是创新带来了专利的增长,以及程度如何,这些并不是特别明确。

➢ 合理使用免责(fair use exemption)的限制——"研究免责"(research exemption)从专利制度的一开始就存在,它允许研究机构对专利知识进行非商业化的使用。然而,由于大学越来越多地参与到商业性活动中,有关"研究免责"的界限变得越来越不明朗。这是当前每个国家都在争论的一个问题，然而几乎很少有国家颁布专项政策推行"研究免责"，即便是针对公共部门的研究。

- 侵权与反侵权成本——随着专利及战略专利保护的发展，有关专利侵权的案例和诉讼也变得越来越多，这对于公司特别是中小公司而言是一笔不菲的成本开销。中小公司往往由于缺乏足够的财力和物力来保护其专利，以对抗大公司的侵权行为。然而，在欧盟范围内几乎没有什么针对反侵权成本过高的政策或措施，无论这些措施是否针对中小公司。
- 信息战——绝大部分国家展开信息战的目的是希望能够促进公司、中小企业、企业家、发明家、研究机构及大学的专利发展。信息战的目标取决于该国的专利活动水平，如欧盟候任国及新加盟国家往往将焦点置于中小企业和公司，而欧盟成员国家一般更加关注大学和公共研究机构的专利发展。瑞典是唯一一个为中小企业提供信息的国家，以消除由于竞争对手们采用"战略性专利申请"所带来的影响。
- 知识产权与公共研究——对大学或公共研究机构的研究专利成果的商业化利用，被看作是激励创新发展的一条重要途径。为了鼓励该类专利活动的发展，目前欧盟范围内广泛采用的三种形式是：对公共机构的知识产权进行新的立法；信息和支持性服务项目；提升知识产权保护意识。尽管一些候任及新加盟国家也在提升学术和公共研究领域的专利保护，但其重视程度远不及欧盟成员国家。

政策工作坊

2003年6月的政策工作坊根据18个参与国家的经验及美国经验对这些问题进行了全面的讨论。

绝大多数参与讨论的与会者认为"战略性专利申请"不再被视作一个重要问题。一些国家的参与者认为本次工作坊毫无开展的必要，另外一些国家的参与者则认为"战略性专利申请"仍需得到谨慎的监管，并需要进一步进行研究和政策讨论。

本次工作坊指出，尚没有具有说服力的足够证据表明"战略性专利申请"会对创新产生不利的影响。事实上，由于增加了相应成本，战略性专利申请能够促进知识的流通，并激发研发项目的开展。换句话说，如果从系统论的角度去看待创新问题，战略性专利申请有助于创新活动的开展，因为它能创造出一种默会知识(tacit knowledge)，从而便于知识的传播与交易。

许多参与者都提出，战略性专利申请尤其会对中小企业带来不利的影响，应该更加关注专利政策的价值层面，而不仅仅是为了专利数量的增长。本次工作坊认为，真正的政策挑战是如何进一步提升中小企业的知识产权保护能力。

鉴于欧洲国家的多元性，如果成员国想避免重蹈他国失败教训之覆辙，又不想千篇一律的话，基准的"智能化"显得尤为重要。各国间的经验借鉴仍然是必须的，特别是需要得到更充分的资料，以便更好地了解知识产权政策对于创新的重要意义。

2.3 公众对创新的热议

2003年发表的报告探讨了两个全新的主题，机构创新和企业创新需要得到更全面、更宽泛的政策方案的支持，需要建立起新的机制实现跨部门合作，实现政策的反思与借鉴。公众对创新的争论——欧盟委员会2000年发表的通讯中关于创新的一项核心目标——是保证各行各业的利益相关者都能参与到创新活动中去，从而创造出一种动态的创新文化。许多国家都已经制定了与此相关的计划，但是通常这些计划都未能得到充分的重视和很好的经费支持。

机构创新与企业创新

近些年来创新政策的发展已经突破了传统意义上的创新内涵——传统的创新往往聚焦于研发领域，以一种更现代、更全面的视角去看待创新问题，那就是在以知识为基础的经济发展过程中，需要寻找到一条新的途径或方法以实现机构与企业的创新。除去过往我们所关注的影响创新体制绩效表现的一系列内外部因素之外，它要求实现不同政策领域内的紧密配合。公共政策必须学会如何将创新置于其他政策领域的核心地位，如就业、贸易、竞争、金融政策和地区性政策等，从而提升各行各业的创新意识，实现各个领域内的合作，形成创新的企业文化。

在绝大多数国家，越来越多的行业和部门都认识到创新政策的重要意义,许多国家的创新政策已经延伸至教育与培训、企业精神培养、研究与开发、就业以及其他一些常规领域。绝大多数国家的创新发展已经超出了单一部门或机构的范围,并且实现了跨部门间的创新合作与对话。一些创新实践开展得较好的国家专门成立了"委员会"或采取其他类似的形式来专门负责创新政策的跨部门对话。

此外,随着对政策制定过程理解的不断加深,治理与规制改革(governance and regulatory reform)也对创新予以了更多的关注,如设立基准,进行比较与趋势分析等,直接对开展"学习与对话"产生了积极影响。这里所关注的中心问题是,如何将对政策影响力的评估结果应用到政策制定过程中并能让更多的人知道这些结果。欧盟成员国家、新加盟国家以及候任国在评估创新政策影响力的问题上作了大量的努力,但是其评估的深度和广度因国而异,而且这些评估通常都经过了专门的设计。奥地利、比利时、芬兰、荷兰、德国、挪威、西班牙、瑞典、英国等都提供了与"政策学习与对话"相关的评价实例。绝大多数新加盟国家或候任国在政策文件中都强调了政策评价的有效性,因而相关评价活动有望在未来几年内得到开展。一个新产生的重要问题是,改革和规制(如针对就业状况或决策过程)或者其他框架条件(framework conditions)(如专利法或税制等)的变化,能否对创新政策的发展产生积极的影响?许多国家,尤其是欧盟成员国家都颁布了一些措施来改善创新发展的框架条件,如鼓励公共研究机构和高等教育机构发展专利。很多国家颁布了保护知识产权的特别政策与措施。同样,许多国家正在探讨能否在研发或创新领域实行"税费抵免"政策。在那些已经实行"税费抵免"政策的国家中,正积极开展对该项政策的评估与完善活动。

近年来欧盟成员国及附属国家推行了一系列新政策,旨在提升企业家精神。一般而言,候任及新加盟国家的企业家精神更为薄弱,但是它们已经采取了一些新举措以期在不久的将来能够扭转这一局面。企业是创新能否取得成功的最核心要素,但是公共部门能否践行企业家精神同样十分重要,它能够为实现真正的企业家精神提供最大的支持。当前需要在教育与职业培训体系寻求某些新的突破,并找到将创新管理和企业家精神联系起来的方法。如果中小企业继续成为创新活动或政策关注的焦点的话,那么如何建立起中小企业与大学及其他培训机构的联系就显得尤为关键,目前好几个国家都已经意识到了这一点。

利益相关者对创新的争论

欧盟委员会2000年发表的通讯《知识经济下的创新发展》强调了欧盟国家需要正视所面临的"创新赤字"(innovation deficit)问题,再次重申了里斯本欧洲理事会(Lisbon European Council)需要付出更多的努力来提升整个欧洲的创新能力。

在这份通讯中,欧盟委员会列出了欧盟及其成员国家如何在未来几年内提升创新能力的总体政策路线,从而使整个欧洲创新活动的开展能够符合1996年《欧洲创新第一行动计划》所提出的创新日程。这份通讯为欧洲进一步推广成功的创新政策制订了一个总体框架,并明确了欧盟及各国的优先发展政策。

"构建一个勇于创新的社会"是欧盟委员会的发展目标之一,并建议欧盟各成员国政府"鼓励各级利益相关者,如科学家、产业界、消费者、公共行政部门都能够参与对创新的争论"。创新的过程是一个系统的过程,因此允许方方面面、各行各业的创新利益相关者对创新进行充分的辩论,是保证创新体制生机和活力的关键因素。创新影响到我们每个人的生活,影响到社会的各个方面,尽管这种影响的方式有所差异——有的直接,有的间接。因此,我们必须充分理解创新的必要性和重要性,积极参与到创新活动中去,因为只有这样才能推动创新向前发展。政府应该承担起这样的职责,鼓励公众参与到对创新的争论中。

很明显,创新所包含的议题十分广泛。由于创新问题总是与更广范围内的科学和技术问题联系在一起,因此为了鼓励公众参与讨论创新问题,必须进一步提升公众对于科技问题的认识,这就要求相关领域内的活动和计划需要具备非常广的覆盖面,如举办科学周活动、对特定的科学和技术问题进行争论、创新奖赏、专门的网络化服务、鼓励前瞻性实践的创新工作坊以及高层创新政策咨询会等。

本次趋势报告显示,绝大多数欧盟成员国家都至少推行了一项计划用于鼓励利益相关者参与创新的争论并增强公众的创新意识,所推行的计划在类型与深度上因国而异。新加盟国家和候任国在相关领域内的表现稍差。然而,从总体上来看,鼓励公众参与创新的争论已经成为国家创新政策的一个重要组成部分并得以推广。

3. 展望

3.1 加强跨国间的创新政策学习

创新趋势图表项目为创新政策的透明化、相互对话与交流提供了一个基本平台。然而，创新支持政策的"情境化"特征使得持续的、有计划的政策学习项目的开展同样十分重要。

跨国间的政策学习有利于各国政策制定者改进并完善其政策、项目和各种支持计划。最新创新趋势图表的调查结果显示，当前这种跨国间的政策学习行为正在普遍展开。然而，在进行政策学习之前，必须首先考虑到该项政策能够解决哪些问题，满足哪些需求，国外的政策制定者在讨论创新政策的议题或发展趋势时，也是基于某项政策发展的需要，是一种"目标预设"的行为。

2002年12月举行的政策学习工作坊讨论了这一方面的问题。其结论是，各国在进行跨国政策学习时，必须根据本国的具体国情灵活运用别国的成功经验。创新趋势图表项目在激发并支持这样一种学习文化方面扮演着重要角色，并有助于各国创新政策透明度的进一步提升，这一点已经得到欧洲理事会的认可与授权。然而，鉴于欧洲国家创新体系及政策措施的多样性，需要保持好"自上而下"的创新基准活动与"自下而上"的具体国家实践间的适当平衡，前者不能够提供现成的、具体的国家实践方案，后者无法将具体的国家实践方案推广至更广的范围。

北欧国家间的政策学习

北欧创新政策的成功实践（Good practices in Nordic Innovation Policies，简称GoodNIP）项目，由北欧工业基金（Nordic Industrial Fund）资助，对挪威、冰岛、芬兰、瑞典和丹麦的中小型企业的创新支持开展了一项调查。通过运用创新趋势图表提供的一些资料和报告，GoodNIP为该区域内的创新政策制定者提供了一份有关该区域过去和当前的创新政策和工具的比较结果。

该项目的三份报告可以从以下网站免费下载：
http://www.step.no/goodnip/publications.html

3.2 前景：未来的行动与机遇

创新趋势图表作为欧洲创新政策制定者的一项重要政策工具，将会在未来几年内进一步拓展其规模，并提升产品与活动的质量，从而使创新趋势图表能够为越来越多的创新推动者发挥更大的作用。

欧盟委员会企业与产业秘书处创新政策小组该领域的项目负责人 Peter Lowe 说："连续性至关重要。如果没有（创新趋势图表）对这些创新资料的定期收集与比较分析，我们充其量只能提供关于欧洲创新发展的某些片段或画面。事实上，创新趋势图表使得各国政策制定者能够清晰地把握变革的历程——是进步了还是退步了，是相对的还是绝对的，能够了解本国或本地区以及其他国家或地区在相应领域内的表现，并且能够了解该领域内出现的新问题和新方法。"Peter Lowe 同时还说，无论是欧盟委员会及高级官员小组还是创新趋势图表项目的参与者和用户，都处在一种持续的学习过程当中。"这（创新趋势图表）是一次前所未有的尝试，在世界范围内是独一无二的"；"为了更好地提高产品和工具的利用效率，我们仍需要付出大量的、而不是最少的努力，因为我们的社会——创新政策落实的大环境——实在是变化太快。"

更开阔的视野

从 2004 年开始，创新趋势图表网络将覆盖至新增的三个国家——瑞士、马耳他和土耳其，并且将第一次增加对其他非欧洲国家的创新政策的比较与分析，从而为国际化的比较与政策借鉴打下基础。

➢ 北美自由贸易协议国家（NAFTA）/巴西。
➢ 欧盟地中海援助计划国家（MEDA）——阿尔及利亚、埃及、约旦、黎巴嫩、摩洛哥、叙利亚、突尼斯。
➢ 亚洲经济体——中国、印度、印度尼西亚、日本、韩国、马来西亚、新加波、泰国和中国台湾。

年度国家创新趋势发展报告将包含对这三个地区创新发展状况的介绍与分析，所采用的写作方式和结构与欧洲国家创新报告的格式一致。

> **创新趋势图表——长期的关键角色**
>
> 2003年5月欧盟竞争力委员会向欧盟成员国家、新加盟国家以及欧盟委员会本身提出要求，要求它们：
>
> 确保在创新领域内的合作，以自愿的形式为基础，要求在欧盟、国家和地区各个层面开展广泛的合作；
>
> 在创新趋势图表的框架下，巩固现有的创新成果，使得成员国能够相互学习在创新政策制定与实施过程中的彼此经验。
>
> 加强国家间的合作并制定一个共同的目标框架，从而巩固欧盟创新成果。目标框架应包括建立起一套评价机制，用于对各国已取得的创新成果进行评价，并在建立评价机制的同时，充分考虑并尊重各国创新体制的多样性和所采取的创新政策的多元性。
>
> 积极参与到后续的创新活动中，支持欧洲理事会的工作，为创新的发展提供一个良好的外部环境，从而为有效实现里斯本目标而努力。

良性循环

必须进一步加强创新趋势图表各项活动之间的联系，最大限度地发挥它们的影响与价值，为各国的创新政策制定者及跨国间的政策学习提供帮助。

- 除了每年举办4次政策学习工作坊以外，各国的创新工作小组需提供本国创新发展的有关统计数据。在某些情况下，需要建立专题性记分牌，通过具体的指标和数据对某个政策领域进行系统的分析与讨论。
- 专题性记分牌，以及欧洲创新记分牌本身，将会在分析国家创新政策发展的过程中扮演更重要的角色，以确定创新行动方案与创新绩效表现的因果关系。
- 继续加强对创新趋势图表各项活动的监控，并定期收集网站用户和工作坊参与者对于项目开展的意见与反馈，从而进一步提高创新趋势图表的服务质量。

总体而言，创新趋势图表正朝着欧洲理事会所要求的"成为一种对欧盟国家创新成果的评估机制"的方向发展。

二、欧洲国家创新政策报告

"2004年欧洲创新政策"报告是创新趋势图表(Trend Chart on Innovation)所发布的年度政策综合报告。该计划由欧盟委员会企业与产业秘书处下属之企业创新政策理事会予以实施。

创新趋势图表为2000年3月里斯本委员会所设立的"开放政策协调方法"提供服务。它为欧洲的相关组织机构和策划管理者提供有关欧盟的创新政策、绩效和趋势等方面的概括性、简要性信息及统计数据。它同时还是一个欧洲论坛,为创新政策提供相关基准,并互换彼此之间的卓越实践方案。

创新趋势图表的成果

有关创新的趋势图表从2000年1月就已运作。目前,它已追踪了所有25个欧盟成员国,以及保加利亚、冰岛、以色列、列支敦士登、挪威、罗马尼亚、瑞士和土耳其等国的创新政策发展情况。同时,它还为其他三个非欧洲地区提供政策监测服务,这些地区是:北美自由贸易协议国家/巴西、亚洲地区国家和欧盟地中海援助计划国家(MEDA)。趋势图表所在的网站(www.cordis.lu/trendchart)提供以下几个方面的服务和出版物,包括:

- 33个欧洲国家的创新政策措施数据库;
- 新闻服务和创新政策信息数据库;
- 涉及创新的相关机构和政府部门;
- 所有监测国家和地区的年度政策监测报告;
- 四次年度政策基准研讨会的全部背景资料;
- 欧洲创新记分牌和其他统计报告;
- 集合了趋势图表重点的年度综合报告。

联系:entr-trendchart@cec.eu.iny。

本报告中所呈现的内容和观点不可能完全反映成员国或欧盟委员会的观点或政策。

本报告的版权归欧盟委员会所有。无论是欧盟委员会还是代表其利益的个人,均不对本报告中所用之信息,或可能出现的错误负责,尽管我们已经作了认真的准备和审核。

概　要

2004年欧洲创新政策，为欧盟25个成员国在改善本国创新绩效时所面临的挑战提供了一个总体看法。随后，本报告详述了25个成员国为应对这些挑战所开展的政策调整和实践方案等情况。本报告最后提供了一个比较基准。基于此，欧盟25个成员国可将本国的情况与欧洲的其他关联和候选国家以及三个重要地区贸易伙伴（北美自由贸易协议国家/巴西、地中海国家及9个亚洲国家和地区）进行比较。

基于2004年欧洲创新记分牌（EIS），欧盟25个成员国确定了10类重点挑战，并在此基础上确认了100多个具体的挑战。所有这些挑战或多或少都得到了具体的政策回应。本报告在每一项具体挑战中详述了欧盟25个成员国所面对的创新挑战范畴，及其在实施创新政策框架中取得的进步。为了评价起见，报告将各成员国划分为：

- 全力应对创新挑战；
- 采用具体但琐碎的措施应对创新挑战；
- 已经开展有关创新的讨论并仍在商讨中；
- 并未采取任何应对措施。

虽然国家政策制订者似乎已经意识到这些挑战并对大部分挑战展开了回应，但这往往发生在更为宽泛的创新政策规划中。在某些情况下，回应在制度（规则）和直接具体措施等两方面均进行了调整。

我们从欧盟25个成员国近来的政策发展情况中确认了5大重要趋势：

1. 努力增加技术人才的数量，拓展此类人才的能力，以为本国创新及加强国内外联系和知识流动做出贡献。

2. 新成员国受到结构性基金（the Structural Funds）的资助，在近来的众多计划实施中彰显出强大的地区性作用，在国家目标与各计划之间需要加强协调。

3. 通过激励私人企业向研究与开发投入更多的资金，尤其是更为一般意义上的创新形式，可提高创新活动的整体强度。

4. 重视规则、公共采购和其他商业环境因素的作用，这些商业环境因素对成员国创新系统的绩效产生影响。

5. 为增强联系从而改善创新系统的功效，基于计划的合作模式通过增加利益相关者之间的合作，可以消除创新障碍并为创新增加动力。

欧盟 25 个成员国的挑战和卓越实践方案

通过进一步探究各成员国所面临的创新挑战和卓越实践方案，我们可确定创新挑战的相似性，但卓越实践方案则倾向于关注各国需求的不同方向。

比利时所面临的一个主要挑战是较低的公共研发支出，而这阻碍了该国的知识创造和传播。比利时各级政府，无论是联邦政府还是地方政府，均已制定了众多措施以提高公共支出和增加经济的整体创新强度。这些措施包括佛兰德斯创新协定（Innovation Pact for Flanders）（介于政府、工业和研究部门之间的合作协议）和联邦-地区政府间的合作，旨在使本国研发总支出达到占国内生产总值（GERD/GDP）3% 的目标。

捷克共和国在创新绩效方面的新近趋势是，寻找本国为何落后于欧盟 25 个成员国平均创新水平的原因。他们认为捷克的主要挑战是解决创新人力资源的短缺和需要为中小企业（SMEs）创新提供更多的激励。作为回应，捷克在欧盟结构性基金的框架下实施了一系列项目，重点关注新产品的开发和技术转让。

丹麦是欧盟成员国中最为发达的国家之一，该国近来的创新绩效令人印象深刻。该国创新系统中的主要薄弱之处是国内中小企业创新的比例较低，同样令人惊奇的是丹麦在设计、非技术创新等方面表现并不卓越。该国政府对上述薄弱之处所采取的举措包括发起创新公会计划（Innovation Consortia Initiative），旨在通过研究和商业部门中不同人群之间的合作，实现开发技术并使其能广泛地应用于商业领域的目的。

创新被确认是扭转经济增长停滞的核心要素之一，过去数年德国经济便以此为特征。德国创新系统中一系列具体的结构性趋势，要求该国采取明确的举动，包括明确以技术为基础的创新倾向。联邦政府已采取了众多措施，旨在推动在高技术总规划框架下以中小企业为目标的创新，包括税收激励，促进高素质人才的引进，以及采取行动鼓励将中小企业整合为长期性研发伙伴等。

虽然爱沙尼亚在最近几年取得了巨大的进步，但该国创新系统仍然非常薄弱,甚至很难说该国在转向基于创新的发展阶段。该国企业的创新活动集中于少数外资企业和一群更具创新性的本土公司。更进一步,该国的创新仍然相对较为肤浅,较少关注新产品的开发。针对这一情况,爱沙尼亚政府和企业机构已制定了一系列措施,包括设立一个旨在增加中小企业技能和竞争力的创新意识项目,以使中小企业有能力开展创新项目。

虽然希腊在创新绩效上已略有迎头赶上之势,但该国的创新系统仍然是欧盟中最弱的系统之一,同时该国的经济增长并不以创新作为强大根基。该国的主要障碍是亟需发展终身学习项目、非常低的商业研发支出、极低的通过专利来保护研发成果等。希腊政府试图回应这些创新挑战的政策是:支持研究者将其创意转化为商业行为,支持扩大对有资格的中小企业的资助,以及支持私人投资者开展科技孵化活动等。

西班牙需要克服以下数个方面的困难:增加信息与通讯技术方面的支出,提高高技术制造业的附加值,增加公共研发支出及巩固西班牙专利申请行为。作为回应,该国政府的一项政策举措是向非盈利性技术转让机构的发展提供资金支持,其目的是通过增设以非盈利性技术转让为目的的机构,将研究成果转让从公共创新系统转向企业。

虽然法国在创新绩效方面高于欧盟成员国的平均水平,但它仍面临全面的挑战,需要进一步改善该国的创新绩效,以便能与主要竞争国家展开竞争。法国的主要挑战是需要制定一项更具一致性的创新战略,并动员相关资金使之与 2003 年创新计划相一致。法国面临的与不佳绩效相关的具体挑战是非技术创新和公司新产品的引进。对此,一个成功的卓越实践方案是研究和技术创新网络(PRIT)的筹建,该网络可增强研究的合作关系。

在欧盟 25 个成员国中,爱尔兰是拥有最高经济增长率的国家,但其经济增长大部分依赖于投资(尤其是外资)而非本国的创新绩效,因此爱尔兰需要资助和发展创新能力,以满足维持本国经济增长所需的日益复杂的要求。爱尔兰已经出台相关政策以鼓励创新发展,如税收减免、专利权税免除、减少专利申请的开支并知道如何申请以及用于知识商业开发所需的商业化基金等。

假如意大利未能扭转其近来在竞争力方面的丧失,那么它的创新绩效将远远低于期望的水平。意大利在大部分欧洲创新记分牌指标上处于弱势地位,且无追赶之势,它在商业研发支出、高科技专利权以及在终身学习领域等方面表现尤为薄弱。意大利的政策措施仍然过于集中于工艺（成本缩减）创新，而对产品开发和多样性则关注不够。近来的措施包括新机器和职员培训投资方面的税收减除，如课税免除项目，而该国《Tecno-Tremont法案》则允许降低研发成本，包括从商业应缴税中减除专利费等。

塞浦路斯面临多元化本国经济、减少对旅游等具体服务的依赖和增加公共研发开支等方面的挑战。虽然该国大量的措施定位于创业者精神和技术转让，但政府政策在公共研发方面的投资仍然很大程度上集中于加强知识基础。

拉脱维亚所面临的挑战是多方面的，它需要公共和私营部门极大地增加对研发的投入，以促进主要利益相关者之间的合作，并确保在更为广泛的地理分布上开展创新投入和创新活动。拉脱维亚一个卓越的实践方案是支持市场导向的研究，其目的在于促进科学密集型的创业精神，以加强基于知识的生产和现代技术的发展。

尽管立陶宛近来经济增长强劲，但与其他大部分欧盟成员国相比，它的创新系统表现相当糟糕。与知识创造相关的长期性挑战存在于公共和私营部门对创新、产出（专利）的开支不足。当前面临的紧迫挑战是亟需重点推进创新活动的市场表现，从而改善立陶宛企业的竞争地位。作为回应，立陶宛已经规划了大量新措施，这些措施目前正在2004—2007年结构性基金项目的框架下进行审核并待实施。

虽然卢森堡是所有成员国中最为富裕、拥有经济高增长率的国家，但很明显，它面临着多元化本国经济（主要是金融部门）的挑战。最近几年，该国对创新和知识创造的投入不足状况，已日益成为一种共识。政府和主要利益相关者已一致同意，对作为经济增长基础的创新系统所存在的薄弱环节采取一系列措施，包括新设一所旨在提高研发总支出的大学，提高科学和技术类毕业生在全部学生中的比例，促进中小企业的创新。其中一项成功的措施是卢森堡经济部的"集群项目（Cluster Programmes）"，旨在增加不同公司在具体技术领域（新材料、信息与通讯技术、航空学等）间的沟通与合作。

匈牙利面临的全面挑战是如何通过加强国际竞争力，维持本国向发达成员国发展的目标。相较过去，目前匈牙利的经济增长需要立足于加强本国企业（相对于外企而言）的创新活动强度。匈牙利在2004年欧洲创新记分牌上的创新绩效令人鼓舞，属于创新追赶显著型国家。尽管如此，它仍存在着有待解决的诸多挑战。匈牙利一项不错的政策举措是对合作研究中心的支持，旨在重建区域性产业界-学术界的合作关系。

马耳他是一个享有较高人均收入的国家，其经济增长主要依赖于旅游业和其他服务业。马耳他的创新系统非常薄弱，在制造业部门以家族式经营为特征的小公司中，未见有任何针对创新的措施。作为一些回应，最近马耳他政府筹建成立一个国家研究、技术发展与创新计划（RTDI），以此来促进和建立该国持续的科学研究和创新的文化。

2004年欧洲创新记分牌的结果显示，通过创新，荷兰有潜力取得比目前更好的经济增长。作为对企业部门存在的创新赤字的回应，荷兰已经公布了一份创新白皮书，并筹建一个有主要利益相关者参与的创新平台。荷兰创新系统所面临的具体挑战包括：增加知识工人的供应，增加活跃于高技术制造业的公司数量，同时维持该国在高技术服务业中的相对领先地位。荷兰最近几年在创新方面的卓越实践方案主要是基于奖励支持高技术产业。

2004年欧洲创新记分牌结果显示，奥地利呈现略为混杂的创新绩效，即某些指标遥遥领先而另一些则远远落后。显然，奥地利亟需增强其创新系统，以推进经济停滞的GDP增长。该国的具体挑战包括创新类（尤其是科学与工程类毕业生）人力资源的短缺，以及优化中小企业中较高层次创新活动的市场表现。奥地利政府的大量措施定位于提高创新理念的商业化。通过企业中创新资助机构的重组和合理化，使该国目前的复杂创新系统实现某种程度上的合理化。

与其他大部分新成员国一样，虽然波兰在2004年欧洲创新记分牌上达到了一半的指标，但其创新系统依然相对薄弱。波兰的经济增长率近来相对较好，但原因并非该国创新潜能的加强。波兰面临的全面挑战依然是如何重点推进企业的创新活动，以促进基于知识的经济增长而不是基于生产成本的经济增长。具体的挑战包括：提高低水平的商业研发支出和巩固终身学习，并将此两者作为促进商业部门创造力和技术的方法。创新政策在波兰仍是一个相当新颖的概念。它对创业的支持包括有关技术转让的各个方面及通过自1996年以来国家服务系统提供的创新。国家服务系统的咨询服务目前已扩展为国家创新网络，以增强中小企业的创新。

尽管近几年来，葡萄牙有追赶欧洲创新记分牌诸多指标的趋势，但它仍然是欧盟原有15国中创新最为薄弱的国家之一，且落后于一些新的成员国。

考虑到葡萄牙GDP的增长减缓，因此需要在所有公共政策领域加入基本要求以促进创新。具体的挑战包括：对研发成果的专利关注度不足、非常之低的企业研发支出比率、创新人力资源方面的绩效较差等。作为回应，葡萄牙政府已采取了包括采纳国家工业产权研究所（National Institute for Industrial Property）在内的建议：一是采取积极措施，通过引入服务取向的文化解决专利问题，二是基于措施的网络，以鼓励公司采取知识产权保护。

斯洛文尼亚在创新形势的多个方面令其他欧盟成员国羡慕，其创新绩效在六项指标上高于欧盟25国的平均水平。斯洛文尼亚创新系统的薄弱之处在子专利及投入市场的新产品这两方面的商业化程度不高。创新的具体资助有限是其中的一个因素，而这恰好解释了为何该国中小企业创新活动强度较低的原因。在通过集群计划为创新提供支持和工业发展方面，斯洛文尼亚已成为这一领域的领跑者。近期对启动于2000年的集群计划的评估显示，该计划在促进竞争力方面取得了一些显著的成功。

斯洛伐克近年来的工业重建和经济增长，并没有在该国创新潜能的渐变中得到体现或支持。2004年欧洲创新记分牌结果显示，它在很多主要指标方面进一步落后。斯洛伐克面临的具体挑战包括：提高公共和私营部门对研发支出的比率，加快新产品开发的速度和提高服务部门的技术含量等。目前斯洛伐克尚未制定良好的创新政策，而对挑战的回应也是相当的支离破碎。全国中小企业发展署在全国范围内开展活动以支持企业创新，它通过各下属中心组建网络来支持商业发展、技术转让和创新等。该机构同时还负责管理诸多资助项目和计划，如INTEG项目，并通过技术孵化园、跨国经济合作等来支持创新和技术转让。

当将创新与经济增长相比较时，芬兰仍然明显是个局外国家，因为该国的人均GDP收入显然低于该国强大的创新绩效所能预期的水平。历史地看，该国对研发和创新的持续投入，使国家战胜了严峻的经济危机。因此该国的挑战是：如何维持本国在主要创新指标方面的积极倾向，以保持本国经济的增长。芬兰所面临的具体挑战包括：在高技术专利方面丧失发展动力，在高技术制造业领域从业者人员减少，中小企业中非技术创新的比率相对较低等。芬兰加强国家创新系统的措施，显然是由国家技术创新局（TEKES）负责。这些措施包括一系列成功的国家技术项目，旨在获得新的先进技术和对产品研发进行选择。

20 世纪 90 年代经济的结构性变化,使得瑞典在过去几年中的经济增长率接近欧盟的平均水平。然而事实表明,这种增长并不是由于"充分就业"也不是基于新的小型创新公司的创建。与欧盟 25 个成员国相比较,瑞典创新系统的总体绩效相当卓越。然而,一系列的趋势表明以下问题的存在,如科学和工程类新生的招募问题、国内中小企业创新问题、非技术创新的比率较低等问题。该国的商业研发仍然被许多大工业集团所支配,而在创设创新公司方面则存在着财政瓶颈。作为回应,瑞典国家创新局(VINNOVA)已经启动了一项名为 VINNKUBATOR 项目,着手研究美国中小企业创新研究(SBIR)方案的瑞典语译本(该方案从全部研究资金中提供部分资金分配给新小型商业计划)。

不论是绝对还是相对方面,英国的创新绩效都显示出较高水平。与此同时,通过考察其近来的一系列政策评论和声明,显然创新已被该国政府置于政策制定的核心位置。然而 2004 年欧洲创新记分牌的结果显示,英国正面临以下两方面的具体挑战:一是提高正处衰退中的商业研发支出比率,二是提高高技术制造业从业人员的比率。该国面临的其他挑战还包括:加强研究和商业部门的联系,有效确定未来工程和技术技能的发展方向并确保企业可雇佣到这些技能人才。近期政府在上述后一领域所发生的政策思想转变,体现在将该国原先的教学公司计划(Teaching Company Scheme)转变为知识转让合伙制项目,目前该项目已开始向继续教育学院和高等教育机构的学生开放。

全球视野中的欧洲

2004 欧洲创新政策年度报告,首次尝试在政策监测操作中将欧洲政策发展置于一个更为宽广的趋势视野中,即置于其他发达工业经济体和邻国的发展趋势之中。虽然通过欧盟成员国彼此之间的联系,对各国的创新形势有了更为清晰的认识,但是通过学习三大主要经济区域的政策发展情况,并经过广泛的比较分析,我们或许可发现一些有价值的信息。这三大区域是北美自由贸易协议国家/巴西、9 个亚洲国家和地区以及 7 个地中海国家。

年度综合报告第三章基于一套共同的指标,分析了 20 个国家的创新绩效情况。基于政策制定的目的,该报告将这些国家划分为 3 个比较组:

● 比较组 1:经济高收入国家,主要的知识生产者,在欧盟 25 国中创新表现卓越,具有复合型创业动力;

- 比较组2：经济中高收入国家，全球一体化市场，外商直接投资驱动的创新系统；
- 比较组3：经济低收入发展中国家，各国创新潜力分布不均。

在每一个比较组中，本报告区分了一系列挑战驱动的政策。其中一些挑战反映了欧盟国家所面临的挑战，例如高技能劳动力的短缺和劳动力素质等问题。

另外，对结构条件（如教育或信息社会的基础设施）的重要性存在一个普适性的问题，即确保每一个个体和企业能获得基本的技能与技术。大部分国家（尤其是日本、墨西哥和马来西亚）同样将目标定位于增加公共和私营部门对研发及创新的投资强度，这与欧盟制定的中期目标十分相似。

确保国家创新系统以一个整体的形式实现更为高效的运作，日益成为一个终极性的挑战，这在高收入国家中尤其如此。事实上，基于更为广泛的公共和私人合伙关系，计划所欲改善管理的问题正在上述三组中的许多国家发生变化。

引言

2004年趋势图表综合报告，为我们提供了一份有关欧盟25个成员国、8个准成员国、划分为三大区域的世界其他20个国家和地区所面临创新挑战和政策趋势的概况。这三大区域分别是北美自由贸易协议国家/巴西、地中海国家和亚洲。

本报告共划分为三大章：

- 在国家层面上，对33个欧洲国家创新政策管理结构的发展和政策目标的主要趋势等进行了分析。
- 基于欧洲创新记分牌数据和各国当前的政策回应，概述了每一个国家的主要挑战。
- 创新绩效的近期发展趋势，并对三大区域相关政策发展情况展开讨论。

第一章"欧洲创新政策发展"介绍了当前欧盟25个成员国创新政策的实践方案情况，详细陈述了各成员国在政策绩效和优先权、政策措施的趋势、创新政策挑战的突破及回应等方面的情况。本章同时对中小企业非技术创新、创新活动模式、专利权、商业与研发支出、就业结构和人力资本的资格等方面的问题有所提及，但非常有限。

第二章对欧盟 25 个成员国中每一个国家当前的国家创新挑战和回应等情况作了更为详细的介绍。对每一个国家的分析包含两大主题：

其一，基于 2004 年欧洲创新记分牌的区域观察资料，对每个成员国的政策挑战和回应情况等作了简洁又详实的介绍，并与欧盟 25 个成员国相比，阐明该国在哪些方面已经落伍或已丧失了创新动力。

其二，提供策略和卓越实践方案方面的案例，以阐述各成员国是如何准备或采纳相关实践方案来回应这些挑战的。

第三章，也是最后一章，从全球视野的角度概述了创新政策实践方案的发展情况。本章简单描述了三大经济区域（北美自由贸易协议国家/巴西、地中海国家及亚洲国家和地区）的情况，从比较的角度评估了三大区域的各自优势与不足，旨在对欧洲的竞争形势提供一个全局性的看法。本章同时为国家创新政策、最佳实践方案、政策趋势、识别方法等提供了一系列的不同方法，如此欧盟各成员国可从其他国家的创新政策中学有所获。在这方面，从那些在传统意义上被认为是创新成功的国家（美国、日本）确定了一些成功的措施，并从那些在传统意义上欠发达但被证明创新成功的国家（中国、约旦、埃及等）中，从多个角度对他们的模式进行了考察。

1. 欧洲创新政策发展

1.1 引言

描绘欧盟25个成员国和8个准成员国[①]的创新政策发展状况是一项兼具挑战性和复杂性的任务。创新这一概念涉及多个方面,不仅各国之间互不相同,而且即便是在同一个成员国中不同政府部门之间的创新概念亦有所区别(从努力促进创业者精神和商业竞争力,到更具技术性的驱动方法以促进经济增长和就业)。

而且,2004年欧洲创新政策分析绝不能仅局限于监测政府宣布的具体政策措施或采用的法律,也不能局限于仅是对企业创新的具体资助方式的规划和介绍。众多促进欧盟创新的努力通常不是通过直接措施来实施的,而是通过创新文化的倡导,通过评估新规则对消除创新障碍上的成效,或是通过相关驱动力而引发创新。

最后,如果2004年欧洲创新政策报告确实对发生了什么或者已做了什么等进行了报道,那也仅是部分地完成了任务。监测的主要任务应当关注欧盟和国家层面上的各类欧洲机构和利益相关者,以揭示政策趋势或凸显哪些政策并未对挑战产生回应。这些挑战是在欧盟或国家层面上的创新绩效分析中所确认的。

本章的下一部分将寻求以简洁的方式呈现这些政策的多方面发展趋势。主要采用以下三种方式:

- 识别33个国家在它们的政策报告中所公布的正式目标,这些报告出版时间在2003年9月至2004年8月之间;
- 凸显创新行动权衡方面的重大变化,例如在创新政策措施方面的介绍或修改;
- 综合目前正在讨论的重点政策,这些讨论将是未来政策发展的先兆。

本章第三部分将系统分析欧盟25个成员国所面临的挑战,对各国挑战的分析是基于该国在欧洲创新记分牌各项指标中所处的相对位置。这些挑战来自于某项指标或一组指标。在这些创新指标上,某个成员国的水平可能明显

[①] 在个别国家的报告(为欧盟25国准备的格式一致的报告)中,将保加利亚、罗马尼亚、土耳其等3国列为欧盟候任国;将冰岛、以色列、列支敦士登、挪威和瑞士等5国列为关联国家。

弱于欧盟 25 个成员国的平均水平，或者某成员国在某些指标上一直处于动力·丧失①的局面。在一些成员国中，近来的政策和具体措施显示，该国正明确意识到本国所面临的挑战，而另一些成员国在回应这些挑战方面则没有具体的措施，或者至少在近期没有系统的计划。

本章第四部分将阐述管理机制和政策颁布结构的演变。创新政策的复杂性以及不同部门、机构之间的权力重叠，被认为是影响效率和有效性的关键性因素。一些国家非常关注具有重大意义的重组，以确保更具一致性的结构和更为有效的合作。在这方面，鉴定、基准和评价是所使用的几种工具，但它们常常分开实施。

1.2 政策努力和优先政策

1.2.1 政策讨论和政策目标

自 2000 年以来到目前为止，是欧盟创新政策演变的重要时期，并通过里斯本进程（Lisbon Agenda）目标的设定而得到了强化。上述变化对以下各个方面产生了重大的影响：公共政策的优先权和目标、政策横向面或部门的特征、政策实施的结构和工具、公共部门和商业部门的战略、消费者行为和公众意识等。

从下面的时间表中，似乎可看到欧盟 25 个成员国和 8 个准成员国（除塞浦路斯、意大利、卢森堡、马耳他、斯洛伐克和以色列等国）有关创新策略、目标和措施等方面的全部正式文件。尽管如此，在一些国家以基础研究或学术研究为主流的这些科学和技术政策中，创新仍然遭遇冷落（如希腊、波兰、葡萄牙、西班牙和罗马尼亚等国）。

这些正式文件的内容涉及从简单的目的陈述到复杂的跨部门行动计划与运作项目，而文件的内容正日益基于对企业的咨询和调查、富于远见的实践方案，以及对影响竞争力因素的深入分析等。"国家发展计划"（National Development Plans）（草案）作为采纳本轮欧盟结构性基金的规划流程的一部分，已经帮助了大部分核心成员国（如希腊、葡萄牙和西班牙）和 10 个新成员国发展类似的策略和目标。同样，候任国目前也在制定国家计划和战略，以从

---

① "……动力丧失"：其含义是依照欧盟的平均水平，该国的相对优势正在衰退中。

整体上支持中小企业，支持研究和创新政策。

创新政策颁布时间表

欧盟25成员国	2000	2001	2002	2003	2004
奥地利					
比利时（联邦）					
布鲁塞尔					
比利时佛兰德斯	2000—2004				
比利时瓦隆					
塞浦路斯				2004—2006	
捷克共和国				2004—2006	
丹 麦					
爱沙尼亚		2002—2006		2004—2006	
芬 兰					
法 国	1999				
德 国					
希 腊		2000—2006			
匈牙利					2004—2006
爱尔兰	2000—2006				
意大利					
拉脱维亚					
立陶宛	2000—2002			2003—2006	2004—2006
卢森堡					
马耳他					
荷 兰					
波 兰					2004—2006
葡萄牙	2000—2006				
斯洛伐克共和国					2004—2006
斯洛文尼亚				2004—2006	
西班牙				2004—2007	
瑞 典					
英 国					

准成员国					
保加利亚					
冰 岛					
以色列					
挪 威					
罗马尼亚		2001—2005			2004—2006
瑞 士					
土耳其	2001—2005				

政策文件类型如下：

白皮书/战略报告
（框架）法律/法令
行动/实施计划/项目
CSF/SPD/OPs（结构基金）
其他政策宣言（各类创新子主题）

资料来源：来自欧盟 25 个成员国和 8 个准成员国 2004 年趋势图表年度国家报告摘要。

在大多数发达国家中，各国的创新战略正变得日益清晰和具体，常常包括应对创新"市场"的具体部分或组织一个自动监测和更新流程。在这方面，近来值得研究的政策计划是：

● 2004 年 2 月，德国针对中小企业创新（高技术整体规划计划）采取了新的行动项目，以架构一个更具一致性和有效性的框架。该项目加上 73 项大部分原已存在的个别措施，分布于四大主要领域（技术型创业、中小企业研发项目的重新设计、促进公共研究机构和中小企业的合作、应对高素质劳动力供应短缺等）。

● 在比利时，佛兰德斯政府采用"年度政策备忘录"的形式，更新该国的五年期（目前是 2000—2004 五年计划）政策注解，并提供框架的具体执行情况。

● 英国的国家创新政策目标，是经过整合不同利益相关者的建议和利益这一流程而确定的。在刚过去的 18 个月中，"创新报告"、"科学和创新 10 年期投资框架"和"英国技术白皮书"是创新活动方面的良好案例。

● 2004 年 6 月底，瑞典的产业与商业部联合教育与科学部，提出了一份"创新瑞典"的国家创新战略。该战略旨在通过复兴促进经济增长，包括四大领域：创新所需的可持续知识基础、工业创新、公共投资创新及具有创新性的国民。

- 瑞典的邻国挪威，也同样采纳了一项新的综合性创新政策。该政策首先由教育和研究部门倡议，随后由贸易与工业部予以落实。挪威在2003年10月颁布了一份"从创意到价值"的行动计划，该计划认为创新政策应该深入全部政策领域，而不是仅仅涉及工业和研究政策等传统领域。综合性的创新政策远非仅仅是协调各部门和政府机构之间的关系。

- 自2000年以来，瑞士的创新政策以可持续性为特征。不过，瑞士政府承诺要加大对创新的重视，并增加对创新领域的投入，使投入增长比率高于经济增长的平均水平。然而，该国的创新政策概念已经拓展，从狭隘的科学本位创新观扩大到涵盖社会和文化方面的创新活动（如创业者精神）。例如，2003年经济事务部颁布了一项名为"创新型国家瑞士"的行动计划，旨在促进创新和创业者精神。

在核心成员国和新成员国中，结构性基金的运作项目日益转向创新取向的活动，包括在某些情况下对原始战略的修改等。在所有10个新成员国中，这些国家的议程均包含创新，某些国家继续原有的创新活动，而另一些国家则启动了结构性基金。爱沙尼亚已制定了一项结构良好的战略发展计划，旨在通过结构性基金开展大量已规划投资的项目。

最后，三个欧盟候任国在科学、技术和创新政策等措施的复杂性和期限方面，呈现一片混杂的图景。土耳其显然是一个在科学技术创新政策方面拥有数十年发展记录的引领者，该国近来转向强调国家创新系统的措施。不论是在优先获得成员国地位，还是在日益增多的欧盟项目方面，土耳其显然从外部支援中获益匪浅，尤其是从世界银行方面的获益。

虽然罗马尼亚常常受到外部资助，但是其创新战略和项目受到本国强大的国家技术和创新基础设施的规划与管理。1997年，罗马尼亚第一个制定了国家研发投资（RDI）计划，并从那时起时常更新创新政策。伴随时间的推移，该国的政策重点已从过去的重建研究基础设施转向更多企业取向的创新政策。最后，虽然保加利亚在加入欧盟方面姗姗来迟，但是该国已与数个欧盟成员国之间开展了合作，在2003—2004年期间，该国制定了首个包含10点行动计划的国家创新策略。

在更为一般的情况下，直截了当的方式是将创新与政府的广泛政策予以系统的整合。在过去数年中，这一方式已成为众多政策讨论的基本驱动力。组织创新、商业创新、金融创新乃至行为创新等成为政策高度关注的话题，它们是国家竞争力的重要决定因素。比起技术创新，"知识开发"已成为一个更为宽泛的概念，在基础/应用型研究、公共/私人所有权、自足/国际网络等方面，各国需要减少陈腐但永远存在的两难困境。

在已达至发达"国家创新系统"的国家中，创新与经济增长和生产投入之间的直接关系显然已变得更为明显。核心成员国、新成员国和候任国都已开始跟随这一趋势。在所有成员国中，芬兰被认为是在金融创新、绩效和政策创新等方面最为成功的国家。目前，该国的创新政策已转向为最为广泛的社会领域、不同政策部门之间的"知识为本的发展"创造条件，而不是将创新政策局限于科学和技术政策领域。

近来各国的政策文件中呈现出5大类主题：

1. 努力增加技术人才的数量，拓展此类人才的能力，以为本国创新、加强国内外联系及知识流动等做出贡献。

2. 新成员国受到欧盟结构基金（the Structural Funds）的资助，在近来众多计划实施中彰显出强大的地区性作用，在国家目标与各计划之间需要加强协调。

3. 通过激励私人企业向研发投入更多的资金，尤其是更为一般意义上的创新形式，提高创新活动的整体强度。

4. 重视规则、公共采购和其他商业环境因素的作用，这些商业环境因素对成员国创新系统绩效产生影响。

5. 为增加联系从而改善创新系统的功效，基于计划的合作模式（通过增加利益相关者之间的合作）可以消除创新障碍，并为创新增加动力。

上述5大方面可以进一步具体细化如下：

1. 欧洲创新政策的制定者们已日益意识到，创新挑战的难点在于本国创新系统中对技术人员的增长需求和如何拓展这些人员能力的问题。传统上，应对措施关注于提高在科学机构中研究人员的数量，或鼓励促进高校、研究机构和企业之间人才的流动。近来，政府正采纳一种更具整体的眼光来看待挑战，以为创新动员更多的人力资源。

这些措施往往目标远大，例如英国的目标是通过提供受训的人才和确保支持创新所需的技术等方式来确保该国强大的科学根基。在比利时，佛兰德斯地区所采用的吸引和发展人才措施是该政府采用的六大建议之一，而瓦隆地区则采用了"签约瓦隆的未来"之措施，包括人力资本、知识和知道为什么等一系列发展计划。

此外，发展人力潜能的目标与广泛强调提升技术、研究和创新等方面的管理技术之间密切相关。例如，希腊和英国两国的一项重点优先政策是鼓励知识产权的科学管理，而法国已号召在大学和其他高等教育机构中建立"创业者家园"。

为使人力资源潜能实现最大化，同样需要在国内外的专家团队之间实现联合。对不同互补型机构的共同活动和联合项目等创建网络的方式，可以提高各国的经济规模和减少重叠部分。在荷兰，该国的政策文件尤为关注研发方面的合作。

同样，支持知识跨境转让方面的国际合作、支持欧洲一体化以及支持国际知识创新网络等是另一个主题。在德国，加强国家创新系统的国际化和参与国际项目，成为国家政策的优先考虑项目。英国的一项主要目标是通过国际合作而实现创新。希腊国家竞争力运作项目（The Greek Operational Programme for Competitiveness）为欧洲内外的国际合作提供了充分的资助。

2. 创新政策的区域性作用正日趋重要。各国政府和欧盟均支持各地区获得制定创新政策的权力，这包括：
- 战略思想和项目准备；
- 项目执行和评估；
- 技术转让和市场营销。

这方面趋势的具体案例包括：法国正在进一步向地方分权，而英国正在把对商业研发资金的管理转给区域发展机构。法国工业部正在联合本国的强大工业基础和本国的研究与教育潜能，旨在培育本国的"竞争力支点"。

同样，意大利政府最近批准在一些特定区域创建"科技"园。瑞典政府特别关注具有增长潜力的各类区域和中心，该国"活跃的创新系统促进区域发展计划"项目，就是一个不错的项目并将在 2005 年进行拓展。它的目的是通过创设优质的研发环境、具有竞争力和动态的网络等方式，激励强大的区域性创新系统以实现更多的创新和经济的持续增长。

核心成员国和新成员国家的许多运作程序现已包括区域性的创新政策。这些项目旨在国家层面上，或者更为确切的是区域层面上向中小企业开展创新和技术提供服务,包括工业研究技术转让、市场营销和法律服务等。

例如,希腊国家竞争力运作项目向私营技术园、创新孵化园和独立技术代理公司等提供服务以支持创新。在匈牙利,25%的新研究与技术创新资金将用于促进区域性的创新活动,目前正在热烈讨论有关支持建立区域性的创新结构、为企业提供创新服务等内容。

3. 虽然各国日益重视非技术创新措施,但是这些措施通常比较接近市场行为,并不符合国家直接援助的条件,或者仅能获得较低比率的补贴。因此,众多传统工业的研发措施仍然是创新政策的重要组成部分,以达到巴塞罗那目标中研发总支出(科研经费投入)占到国内生产总值(GDP)3%的目标,这其中三分之二的总支出应是商业资助。有鉴于此,通过设计激励范畴,以促进商业部门在知识创造方面的参与度,另一方面是增加政府支出(可见下文近期政策措施部分的讨论)。

为实现这一宏大目标,明显的趋势是重点关注具体技术或重点部门。小国家的政策趋向于关注特定环境,不管怎样,这些努力的成功需要依赖于商业部门承接公共研究成果并使之能成功商业化的能力。例如,丹麦在高技术和知识领域建立知识网络,从而使国家在这些领域拥有研究和商业化的能力。芬兰的国家研究与开发基金(National Fund for Research and Development)将战略定位于在2005年初,通过筛选将资源集中于一部分领域。另一方面,该基金计划将风险资金公司从这些被选中的领域中脱离出来。

4. 为了解决更大范围内的问题,而不是直接提供资助以刺激企业创新,许多新计划具有立法性和规章性的特征。在规则性因素影响创新方面,英国是处于领先地位的国家之一。为改善规则性决策的制定,该国的贸易和工业部(DTI)通过向企业和其他利益相关者的咨询,为政策制定者研制一份"思想创新"指南,作为规则影响评估流程的一部分,该指南对关注什么及何时评估非计划性成果等提供了说明,非常具有经济性与可操作性。

在其他国家,所采取的行动趋势关注于改善规则性环境,包括激励公共研究者和公共研究机构探索具有商业化可能的研究成果,改革知识产权权利分配的条件,在个体职业发展生涯中考虑专利活动等。例如,丹麦国会最近通过一部公共研究机构的技术转让法,使得大学有可能建立有限公司,负责将知识/技术转让给私人部门。类似的,爱尔兰则颁布了首个《公共资助研究中知识产权管理操作国家法典》。

5. 最后，为改善创新系统的功效，通过基于计划的合作模式而创设联系正成为显现中的趋势。在丹麦，"公私创新合作行动计划"包含了一项综合性的目标，旨在为私人部门与知识机构之间的合作建构合适的框架条件。

2004年1月，德国联邦政府启动了一项主要的创新计划，即"创新伙伴关系"（Partnership for Innovation）。政府邀请来自商业和研究等部门的高端合伙人，共同制定新建议，旨在把德国转变为一个敢冒风险、拥有创新者精神、创新发展更为重要的国家。创新伙伴关系的其他目的包括：识别阻碍创新活动的瓶颈和障碍，树立德国创新能力的新信心等。创新伙伴关系还将鉴别市场的未来走向，并就如何打开这些市场达成共同协议。与此相类似，荷兰政府搭建了一个基础扎实、范围广泛的创新平台，以起草规划，发展愿景，为国家创新提供动力。

1.2.2 政策措施发展趋势

在2004年欧洲创新政策报告中，大部分活动是监测每一个国家中政策实施的政策混合（policy mix）和措施范围的变化情况。在2003—2004年度政策报告期间，在所监测的33国家中，大约有126项措施被实施或进行了重大修改。

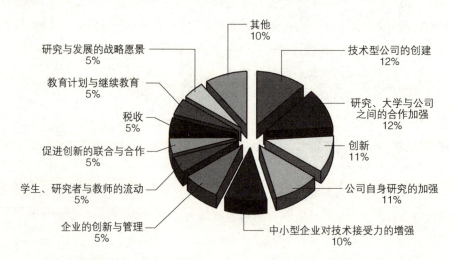

来源：来自欧盟25个成员国和8个准成员国在2004年趋势图表年度国家报告中所确认的新方法的摘要。

当我们认识到以每个国家进行统计的方法至多是对政策活动的引导时，这一方法所得的结果是平均一个国家拥有 4 种措施，而某些国家的措施则要多得多，尤其是拉脱维亚、波兰、葡萄牙等国拥有 9 种措施，德国则有 7 种措施。显然，在政策周期中各国所关注的要点（如全国性选举或结构性基金项目）和国家的大小会对统计结果产生重大影响。与此相反，爱沙尼亚、爱尔兰或斯洛文尼亚等国，目前正处于发展与巩固的强化阶段，它们在 2001—2003 年政策框架制定期间尤为活跃。

各类措施的重要性程度是依据 2004 年欧洲政策框架中的创新政策而进行分类的。当各类制度内涵或技能基础的改善日益构成挑战性时，欧盟决定继续促进大范围的直接或间接激励，尤其是对中小企业的激励。在 2003—2004 年度期间，各类措施尤其关照技术型创业公司，以及加强研究与企业之间的相互合作，上述两类措施的比例分别占到全部新的/修订措施总数的 12%。

通常，这类措施被认为是解决国民经济多元化和维持就业增长的有效手段。在形式上，政策行动继续偏袒新技术型创业公司。在芬兰，国家技术创新局专设了一项针对技术型公司的创业贷款，申请该贷款的要求是全新的技术和具有国际竞争力的技术型企业。

同样的，比利时的佛兰德斯创设了"天才银行"以帮助创业者获取资本资助，同时将现有的四大企业天使网（Business Angel Networks）合并成一个全新的 BAN Vlaanderen 网。对创业型公司基础设施的投资同样受到极大偏袒。佛兰芒政府已决定对战略领域中的一系列技术相关型基础设施进行资助（通过 FFEU 资助基金提供一次性的投资资助），包括第二次生物孵化园（bio-incubator）。

波兰得到结构性基金的资助，已上马了一个具有双重目的的项目：(a) 对在可行性研究、商业计划、环境评估、投资项目等方面进行准备的工业园区、技术园区和技术孵化园进行资助；(b) 对新公司的创建和发展进行联合资助。本领域相关措施的典型案例是由挪威工业发展公司运营（SIVA）的工业孵化园项目。该工业孵化园与已有的一个制造业公司关系紧密，可称之为"母公司"（当然"母公司"也可以是一个由多个公司形成的组团）。该孵化园旨在促进现存制造业公司的成功重组，并有助于开拓和发展一个更为宽广、更具活力的供应链。

积极鼓励在创新系统内部加强合作同样广泛采用，同时需要反思诸如增加商业化需求,尤其是公共资助、研究等长期性的问题。这类案例包括丹麦政府为高技术发展而建立的基金会计划,该计划希望通过投资战略性领域来推动高技术方面的研究和创新,继而使丹麦在战略性领域同时具备科学和商业竞争力。

在芬兰,与其他社会部门如经济、工业、劳工、环境和地区政策、社会和卫生保健等部门之间更为横向的合作关系正变得日益重要。英国的"知识转让网"将提供一个范围更广、更具灵活性的网络平台,以开拓商业方面的知识转让,该网络平台将重点关注有潜力且能够使生产力最大化的领域。"合作性研究和技术发展"旨在使所有面向英国的商业,通过其与大学和其他潜在合作者之间项目的共同资助而实现技术开发。

以创新资助而分类的措施倾向于形成一个相对广泛的组团,包括两者共同支持面向创新型公司的原始资本和风险资本,以及更为经典的拨款或贷款机制。这类措施包括:向高技术外方投资的私营活动、风险资本的供应及向开创型公司和新技术型公司提供技术等方面的建议,以及向孵化园、科技园和"商业天才"网的开发者、向研究和技术科学项目及研究人员的雇用等方面提供直接激励(联合资助)。

政策措施的范围已经对"加强公司研究"这类行动计划的目标进行了回应。这些回应包括:合并法国创新机构 ANVAR 与 BDPME(中小企业开发银行)之间的活动,以能提供一个完整的可能资助的范围。比利时为新成立的公司提供无息贷款,而芬兰的 TUPAS 资助服务则通过将专家机构的知识引入企业界的方式,帮助企业解决小型、技术方面的挑战性问题。

波兰在面对创新项目的实施和管理等此类涉及企业内在能力等的基本问题方面,通过支持企业创新和管理为目的的结构性基金,在引入措施方面表现尤为积极(约占分类措施数目的一半)。

德国集中在加强高技术领域的研究的同时,还关注创新型中小企业的具体需求以及它们所面对的障碍,以促进研发并引入创新(例如,Pro Inno)。基于措施的合作在促进某个具体部门的研究和创新潜能方面的一个典型实例,是冰岛的海产品增值项目。该项目由渔业部门和水产品加工企业双方的专家和利益相关者之间的共同合作而得到实施。

热衷于提升创新集群和合作的直接激励措施在 2004 年期间继续受宠,这在欧盟新成员国和候任国如捷克共和国、斯洛文尼亚和土耳其等尤为明显。

在捷克，工业与贸易部实施的 2004—2006 年度"工业和企业"运作项目中一项称之为"KLASTRY"的措施，关注于筹建和发展在地区和跨地区之间的部门分组。而斯洛文尼亚早在 2000 年便实施了一项集群计划，这仍然是政府目前的高优先措施之一。

政府对这一领域充满了期望，因而非常热衷于商业领域中的集群计划。截至 2004 年止，总计有 29 个相关集群项目受到政府支持。在 2003 年 12 月，土耳其的首个集群计划在巴廷省（Bartin）开始试点，即"巴廷地区开发项目"，它由国家规划机构与财政部秘书处、中小企业发展租住（KOSGEB）及国家竞争力研究所等四方共同合作实施。通过对该地区的深入分析之后，该计划确定了数个具有潜在全球竞争力优势的部门，包括游艇和船舶制造业、家具和木材加工业、旅游业和农业等。该项目将持续实施 3 年，其预算开支约为 30 万欧元。

最后，在 2004 年期间引入了税收激励措施，包括风险资本和新设"商业天使"债券、研究和技术开发活动、雇用研究人员等。法国及时扩大了研发课税免除（tax credit）计划、科研净纳税额减税优惠（credit impot recherche）等，并期盼更多的企业能从此类措施中获益。与此同时，政府为新兴企业和商业天使债券引入了有利措施。在比利时，该内阁扩大了法律的许可范围，使得私营企业中科学研究者的收益可获得税收减免。荷兰政府则加大了课税免除计划，旨在为风险资本的提供、"商业天使"债券网络的设立、外国直接投资和研究人员雇佣等提供合法措施。

1.3　各成员国的创新挑战和政策回应

1.3.1　方法途径

在欧盟 25 个成员国家中，各国的创新政策、可能的债券形式及绩效情况互不相同。为改善各国的国家创新系统，每一个成员国均面临不同的挑战状况。为识别每一个成员国所面临的核心挑战情况，由欧洲创新记分牌所认定的各国创新绩效情况成为各国共同的基准框架，随后对每一个国家的具体情况了进行了深入分析。本报告第二章便是 2004 年各国的创新绩效得分情况。但为概述起见，所有挑战类型均被划分为 10 大板块。

总体而言，全部 25 个成员国面临的挑战超过 100 项。各国的具体政策或多或少对这些挑战进行了回应。虽然这类回应通常发生在更为宽泛的创新政策规划的情况下，但是国家政策制定者似乎已经意识到需要应对大部分的挑战。在某些情况下，（管理）机构或具体措施的挑战已被识别出来并得到详细的描述，旨在引发大家的讨论，以便更好解决每一项挑战。但也有少部分国家并未具体回应某些挑战。

基于政策的研究情况，有四种政策方式可以应对这些挑战：

所用方法

●●●	通过机构改革、持续和具体的措施而进行的系统、整合的方法应对挑战
●●	琐碎地应对挑战
●	正在讨论寻找应对的方法
○	对处理具体的挑战尚无具体的方法

●●● 全面应对挑战：最为有效的应对方式是识别每一项挑战，并与利益相关者展开讨论，从而满足制度重新设计和采取必要具体措施的需要（如意大利在信息通讯技术方面的开支案例）。这一分类之下的政策行动生成了多个相关的卓越实践方案。

●● 采用具体但琐碎的方法应对挑战：在大多数情况下，我们所见之创新满足了在宽泛情景中的多目的创新政策措施。虽然采用这一方法非常行之有效，但如果缺乏全盘战略和量化目标，也有可能导致有限的结果（例如希腊的商业研发致力于个体激励，但未能改变国家整体的商业氛围）。

● 正在讨论寻找应对的方法：虽然这一方法可作为一项首要指标，但是并不能完全相信它能应对某一挑战，它仅仅是作为改善绩效的初期阶段（如爱尔兰和塞浦路斯在科学和工程方面的毕业生短缺的案例）。

○ 对处理具体的挑战尚无具体的方法：对于为何有些挑战在一些国家尚未得到解决，存在多种解释：

a）一国的相关弱势所反映的是一个结构性问题，它们深扎于国民经济之中，难以轻易通过直接措施而得到改变（如在小型、传统经济中高技术制造业的共享）。

b）当所识别的挑战是来自于"动力丧失"的指标时，由于静态和持续的弱势比较强大，因此可能需要一些时间以发展成为优势指标。

c）在某些情况下，具体的挑战被认为是间接满足一般性政策计划的需要（如果教育体系中实施整体的改革，那么在科学和工程类方面的毕业生人数将可能增加）。

d）当出现以下情况时，即众多新加盟成员国的挑战被确认，并期望能够在不久的将来加入到欧盟共同制定的区域性政策项目之中。

此类评估运作是鉴别那些创新政策领域的首次尝试，这些领域在迈向里斯本目标上已经取得了不错的业绩。它再一次保证众多已确认的政策挑战已经得到合适的政策回应。另一方面，由于各种原因，在国家层面上某些挑战目前还尚未得到确认。

本章下一节的目标是对已取得的进步进行评估，并鼓励各成员国应对国家创新系统中已被确认的薄弱环节，只要它们被认为是必要且又合适的。考虑到有关方法论问题和国家政策措施的可获得性的信息问题，尤其是他们对创新的具体影响，无论结果如何，对这一问题的分析应当被认为是一项影响性评估或一项国家政策行动记分牌。

1.3.2 指标分类带来的挑战

依指标类型而进行分类的挑战，呈现显著不同的相对频差与国家特征，尤其表现在如下方面。

科学与工程类毕业生。许多国家在这一分类上面临挑战：当高度发达国家（如奥地利、卢森堡、比利时、荷兰和瑞典）的经济、人口增长速度与生产部门的需求增长速度，超过科学与工程类可供毕业生时，这些国家可能将处于弱势或面临掉队的风险，犹如德国、爱尔兰和芬兰等国所面临的情况。因此，某些高度发达的国家亟需重点考虑科学与工程类毕业生的增长趋势，对此并不是由于当前这类毕业生的人数不足，而是因为这些国家需要重新认识他们的教育优先事务，以确保经济快速增长所需的必要份额的科学与工程类毕业生。而对于欠高度发达国家而言，他们同样面临这一挑战，这些国家教育体系中的不足常常是一个结构性的问题，在某些情况下已凸显得相当明显（如塞浦路斯、马耳他等国）。

最后，一些新成员国正在转变国家经济结构以改革本国的体制（如捷克、爱沙尼亚和匈牙利）。一些成员国直接或间接地通过增设新的大学或院系，或者大范围的重组教育体系来应对此类挑战。爱尔兰和芬兰的情况证明了应对此类挑战的最为系统的政策方法，包括制度上的和具体的措施。德国通过教育网络系统的制度化提供了一种创新的方法，而塞浦路斯和卢森堡则通过增设新的工程类系科来应对具体的不足。

	对科学与工程类毕业生方面的挑战的政策回应
●●●	塞浦路斯、芬兰、德国、爱尔兰、卢森堡
●●	奥地利、比利时、捷克、匈牙利、马耳他、瑞典
●	荷兰
○	瑞典

人力资本的资格认定：人力资本的资格认定对于许多国家而言同样是一个重大的挑战。在当前的竞争环境下，拥有高比例的完成高等教育的劳动力人口，对于创新而言，虽然不是充分的投入但却是非常重要的投入。除非劳动

者继续改善和提升他们的资格,否则正规教育层次的资格对成功创新而言可能是一个相对薄弱的决定因素。

因此,或许终身学习可成为拥有较低比例高等教育毕业生的国家的补救方法。如奥地利、捷克、法国和波兰等国对于此类挑战需要严阵以待,因为这些国家在人力资本指标的两方面均处于弱势地位。对此,法国和波兰正采取广泛的激励与具体财政措施,分别为老成员国和新成员国提供潜在的优质实践方案方法。

法国的解决方法牵涉到广泛的教育改革,似乎是整体解决此类挑战的最为恰当的方式。波兰则正在推进一项结构性的教育改革,终身学习策略及通过"人力资源发展项目"增加支持的方法,同样受到广泛关注。

奥地利从 2004 年 1 月 1 日起正式实施《2002 年大学法》。该法确保了大学拥有最大可能的自主权,旨在回应在人力资源资格、知识创造的孵化,以及研究与应用之间交互作用等方面的经常性的变化需求。此类具体措施同样在葡萄牙和马耳他等国得到应用,这些国家在劳动力人口中拥有受过高等教育的毕业生方面处于薄弱地位。

例如,马耳他大学每年组织一次"毕业生潜能研讨会",探讨劳动力市场的发展状况并实施旨在更好地满足需求的项目。丹麦、希腊、匈牙利、意大利、立陶宛、斯洛伐克等国在终身学习方面处于更为薄弱的地位,因而危及到这些国家人力资本的未来质量,但人力资本并不是一项静态不动的薄弱环节。丹麦正在着手解决这一问题,通过将全部领域的终身学习整合成一个一体化的体系,以应对潜在落后的挑战。所有面临这一挑战的新成员国将他们的应对措施整合进由欧盟地区政策所支持的新政策文件中。

对人力资本资格认定方面的挑战的政策回应	
●●●	法国、波兰
●●	奥地利、丹麦、希腊、匈牙利、立陶宛、马耳他、葡萄牙、斯洛伐克
●	捷克
○	意大利

雇佣结构的组成:(以劳动力的部门组成而定义的一国经济结构)是一个更深层次的挑战,尤其是高技术制造业和服务部门的雇佣结构。在某种程度上,当某一不利的雇佣结构阻碍了知识的创造时,它为创新架构了一种恶性

循环，因而也阻碍了进一步的创新。

　　令人惊奇的是这不仅仅是对新成员国的挑战，而且也是对核心国家如希腊、德国等国的挑战。希腊和德国在高技术制造业和服务部门两方面均处于薄弱地位。为解决这一问题，德国已经为变革启动了一项宏大的愿景，并通过持续资助高技术活动而给予充分的财政支持，尤其是在高技术服务方面。希腊主要依靠欧盟地区结构性基金中的各类措施，酝酿一项中期性的经济重建。

　　高技术制造业在某些高收入国家中处于弱势地位，如卢森堡、荷兰和英国等国。这些国家正试图通过系统的努力来改变这一状况，例如荷兰关注于加强技术和科学方面的人员网络以促进知识密集型的商业活动。

　　新成员国家在面临此类挑战时并没有采取任何具体的措施。爱沙尼亚的情况非常值得关注并属于这一类型，由于它的直接政策以达到在高技术制造业领域获得外国直接投资，这一政策虽在初始阶段获得成功，但从长期来看受到不具可持续成功的威胁。在高技术服务雇佣的情况方面，爱沙尼亚和拉脱维亚在这方面尤为薄弱，未能直接解决此类挑战。一般而言，我们应当关注到雇佣结构的组成作为一项指标，它反映的是与投资机会相关的广泛结构性特征，而对创新仅起到部分作用。

对雇佣结构方面的挑战的政策回应	
●●●	德国、荷兰、英国
●●	希腊、卢森堡
●	
○	爱沙尼亚、拉脱维亚

　　公共研发支出：比利时、塞浦路斯、拉脱维亚、立陶宛、卢森堡、斯洛伐克和西班牙等七个成员国（包括发达国家和欠发达国家）在公共研发支出方面均处于薄弱地位。本指标受到各成员国的特别关注，几乎所有成员国都认为对本指标设有具体应对措施。这要归因于各成员国需要顺应巴塞罗那目标的要求。在大部分情况下，这一问题通过为新措施增加预算而得到解决（相当部分得到欧盟结构性基金的支持）。比利时中央政府解决这一问题的"路线图"是通过如税收减免等方法，而中央政府与地区政府之间进行合作之长期性承诺的做法被认为可以系统性地解决挑战。

对公共研发支出方面的挑战的政策回应	
●●●	比利时
●●	塞浦路斯、拉脱维亚、立陶宛、卢森堡、西班牙
●	
○	斯洛伐克

企业研发支出：这一指标体现了巴塞罗那目标的第二大愿景，该指标在其中的 11 个成员国家中处于薄弱地位，即捷克、爱沙尼亚、希腊、意大利、拉脱维亚、立陶宛、荷兰、波兰、葡萄牙、匈牙利和英国。除了荷兰、意大利和英国之外，所有这些国家在整体创新指标和经济绩效方面均处于薄弱地位。不管如何，除立陶宛以外（该国可能将在地区发展项目完成之后再着手处理本指标），所有这些国家均有相关政策和措施解决此问题，支持本国公司和合作研究。

上述国家中有三国报道采用财政措施，其中意大利的情况非常值得关注。该国采用制度创新的方式实现相关措施之间的协调、促进和实施，特别强调意大利南部地区的企业研发，以及对技术创新基金进行重组。荷兰实施了一项新项目以刺激创新型企业活动，而英国则强调伙伴关系的恰当性、地区的角色等，并通过重新实施相关项目以更好地满足企业的需要。

对企业研发支出方面的挑战的政策回应	
●●●	荷兰、意大利、英国
●●	捷克、爱沙尼亚、希腊、波兰、葡萄牙、匈牙利
●	立陶宛
○	拉脱维亚

专利（包括高技术专利）作为客观存在却是一个具有争议性的指标，因为专利不仅反映创新绩效，而且反映了高等教育部门和一国经济结构中的历史性制度实践方案情况。在一些企业研发活动、高技术生产较为有限的国家中，专利情况也较为薄弱。在高技术专利方面，塞浦路斯、波兰、瑞典、丹麦和芬兰等国正面临挑战。

丹麦在专利方面曾非常强势但却已经落伍。不过，丹麦已经采取了明确且具囊括性的政策措施，它在这方面可作为其他国家良好实践方案的榜样。例如，丹麦通过了一项有关技术转让的法案，旨在向大学提供特殊激励以增加学术向专利靠拢的倾向。

当我们考虑全部专利而非高技术专利时,这一情况更多涉及的是利害关系。希腊、爱尔兰、立陶宛、卢森堡、马耳他、波兰、葡萄牙和西班牙等国在面临专利挑战时,与法国一样考虑采用美国专利商标局的专利。在这些成员国中,只有法国从长期性视野的角度,在处理这一问题时将其视为广泛的文化问题,自2000年以来该国尤为强调知识产权权利。另一方面,西班牙提供了另一种有价值的方法,试图通过国际性合作来增加专利。总之,各成员国采用非常相似的方法如增加信息,制定机构计划,旨在增加知识产权保护,为专利申请成本提供补助或支持大学采纳更为专利取向的科研行为。

	对专利方面的挑战的政策回应
●●●	塞浦路斯、丹麦、芬兰
●●	法国、希腊、爱尔兰、卢森堡、葡萄牙、西班牙、瑞典
●	立陶宛
○	爱沙尼亚、拉脱维亚

在有关企业创新活动的模式方面,对各成员国相对位置的分析是以对以下数个方面选取之数据进行分析为基础的:共同体创新调查(Community Innovation Survey)、国内或合作型中小企业创新绩效、全部创新财政开支和由创新行为而产生的新兴市场或新型公司产品。大部分成员国在这方面面临挑战,不仅包括核心成员国,也包括新成员国。

然而,像丹麦、德国和英国这类相对而言被认为非常具有创新能力的国家,同样面临挑战。事实上,在很大层面上,这些国家的创新绩效来自于大企业的创新活动。稍稍令人吃惊的是意大利正面临中小企业之间创新合作有限的挑战,而该国在学术文献方面因工业区的成功而著称。对它的成功,若将其归因于工业区的地理集中是一个似是而非的解释。几乎所有国家都已采取了措施,以促进普遍意义上的创新,尤其是中小企业的创新。大部分成员国已采取了多目的标准的措施。德国的情况是最值得学习的,该国对一系列现有的政策措施进行了评估并对它们进行了改革以达至更为高效。

斯洛文尼亚和匈牙利这类国家,已采取了直接资助措施和新立法措施,这一双重方法改善了创新绩效。匈牙利已通过结构性基金、税收补助(300%)以及研究和技术创新基金(来自国家预算和商业部门的捐赠)等提供了整合性的支持，以应对此类挑战。

意大利因特殊利益关系所采取的措施意在引入更多的工业区。丹麦同样通过引入更多的合作来应对创新挑战。为特殊利益而采取措施的还有奥地利的Ａ＋Ｂ项目，以及瑞典通过采用瑞典版的美国中小企业创新研究（SBIR）项目开展公共采购而实现需求动员。在立陶宛，应对挑战的方法是通过增设由公司享有产权的具体基础设施，从而实现异花受精和对外开放化。

对中小企业创新模式方面的挑战的政策回应	
●●●	德国、匈牙利
●●	奥地利、捷克、丹麦、意大利、斯洛文尼亚、瑞典、英国
●	
○	比利时、爱沙尼亚、拉脱维亚、波兰、立陶宛

中小企业非技术创新：丹麦、芬兰、法国、匈牙利、拉脱维亚、斯洛伐克、荷兰和瑞典等国都面临着加强非技术创新的挑战，但多数国家目前尚未采取具体的措施。他们试图通过整体提高创业者精神和创设新公司的方式解决此类问题。法国的"创业者家园"（"Maison de l'Entrepreneuriat"）或许是最具研究价值的案例，而这一领域可能为更深层次的政策研究提供了一个主题。通过强调措施或许从长期的角度看可增加非技术创新。这些措施旨在改善劳动者素质，包括在创新管理领域方面的具体培训等。

对中小企业非技术创新方面的挑战的政策回应	
●●●	
●●	芬兰、法国、匈牙利
●	
○	丹麦、拉脱维亚、斯洛伐克、立陶宛、荷兰、瑞典

有关高技术风险资本和早期风险资本的平等参与问题，目前仅对发达国家产生挑战，成为奥地利、荷兰和瑞典等国所面临的主要挑战。我们不能将此解释为其他国家的平等参与是充分的，而是暗示着这些国家首先需要应对其他方面的挑战。所有三个高收入国家均已采取具体的项目应对上述挑战，包括荷兰的课税免除、奥地利的Ａ＋Ｂ项目、上文提及的美国中小企业创新研究项目的瑞典模式等。

对在高技术风险资本和早期风险资本平等参与方面的挑战的政策回应	
●●●	瑞典
●●	奥地利、荷兰
●	
○	

信息与通讯技术支出作为创新的衡量指标，对于数个国家而言是个挑战。似乎只有意大利通过系统的方式解决了这一挑战，该国的解决方式值得进行更为深入的研究。意大利倾向于将制度改革和直接支持两者结合起来，其创新与技术部部长宣告要鼓励本国信息社会的发展。

非常值得提及的是一些重大的新计划如已设计的"畅飞英特网"项目，该项目旨在对青少年使用英特网产生促进和激励作用。此外，还引入了相关推动电子商务发展的方法以激励企业采用电子商务（B2C 和 B2B）和电子联络等。

对信息通讯技术支出方面的挑战的政策回应	
●●●	意大利
●●	芬兰、爱尔兰、西班牙
●	
○	

欧盟目前已经认识到在人力资源和知识创造方面所面临的诸多挑战。不过无论如何，这应该被认为是对国家系统中存在的优点与不足的大体定位。以下几个方面的方法论考虑可以解释上述结论：

● 更为宽泛的主要存在于本章前两个分类指标中的挑战（包括有高等教育文凭的劳动力人口、公共和企业研发支出，以及创新促进）与更为具体的指标所涉及的挑战，前者往往涉及更多的内容，如在风险资本方面的平等参与和信息通讯技术方面的支出等。

● 公共和商业领域的研发情况对创新而言尤其重要，而之所以选其作为一项挑战指标，是因为清晰并量化的巴塞罗那目标的要求。

● 在最后几个分类中所确认的挑战个数，其数量较为有限。由于这些分类中使用的指标缺乏趋势数据，相关数据主要来自共同体创新调查，因此对这些在"丧失动力"、"落后"等分类中的指标而言就难以确认相关挑战。

- 对前两个分类中影响挑战选择的因素包括在所有经济类型中呈现的问题，而在后几个分类情况中，某些指标呈现了某种"富裕的奢华"，这对那些尚未享受此类"奢华"的国家而言，只有在他们已经拥有一个功能完善的国家创新系统之后才会面对这些挑战。

在上述所有分类中，有一些良好的实践方案和案例值得进行更为深入的研究。这些良好实践方案的共同特征在于它们有机整合了制度和财政两个方面的措施，并从长期的角度洞悉了创新。

1.4 政策管理的发展

1.4.1 政策制定与分级机制

我们在科学、技术以及创新政策领域内知识的增长、政策的制定及传递结构问题的复杂性已经得到了展示，并且通常不可避免地造成各个部委部门之间权力的交迭。因而，政策设计和实施过程中的高效、和谐与一致性将成为影响里斯本目标能否有效实现的关键因素。

创新政策的管理方式

尽管不同国家创新政策的管理结构变化差异较大，但大体上仍然可以分为以下三种主要类型：

- 较为现代和动态化的方式：将创新视作公共政策发展的横向要素，强调不同民生计划和政策之间的匹配与协调，避免相互交迭，在该类型下，可以看到不同的协调方式。
- 较为传统化的措施：教育/大学部门扮演着特殊的角色，将创新视作一种可预期的研究与技术开发过程，经济/产业部门将创新视作一种激励投资与实现中小企业现代化的手段与方法。
- 除此之外，还有几个"特殊个案"不能笼统纳入上述两种类型，如英国、法国和希腊的制度就是如此。此外，比利时和瑞士所采用的较为联邦化的措施也可以归于本类。

较为动态化的方式

该方式似乎在那些经济更具活力的欧盟国家中体现得最为明显，包括爱尔兰、芬兰、瑞典和丹麦，这些国家展现出较高的经济增长速度并强化创新。

在爱尔兰，所有政府部门都必须在各自能力范围内支持创新，且设立了"跨部门科学技术委员会"来负责部门间的整合与协调，该委员会由企业部部长、对外贸易与就业部部长、内阁科技委员会委员以及首席科学顾问共同主持。

上述后两个部门是新近补充加入的，其目的是为了加强协作。每个部门都有其各自的科学与技术实施机构，但是发挥主要作用的集中在企业部，包括：爱尔兰国家政策顾问委员会、科技办公室、爱尔兰企业局、企业策略集团、科学基金会以及爱尔兰工业发展局，这些机构在爱尔兰国家创新体系中发挥了重要作用。该方式并没有削弱教育与科技部在创新中所发挥的作用，教育与科技部主要负责大学与研究协会的创新活动。

芬兰有着与爱尔兰同样强大的协调机制，其协调机构为科技政策委员会，委员会由首相亲自主持，成员包括来自学术界和经济界的其他四位部长和十名成员。许多公立研究机构和部门接受贸易与工业部的监管，其中最为重要的机构有：芬兰国家技术局、技术研究中心以及工业投资有限公司。这些机构所发挥的作用与芬兰国家研发基金（向议会汇报）、芬兰官方出口信贷机构、芬兰贸易协会、就业与经济发展中心以及芬兰创新基金会形成互补。高等院校、学术机构以及全国范围内的研究委员会，则置于教育部的权力管辖范围内。

在瑞典，工业、就业与信息部为好几家重要机构提供经费与政策指引。丹麦政府也作出了同样的努力，努力加强政策关联性以及通过创新缩小研究与产业政策之间的差距。丹麦成立了科学、技术与创新部，其主要职责就是专门负责创新以及高新技术产业的发展，而这原先归属工业部和教育部负责。

挪威的情况与瑞典较为接近，全国性的产业创新政策的制定主要集中于三大部门，分别是教育与研究部、贸易与工业部、地方政府与区域发展部，其中研发政策的协调工作由教育与研究部负责，而创新政策的协调工作则由贸易与工业部负责。

在这些以政策协调为取向的管理模式中，各种类型的评估活动得到了强有力的发展。在这些国家研究与技术发展的支出中，产业部分占据了越来越大的份额。在瑞典和芬兰，大公司扮演着主导的角色，并极有可能推动国家创新管理体制朝着更加一体化的方向发展，同样的情形也发生在爱尔兰，它是通过向跨国公司进行投资而实现这一目标的。

传统方式

在那些采取传统方式的国家中，相当大的努力是通过教育及研究部门做出的，相对而言，经济事务类部门偏重于管理者的角色。德国和荷兰是这一模式的典型，尽管它们各有侧重：荷兰的CWTI试图加强部门间的协作，从而达成一个共同的愿景，而德国则将土地局作为一个辅助部门纳入到联邦体系中。

在荷兰，委员会及科学、技术与创新协会排位于两大咨询机构（AWT与科学皇家学会）之后，大学协会、中央计划办公室以及中央统计办公室，负责为各具体政策制定部门提供分析和评估并创设共同愿景。在德国，联邦教育部在知识的生产与传递以及大学发展的政策实施过程中发挥着主要功能，这些功能的发挥建立在执行机构的实施能力基础之上。

德国联邦经济劳工部则从另一个层面与产业部门保持着直接的关联，为产业研究提供资助，健全竞争机制和知识产权保护法律框架，并取得联邦司法部的支持与合作。无论在德国还是荷兰，近年来都兴起了一种评估的文化，并且对公共经费与议会问责有着严密的控制。

更加传统意义上的模式盛行于拉丁语系的国家中，比如意大利与西班牙，但也包括一些新加入的成员国，他们往往继承了中央指令性的经济体制。在意大利，教育、大学与研究部在公众知识的生产上发挥了主导功能，然而有关创新能力的发展则绝大多数转移到地区性机构的身上。

西班牙在经过上一次大选之后似乎也采取了相同的模式，特别是将原来的科学与技术部一分为二，变成产业部与教育部两个独立的实体，并成立了一个跨部门的科学技术委员会以加强合作。同样的情况在葡萄牙体现得并不明显，有关政策协调的工作由部长助理负责，并向首相汇报。与此同时，跨部门的创新与知识委员会以及创新与知识任务小组共同开展工作。这两个国家在经历了上一次大选之后，对创新政策的结构进行了大规模的改组。

特殊个案

法国和英国的情况需要引起特别的关注，英国模式是爱尔兰与芬兰模式的源泉，在经济策略与市场行为的调整上，它采取了一种更加自愿化的方式，并创设了专门性的公共创新部门。在英国,贸易与工业部在推动产业化研究与投资方面起着主导作用,但与此同时,英国又保留了强大且多样化的大学体制,它们接受各种研究协会的资助。首席科学顾问、科学技术委员会、议会选举委员会以及研究委员会秘书长在这些体制中发挥着政策协调者的功能。各种评估活动和评估基准非常系统,从而支持了整个英国创新体制的有效运作。

法国的体制一方面以大型公立研究机构为主导,另一方面通过国家科研成果推广署(ANVAR)积极推动创新,传统上学术研究与创新两者之间的分离依然清晰可见,尽管已有不少努力试图对此加以弥合。在过去数十年中,法国已经引进了一些改革活动,如向德国、日本及其他国家学习先进的实践经验,实现研究-政策能力在学术界与产业界之间的相互交流。

不仅如此,在创新政策结构中,地区性执行机构促进了创新使命的增强,形成了一些地区性乃至地方性成功的创新政策。尽管各国间创新政策的规模不可比拟,但是希腊的创新政策结构看起来比法国和其他一些国家的创新政策结构复杂得多,其原因可能归结为政府决策的集权程度的不同以及公立部门在经济发展中所扮演的重要程度的不同。

在比利时和瑞士,联邦在各州中所扮演的特定角色使得情况更加特殊。在比利时,地方政府在其能力范围内对地方性创新政策的发展拥有绝对的权力(几乎覆盖了除财政措施外的所有领域)。

比利时的佛兰德斯在制定地区性创新政策上取得了一些成功的实践经验。在瑞士,联邦政府提供技术性基础设施的建设,包括工程师的培养和州立大学与研究项目的资助。瑞士的研究体系看起来与瑞典及芬兰极为类似,原因就在于产业支出占据了很大的份额,包括跨国公司、研发总支出等。

一些很小的国家,如卢森堡、塞浦路斯、马耳他和冰岛,也可以作为一类特殊个案,这些国家往往倾向于发展一所中央大学,并根据本地经济竞争中的某项优势(如原材料生产、造船业、渔业、金融业、旅游业等)重点强调生产领域的创新发展。

在三个欧盟候任国(保加利亚、罗马尼亚、土耳其)以及以色列,创新政策的结构差异较大:保加利亚和罗马尼亚是从前社会主义模式转变而来,根据自身不同的速度实现向西欧结构的转变。罗马尼亚在教育及研究部实行统一的创新政策,并由一个跨部门的委员会加以协调。保加利亚采取了一种"更为动态化"的政策取向，但目前尚有待加以贯彻实施。土耳其和以色列采用了一种美国式的政策结构，在这一政策结构中，土耳其国家科学基金会与首席科学家办公室自成体系，在推动国家的研究和创新过程中发挥着核心作用。

创新政策管理的进展

新加入欧盟的成员国，特别是中欧一些国家和一些候任国，其创新政策结构与创新决策过程正朝着西欧国家的方向转变。这些国家无一例外地将政策管理的重点置于吸引国外直接投资以解决失业率与移民问题，其主要手段是设立更多高效的国外直接投资机构，并为它们提供更加优惠的国内市场竞争条件。

除此之外，这些国家还试图对科学学术机构进行调整，使它们能够适应西欧模式。而在西欧模式中，大学无论在公立还是私立资助的研究中都扮演着重要的角色。这些国家引入了项目资助的做法，机构的资助受到了严格的限制，从而导致在项目准备、项目筛选、契约研究等方面经历了一个痛苦的学习过程。这些国家目前所采用的创新政策结构，受到了欧盟主要成员国政策模式的启发，其中最流行的当属德国的模式。波罗的海诸国，特别是爱沙尼亚，则可能受芬兰模式的影响更大。

在那些欧盟小成员国当中，其关注的焦点一方面是教育，另一方面是投资，因而其创新政策能够兼顾到公共活动这两方面的发展。

总体来看，在那些创新活动开展得最好的国家中，其创新政策的结构具有各自本身的特点，它们总是积极应对国际竞争环境所带来的挑战，加强联邦与地区发展的实力，从而赶超先进。重视政策的协调性和一致性是这些创新政策管理有序的国家的一个重要特点。

政策结构自身并不能带来差异，因为政策的内容才是真正推动创新政策发展的机制。创新政策的制度化过程通常都伴随着实施这些政策的机构的重组。在奥地利，一个新的研究、技术和发展委员会由两大实力部门（创新与技术、科学与教育）联合设立，用于为所有部门的主要项目提供指导。

2004年9月，该委员会发展成为一个独立的法人实体。不仅如此，一个全国性的研究、技术与发展基金会也正朝着这一方向转变，它将在奥地利国家银行及奥地利经济服务有限公司的资助下致力于创新基金的资助。在芬兰，芬兰国家技术局发起了TUPAS资助服务，用于取代原先的"技术诊所计划"(Technology Clinic Initiative)。与此同时在挪威，新成立的国有"创新挪威"公司(Innovation Norway)取代了先前的四个政策机构。

无论是集权制还是分权制的政策结构体系，其最终落脚点都取决于组织选择。从一方面来看，创新与"经济"及"产业"部门有关，关系到经济发展之类的大问题以及具体的技术支持之类的特定问题，包括产业的研发或者"研究与大学"部门，其目的是为了发展知识经济。

从另一方面来看，创新又是所有公共政策的共同要素之一，诸如农业、能源、通讯、健康、环境、国防与安全、区域发展、就业等。建立一种涵盖上述所有模式的混合型政策模式的需求越来越强烈，并已经从上述跨部门的机构设立和相关政策中体现出来。对创新的"研究"正逐渐渗透到所有的公共政策当中，这一点在教育政策尤其是高等教育政策中体现得更加强烈。

有关政策管理的最后一个重大因素是管理结构的系统性和所有政策计划之利益相关者的尽早参与程度，从而提高组织的效率和竞争性，及推动经济发展的进一步思考。后一层面是欧盟创新政策发展的主要目的。比利时成立了一个创新高级委员会，专门发展新的创意并检测政策发展的需求，在地方政府和雇员机构的合作下，对3%的政策发展目标进行追踪监控。与此同时，芬兰政府在产业界和学术界机构合作下，也签署了"芬兰创新合约"。

创新政策管理的建议

根据对成员国创新政策管理的研究得出如下一些强烈建议：

● 无论是通过高效有力的集权制结构，还是通过松散灵活的多机构协作，都需要保证高效的协作和一致性；

● 需要对这些政策机构本身进行系统的评估，并确保它们能够保持一定的前瞻性，并根据新的市场和政策需求作出调整；

● 中央与地方机构之间需要保持良好的政策沟通，尤其是那些较大的成员国更需如此；

● 需要使所有利益相关者尽早参与到相关创新政策的辩论中；

● 需要跟进相关机构和政策的发展，特别是评估工具、周期性和阶段性评估的发展。

1.4.2 政策评估与评估的作用

有关创新措施的分析显示，2004年欧盟国家33项创新政策中评估尚未得到有效运用。与美国相比，欧洲各国在创新政策是否达到政策预期及议会公用支出控制等问题上对评估的运用没有美国来得普遍。在那些对创新政策进行系统评估的国家中，如英国和荷兰，评估主要用于对研发经费进行公证以及对整个创新政策系统的有效性进行评估。

不仅如此，项目评估也存在着一定缺陷，2004年欧盟创新政策数据库中只有不到10%的政策措施得到了正式评估并将评估结果向公众开放。如果考虑到正在进行中的内部评估或外部评估，真实的数据值可能会更高一点。但即便如此，除了极个别的国家，整个欧洲国家创新政策评估的文化底蕴并不深厚。

然而，政策评估的证据显示我们已经取得了一定的进步，人们对于基准、评估及其他政策情报工具的关注度增强了。正如所预期的那样，可以根据运用这些工具的频度和程度将欧洲国家分为三大类：一类是系统采用政策评估的国家，第二类是采用政策评估，但评估零散而未成系统的国家，第三类是尚未采用政策评估的国家。

将政策研究和评估持续系统地应用到政策发展中，以获得政策绩效持续改进的国家。这类国家有五个，分别是比利时、芬兰、荷兰、瑞士和英国（参见下表）。在这些国家中，政策评估不是孤立进行的，创新的目标清晰而具体，并定期咨询政策利益相关者的意见和建议，从而获得较好的政策一致性。

将政策研究和评估持续系统地应用到政策发展中，以获得政策绩效持续改进的国家	
国　家	评　语
比利时	弗兰德斯和瓦隆都采用了评估文化
芬　兰	创新政策发展的典范国家，尝试着运用评估
荷　兰	政策设计和政策工具的完美组合
瑞　士	系统寻求政策设计与评估之间一致性
英　国	在政策设计与评估的一致性上有着悠久的传统

在比利时，举例而言，弗兰德斯的创新机构——弗兰芒技术研究院，对它的绝大部分器材进行内部或外部评核，并将评核作为一种简化和合理化的行为，同时，弗兰芒技术研究院还积极寻求与其他创新机构的合作，发展新的评估技术和评估概念。在瓦隆，地区研究和技术管理机构与地区科学政策委员会发起了一项系统而广泛的评估项目，用于评估2004年瓦隆尼亚地区商业

研发项目与措施。在上述两个地区，伙伴驱动、支持评估活动、政策发展的概念得到了很好的贯彻。

在芬兰，政策制定者广泛运用评估、基准活动以及其他政策情报工具等，来分析芬兰的优势、劣势、机会与挑战。长期以来，参照国际基准，学习不同国家的创新政策在芬兰的科学、技术与创新政策制定中扮演了重要角色，芬兰国家创新政策决策者相当重视经济合作与发展组织等国际机构的政策研究与评论。

近期芬兰评估中出现的一个有趣特征是：在芬兰国家技术局最近对其评估方法进行调整之后，如果某几个项目从属于同一项技术领域或集群，或者它们有着相似的政策目标，或者是其他共同特征，那么这些项目可以归于同一个评估项目之下，而在过去，所有的评估项目都是针对单一技术项目的。群组评价(Group evaluation)可以涵盖：(1)某一技术领域内的所有项目；(2)某一技术领域的长远发展；(3)由某一项目类型决定的项目群。

在荷兰，研究人员围绕创新的各个不同方面进行了大量的分析和研究(既有内部成员小组也有外部专家)，诸如创新政策的基本原理、创新的管理、将不同计划分类方法汇总形成一种主流分类方法的可能性、创新的国际影响因素、科学与公司发展之间的相互关系、框架条件、创新的企业家精神、突破性技术等等。

这些研究可以看作是形成新的创新白皮书的基础，荷兰在评估政策组合，尤其是评估形成整个国家创新支持基础的各种不同措施方面拥有一套很好的办法，国家经济事务部定期采用最有效的方法对政策是否支持创新进行评估。

监测和评估在荷兰政策发展中居于优先地位。1999年5月政府推出了"从政策预算到政策绩效"法案，旨在增进政策、影响与拨款之间的透明度。作为回应，国家经济事务部开发出一套监测制度，对政策进行更加常规化的评估，检测政策的实施影响，并根据效果对政策本身进行调整。

该方法同时也使政府能够获得更多关于政策实施的量化数据，这将有助于国家经济事务部发展出一套现代化的、有效的政策工具。

在英国，创新政策的制定得到了强有力的证据支持，政府努力寻求并得到众多委员会和顾问团体的政策建议，这些委员会与顾问团体遍布于不同层级的政府部门，从内阁到各个部委，以及分散到地方各种不同的常设性机构

（包括官方的和非官方的）。政策项目的评估适当而系统，英国可以被称之为一个有着浓厚"评估文化"的国家。

评估、检测及其相关活动在英国政府部门得到广泛的应用与推广已经有好几年的时间，并且在应对不同需求和压力的条件下取得了一定的进展。各种评估和检测活动通过不同政府部门在不同层级得到了广泛的采用（项目、部门、机构等），特别是贸易与工业部采用它所设计并开发的科研评价模式已经有数年时间。

与英国类似，瑞士创新政策的制定也是建立在证据支持的基础之上。瑞士在分析创新体系时应用了国际组织的发展经验（如欧盟、经济合作与发展组织）、国家统计数据以及专业（科学）研究人员的意见，并据此提出一些改进的建议。不仅如此，瑞士还通过由国内和国际专家主持的一些特定评估项目对不同的资助机构进行评估；此外，一些针对瑞士创新体系所进行的研究也可以为政策制定者们提供一定的参考。

拥有很多评估性质的活动，但尚未深入形成评估文化的国家。在这些国家中，评估只是集中在某些特定的项目目标上，缺少系统的总体评估，或者是议会范围内的讨论将政策评估工具和政策制定有效连接起来。绝大多数高度发达的欧盟经济体属于这一集团，包括奥地利、丹麦、法国、德国、爱尔兰、卢森堡、挪威和瑞典。

在新加入的成员国中，爱沙尼亚是其中最为发达的，也可归入这一类型。绝大多数这类国家对于评价工具的采用非常严格，并正处于向系统化应用评价工具的转变过程，它们力图使自己能够归入到第一类国家中。法国可以作为具有这一特征的国家之典型。

拥有很多评估性质的活动，但尚未深入形成评估文化的国家	
国　家	评　语
奥地利	拥有明确的目标，在评估上做出的努力有目共睹
丹　麦	在采用系统评估方式上取得的进步有目共睹
爱沙尼亚	清晰的目标，在评估战略性与特定政策中的努力持之以恒
冰　岛	研究与创新评估是新事物——与北欧近邻所共同发展标杆政策是该过程的一个重要特征
法　国	处于采用系统评估方法的过程当中

续　表		
拥有很多评估性质的活动，但尚未深入形成评估文化的国家	
国　　家	评　　语
德　国	有大量的评估活动，近期采用了一种总体评估的方式
爱尔兰	在欧盟结构基金的督促下开展了良好的、系统的评估活动
卢森堡	对某些项目或计划进行了评估
挪　威	对创新政策措施和机构进行了评估，但并不系统，外部评估成果公开并进行讨论，但内部评估的结果缺乏透明度
瑞　典	为提升评估文化作了大量卓越的努力，但仍有提升的空间

　　法国的传统特征是评估文化比较薄弱，很少运用诸如标杆管理法等政策工具，并缺少科技发展的前瞻性政策措施。同时，法国还缺乏对创新体系进行整体性研究或 SWOT 分析。然而这一局面自 2000 年之后得到一定程度的改变，标杆管理法运用逐渐增多，出现了一些全国性的政策研究，并开展了一定的独立评估活动。

　　1999 年建立的"创新记分牌"就是一例，它是对创新绩效表现的密切监控。另一个近期发生、但与过去不同的重大事件是 2003 年春季发起的"未来主义运动"（FutuRIS operation），它是法国创新政策史上第一次运用系统的方法，从战略角度开展的前瞻性政策活动。这一项目的开展，推动了"法国研究与创新体制"一系列高质量研究成果的出台，从而推动了法国政策氛围的活跃以及研究成果和建议的多样化发展。

　　最后一类，仅存在少量评估活动的国家。这类国家大部分是一些南欧国家（又称"团结国家"）（Cohesion countries）和欧盟候任国。在这些国家中，评估活动只有在外部国际机构的压力下才会实行，如欧盟法尔计划和欧洲结构基金所要求的受惠国必须承担的义务，以及世界银行项目对欧盟候任国的拨款要求。然而，即使在这些条件下，这些国家的评估活动也仅仅是集中在某几个特定项目当中。

　　在这类国家中，有些国家受欧盟计划的推动，开始采用一些标杆管理和地区性前瞻政策措施，但是这些措施缺乏后续补充并很少与政策制定联系起来。如意大利、希腊、葡萄牙及西班牙仍然主要依靠欧盟结构基金对于周期性评价的要求来发展本国的政策评价体系，然而，这种方式容易带来发展上的僵化，其作用除了保持与欧洲委员会的交流之外，对本国政策制定的影响微乎其微。

在绝大多数新成员国中，评估文化发展的滞后是情有可原的，因为这些国家的创新项目都是新近发展起来的，主要是为了迎合国际组织的拨款需要（如欧盟法尔计划、世界银行、欧洲复兴开发银行），但没有和国家的政策决策体系连接起来。然而人们必须认识到，匈牙利、斯洛伐克已经越来越清楚地意识到快速发展政策情报工具的重要性。在欧盟候任国中，保加利亚和罗马尼亚没有应用任何形式的评估工具，而土耳其近年来开始在世界银行项目的框架下，着手本国的创新项目评估工作，并开始意识到国家资助对于技术和创新发展具有重大作用。

仅存在少量评估活动的国家	
国　　家	评　　语
保加利亚	对外部最好的实践进行评估，但对以前的计划评估并不明了
塞浦路斯	有一些部门内部的评估活动
捷克	有一些初步的评估活动，特别是关系到欧盟资助的一些项目
希　腊	评估活动主要依靠欧盟结构基金的推动，此外还有一些零星的，与创新政策有关的特定项目的评估
匈牙利	尝试运用政策工具，如政策标杆等，同时开始着手对某些特定政策进行初步的评估
以色列	评估活动没有得到系统实施，政策制定过程薄弱且缺乏透明度
意大利	主要依靠欧盟结构基金的推动促进研究、技术开发和创新的评估活动
拉脱维亚	尝试运用政策工具，如政策标杆等
列支敦士登	缺乏明确的创新政策，因而无从谈起评估过程
立陶宛	有一些初步的评估活动，特别是关系到欧盟资助的一些项目
马耳他	有一些总体性的标杆管理活动，但是很少有正式的评估
波　兰	尽管获得欧盟结构基金的资助，但是依然十分薄弱，缺乏明确的创新政策评估
葡萄牙	主要依靠欧盟结构基金的推动
斯洛伐克	尝试使用标杆政策
斯洛文尼亚	尝试使用标杆政策和内部评估
西班牙	主要依靠欧盟结构基金的推动
土耳其	利用外部的支持努力改善评估实践活动

2. 各国的创新挑战与政策回应

本章将讨论各个成员国创新发展所面临的挑战与政策,其主要目的是阐明每个成员国创新发展所遭遇到的主要挑战,以及国家政策制定所采用(或未采用)的方法。每个国家将选择三到四个主要挑战,这些挑战是各国在中短期政策制定中应该加以重点考虑的。处于相同发展阶段的成员国之间可以基于本报告成果进行比较分析,各成员国也可以根据本研究对本国情况进行历时性分析,这样的分析也为形成开放的协调措施提供了首要的方法。

对各国所面临的主要挑战进行重点选择也将有助于避免政策制定无法对所有挑战面面俱到的矛盾,然而这种选择将为本研究带来方法论上的困难,尤其是需要考虑到各个成员国不同的需求及不足之处。

我们所列出的挑战是按照如下五个步骤依次列出的:

- 所有的挑战都是基于欧洲创新记分牌(EIS)中的量化指标分析而得出的,对于那些排名较低或排名较高但系统性较差的成员国来讲,挑战就出现了。

- 所需报告的最主要挑战存在于那些不仅排名较低,而且也很落后的国家中,这也是成员国需要重点关注的领域。

- 对基于创新整体知识的措施进行进一步探讨非常有必要,虽然在某些情况下,成员国的发展规模与水平并不能达到中期的指标。此外,对于所面临的挑战,只聚焦于某些领域,而不是平均地分析欧洲创新记分牌的各项类目。

- 一旦挑战选择之后,2004年欧洲国家创新政策报告用于分析直接或间接与这些挑战相关的应对政策。

- 为了避免可能存在的欧洲创新记分牌应用不当的问题,邀请各国代表和海湾合作组织(GSO)成员对挑战选择和相关政策的选择过程进行审查。

本研究的第二个目的是拓宽对各种挑战及应对政策的理解,便于面临类似挑战的国家能够相互参考。在这一前提之下,本研究所选择的某个成员国的成功政策是该国诸多创新政策中最行之有效的政策,并且这一政策仍在实施当中。

所有的挑战主要集中在几大类,一些国家的应对态度较为积极,直接应对以针对性的政策措施,而另一些国家则非如此。那些最具活力和竞争力的国家同样面临着挑战,甚至即便是那些排名非常高的国家,仍需要调整其创新政策以继续保持它们所处的位置。通过为期五年对25个国家的比较之后,本研究从中所获得的经验是:变得具有竞争力很难,保持所拥有的竞争力同样艰难。

2.1 比利时

挑战与政策

根据欧盟创新指标的测量,在过去五年中,比利时创新发展的表现始终保持在欧盟的平均水平。2004年欧洲创新记分牌的结果显示,比利时的总体创新指数处于欧盟25国中游偏上的位置。然而,比利时在总共22个评估指标中有13个处于欧盟25国平均水平之上,其在创新支出和国内中小企业创新支出所占比例这两项指标上居于第三位,整体表现在欧盟25个国家中名列第十位。在国民生产总值与总体创新指数之间的关系上,比利时的国民生产总值表现略高于其创新领域的表现,这反映出比利时在经济发展中出口方面的历史优势,包括半成品的出口。

然而,仅仅从竞争力角度来分析比利时的情况是不够的,特别是考虑到其创新政策的机构设置问题。比利时创新政策的发展完全依靠布鲁塞尔、佛兰德斯、瓦隆等三个地区政府的努力。联邦政府所发挥的作用仅仅停留于某些基础性科研机构的发展和税收政策上。在这一前提下,地区间显著的差异性分析就显得极其重要,从而影响到不同的政策选择。例如,佛兰德斯的高新技术产业(主要依靠电子业和制药业)水平大大超过欧盟平均水平,布鲁塞尔的高新技术服务业也是如此,然而,瓦隆则与之相反,它在欧洲专利排行中靠前,但是在高新技术专利领域表现就略逊一筹。

如果进一步分析比利时在创新领域所面临的挑战的话,首先需要考察其在研发与创新领域投资中的表现。与其在产业研发投资领域继续保持高水平发展并一直超出欧盟平均发展水平相比,比利时在公共研发投资领域的表现则相对较为薄弱,只有欧盟25国平均水平的86%,而且其中高等教育所占的比重相对较高。即便如此,这些成就的取得还是建立在过去三年中抱着赶超欧盟平均水平的目的基础之上的。

在知识创新活动产出表现领域，比利时在2004年欧洲专利指标中有四分之三的指标处于欧盟25国平均水平之上，但是在"动力丧失"（losing momentum）这一类别中，其高新技术专利申请数目低于平均水平，并且差距进一步拉大。简而言之，比利时面临的挑战是：公共研发投资水平相对越来越低，并阻碍到科学知识生产的进一步发展，尽管这一挑战因地区而异，佛兰德斯在该领域的投资逐年在增加，并有望在2010年前达到研发与创新投资占国民生产总值3％的巴塞罗那目标。

从应对政策来看，无论是在私立还是公立部门的研发投资领域，比利时在过去几年中做出的努力有目共睹。联邦政府致力于2010年前达到研发与创新投资占国民生产总值3％的目标，它与地区政府共同协作，跟踪创新政策的发展，并减少了社会安全税，用于鼓励研究的发展。布鲁塞尔地区从2000年起就建立了用于支持研发和创新发展的法律框架体系。

2003年，佛兰德斯政府与产业界和学术界的合作者们一起共同签署了"佛兰德斯创新公约"，该公约的目的是确保佛兰德斯地区在2010年前能够实现研发与创新投资占GDP的3％，并构建地区科学技术创新政策的发展框架。在2004年选举之后，新一届地区政府将鼓励企业家精神发展和提高就业率作为政府工作的最优先发展事项，并将经济增长与创新及创新能力联系起来。

在瓦隆，政府的整体政策宣言"瓦隆未来条约"包括与创新政策相关的目标以及期望达到3％的巴塞罗纳目标。

第二个需要考察的是企业家创新（Entrepreneurial innovation），除了在产业研发投资领域表现较好之外，欧盟创新第三次调查（2001年）的数据显示，比利时在支援中小企业投资上也有显著的增加，并且在本土化创新及与其他机构合作关系表现上高于欧盟25国的整体水平。尽管如此，在有关非技术性创新活动指标上，比利时仅列于欧盟25国平均水平，它表明了比利时公司在应用先进管理技术和鼓励创新发展等问题上还有提升的空间。

此外，相对较高水平的创新活动的开展并不一定能够使比利时在新产品与新公司这两大指标也处于靠前的位置——比利时在这两项指标上只有欧盟25国平均水平的85％，同样的问题也体现在比利时中低端技术产品的制造与生产上。概括起来说：比利时在增强非技术性创新发展领域中面临着挑战，包括设计与加强新产品的开发。

从总体上提升企业家精神以及促进高新技术的企业家创新是地方政府经济、研发与创新政策的重点。然而，比利时政府直接性的支持政策往往集中于已有的研究及当前评估下技术发展所处的创新阶段。瓦隆就是这样的一个例子，其地区政府的创新支持体制凸显出技术创新措施与商业化及市场化企业创新活动之间发展的不平衡性。

佛兰德斯英才银行是新机会中的一个例子，即发展新的具有创新特征但不一定是高新技术的公司。佛兰德斯英才银行为具有创新精神的未来企业家提供资助，帮助他们将创新的理念变成公司，为他们创业提供启动资金。与该计划相似的一项名为"创业资助"（Pre-activity grants）的项目在瓦隆地区已经开展了好几年。

第三项需要考察的是比利时在高新技术制造业与服务业中的就业情况在整个欧盟国家中所处的位置及其发展趋势。当前比利时在高新技术人才在制造业评估指标中位列欧盟25个国家的第11位，然而在发展趋势这一指标上，比利时被归入"落后得更远"这一类中。相反的，比利时在高新技术服务领域就业上的表现却是非常强劲，超过了欧盟25国2003年平均水平的24%，并且在过去三年中进步明显。制造业与服务业就业情况表现较差的部分原因是由于政府在信息通讯技术上的投资水平较低，仅仅稍高于欧盟25国的平均水平，且在过去三年中稍有回落，从而导致了资本投资越来越集中于高新技术行业。然而，比利时劳动力需求模式的转变反映出比利时面临着在中高级技术行业缺乏竞争性优势，这也是整个国家所面临的重要挑战之一。

除了相对提高相关行业人员的工资水平之外，另一项应对这一挑战的政策就是提升国家在职业培训方面的投资，并鼓励更多的人接受培训，该领域也是比利时发展中比较薄弱的环节。然而近来有关终身学习指标显示，比利时正在加强这一领域的发展，并努力赶上欧盟25国的平均水平。

当然，比利时地方政府，特别是佛兰德斯政府，从2000年就开始更加关注终身学习的发展。在瓦隆地区，经过2004年6月的大选，新政府的执政宣言中包含了一项新的战略发展计划——"发展人力资本、知识与知道如何做"——其目标是为发展有效统一的研究与创新政策提供支持。

在其他相关人力资源发展的创新指标中，比利时的表现有喜有忧。在"接受高等教育的人数"与"高新技术服务业就业情况"两大指标中，比利时的表现较好，特别是在"接受高等教育人数"这一指标上，比利时接受过高等教育的就业人口所占的比例高于欧盟25国平均水平的37%。然而，比利时面临的第四个主要挑战是如何保证让更多的毕业生投身于科学与工程学领域，2002年比利时从事科学与工程学的毕业生占整个毕业生人数的比例仅有欧盟25国平均水平的91%，而且差距还在进一步拉大之中。事实上，比利时在保持高等教育就业人口上的竞争力方面的地位受到了挑战，特别是整个国家在高等教育领域的投资相对薄弱而且相对缺乏科学家和工程师。

尽管比利时拥有许多直接或间接政策措施（无论是资助还是税收优惠政策）来吸引和招募科学人才，但整个国家缺少统一有力的努力来提升科学与工程类职业的地位，并且需要真正引起政府的重视和提高其政策发展的优先地位。此外，地方政府也发起了许多科学信息与教育计划（包括科学中心和电视节目），以及开放日与科学周等活动，然而对这些项目的实施效果尚缺乏深度的评估。

战略与良好实践

根据比利时权力部门的不同，创新政策制定的方法也不同，只有佛兰德斯政府在年度发展计划中单独列出明确的创新政策，联邦权力部门和地区权力部门往往将创新政策目标视作政府工作目标的一部分，并取得立法机构的批准。此外，比利时的研究与创新政策管理体制是从相对较低水平发展起来的，比利时政府近年来在创新领域研究中投入了大量的人力资源与财政经费，力图提升整个国家对研究与创新的理解，建构国家的创新体系，并将这些成果应用到政策的设计与推广中。这些努力是通过多种渠道开展的，基于比利时国情，通常是由联邦政府、语言协会和地方政府相互合作，并根据当地政府的具体情况采取不同的方式。

在联邦层面，联邦政府与地方政府共同起草比利时科学、技术与创新的双年度报告，这些报告对不同层级政府的科学、技术与创新的主要指标进行汇总，并对创新制度的不同层面和某些特定议题进行分析（通常会在创新活动中拟定出不同部门与地区的差异）。2004年5月，比利时成立了"为了3%目标而努力高级委员会"（High Level Group 3 Percent），成员包括企业家、科学家和研究组织的研究人员，其主要使命是研究比利时在实现巴塞罗那目标过程中所遇到的问题。

在佛兰德斯，设立了为创新政策制定者提供支持的政策研究中心，这些中心与佛兰德斯地区的一些大学研究团体相互合作,与佛兰德斯政府签订合约,为政府当局提供长期的支持与合作。2001—2002年间,总共设立了12家政策研究中心,其中两家与创新政策相关:

- 企业家精神、企业与创新政策研究中心: http://www.ondernemerrschap.be。
- 研究与发展政策研究中心: http://www.steunpuntoos.be/welcome.html。

与佛兰德斯相反的是,瓦隆地区政府倾向于与地区科学政策委员会合作,并继续提供经费支持,该合作建立在一项名为PROMRTHEE的项目基础之上,该项目主要目的是为地方研究与创新的发展提供策略管理工具。例如,一项地区性核心技术发展的前瞻性研究已经得到开展,在该框架下,2003年的研究成果为调查整个资助体系的一致性提供了详细的评估。

另一项后续性的评估分析了该地区的产业研发资助的统计数据,并调查了该地区250家创新公司对所接受的来自公共部门财政资助的使用情况。这些调查和分析有助于政府检查所提供的援助资金的使用情况和整个资助体制。

2.2 捷克共和国

挑战和政策

2004年欧洲创新记分牌的测量结果显示,捷克的国家创新体系存在着一系列结构性问题,与欧盟25国的发展差距进一步拉大,且发展前景不容乐观。由于其在创新领域内的不良表现,使得捷克经济所面临的挑战愈加严峻。捷克在2000年之后国内生产总值增长率超过了欧盟15国的平均增长水平,但明显低于其他新成员国的经济增长率。

捷克的总固定资产形成率与人均生产率经历了2001至2002年的降低,到2003年和2004年第一季度有所回升,失业率也有一定的增长。通过与2004年欧洲创新记分牌的比较来看,捷克共和国并没有充分发挥出该国应有的创新实力,其面临的首要挑战是加大对创新体系的投入,并提高投资的使用效率。

由于部分认识到这一严峻的挑战,捷克政府正在制定一份2005—2008年国家创新政策,该政策是以捷克政府于2004年3月通过的国家创新战略为基础的。该政策将创新和研发作为国家政策发展的核心地位,并确立了如下几大重点发展事项:为研发和创新活动提供财政资助;完善创新与产业活动的立法框架(主要是减少行政负担和降低创业和经营的费用);加强研究与生产部门之间的互动,其中有关创新活动的法定措施已经于2005年3月提交给捷克政府。

根据捷克的国情,从欧盟2004年创新记分牌体系中得出的第一个挑战是,捷克在创新领域人力资源投入不足。其中三个有关人力资源"提供"的指标上,无论从绝对数量还是相对比较来看,捷克的表现都远远低于欧盟25国的平均水平,只有12%的劳动人口接受过高等教育,在科学与工程学领域,20—29岁年龄段中的劳动人口只有5.7%接受过第三级教育。

这两个数据表明捷克在这两项指标上分别只达到欧盟25国平均水平的50%和57%(在欧盟25个国家中分别列于第19和第21位)。同样,在接受终身学习的人口比例这一指标上,捷克也仅仅达到欧盟25国平均水平的60%(列于第18位)。不仅如此,有关趋势预测的数据显示捷克与其他欧洲邻国的差距将会越来越大。

捷克共和国在2001年白皮书中制定了教育发展的总体政策框架,尽管2004年教育部设立了"支持青年研究者"项目——该项目同时也是国家研究项目的一部分,但专门针对科学、工程和创新的项目行动仍不明显。"支持青年研究者"项目的主要目的是降低研究者的平均年龄,为有才干的青年研究者提供资助,并为他们的专业发展提供优良的条件,激发他们对捷克研发项目的兴趣,所采取的措施包括:提供奖学金支持他们出国留学,提高他们回国就业的待遇水平。此外,政府还在国家研究二期项目(2006—2011年)中呼吁加强对科学、工程和技术领域发展的重视。

与上述指标形成对比的是捷克在高新技术制造业和服务业的就业率这两项指标中表现较好(分别为欧盟25国平均水平的132%和100%),和其他新加入的成员国情况类似,该现象可以解释为外资直接投资在捷克经济发展中扮演着重要的角色,特别是在某些中高端技术的制造业与服务业当中。

有关就业率的数据反映了外商直接投资企业对技术工人的吸收能力,这些人往往从事于中高级技术的行业,附加值较低。因而,良好的就业结构并不一定能够转化为高新技术制造业的良好发展,2002年捷克在该领域的表现只有欧盟 25 国平均水平的 56%。同样，在信息通讯技术领域的投资指标上表现优良（达到欧盟 25 国平均水平的 147%），但是这些投资主体是外商投资者，而非所有的企业。因而，捷克共和国面临的挑战是：保证所有的企业部门都能提高技术能力和人员素质，而不仅仅是外商直接投资的企业。

为了应对这一挑战，捷克的产业政策希望能够保持并进一步发展国家的产业竞争力，特别是在欧洲和世界经济竞争中占据一席之地，无论是在产品的数量还是质量或人均生产力上。捷克正试图从政治上调整其竞争战略，从以前的低劳动力成本转向提高劳动者的劳动生产力。

这种竞争战略上的调整得到了产业与贸易部的支持，该部门从 2004—2006 年期间在欧盟结构基金的资助下，发起了一项名为"产业与企业发展"的实施项目，内容包括：促进产业研究与发展，加强产业与高等教育的合作，设立专业教育培训机构，促进生产基地的多样化。

然而，欧洲 2004 年创新记分牌显示捷克面临的第三大挑战是：创新活动水平较低，特别是小型的地方企业创新水平较低。2001 年指标显示，捷克产业研发的投资水平和创新投入水平分别只有欧盟 25 国平均水平的 57% 和 50%，中小企业创新和本土化创新水平表现也较为薄弱（只有欧盟 25 国平均水平的 77%），它所带来的后果是"公司新产品研发"水平较低（只有欧盟 25 国平均水平的 47%），尽管捷克在"新产品投入市场"中的表现超过欧盟 25 国平均水平的 32%（这可以解释为主要受外商直接投资企业的影响，将新产品出口投放新市场）。

捷克中小企业创新能力较差的部分原因是由于政府对创新领域的财政资助不足，高新技术创业投资和初期创业投资能力非常弱小（在欧盟 25 国中分别排在第 16 位和第 18 位）。然而仅仅依靠增加创新领域的投资尚不足以解决所有的问题，更严重的挑战是必须提升中小企业的创新意识和创新能力。例如，仅有 39% 的中小企业开展了非技术性创新活动（这类创新活动需要的经费投入相对较少，比较容易在财政支持能力较弱的国家中开展），而且捷克的中小企业似乎不愿意开展合作，这样做的好处是可以分担创新的成本和风险，在中小企业相互协作，共同开展创新活动这一指标上，捷克仅仅相当于欧盟 25 国平均水平的 87%。

考虑到目前所面临的这么多挑战以及捷克创新活动发展水平较低、创新合作水平差以及创新财政能力较低等现实，新的实施项目中包含了一系列政策应对措施，其中和创新政策密切相关的有以下几点：

- PROSPERITA（繁荣）——为产业基础设施建设提供支持，如科学与技术园、企业孵化器、技术转让中心等；
- KLASTRY（集群）——鼓励更多项目建设，发展子项目，从地区到中央都是如此；
- START（启动）——为创业提供优惠贷款；
- ROZVOJ（发展）——支持中小企业在发展过程中增强竞争力，强化技术发展并改善经营过程；
- INOVACE（创新）——增强产品和技术的技术含量，提高生产过程的效率，采用先进的管理方法，积极转换组织结构，并调整策略或进行其他非技术性创新。

战略与良好实践

产业与贸易部开展的项目中有两项可视作良好实践，这两个项目试图加强产业与研究之间的合作，并将研究成果应用到产业部门的实践中，第一个项目是 KONSORCIA，该项目于 2001 年启动，用于鼓励研发创新性的、具有竞争力的新产品，并加强技术向工业生产领域的转化，为了达到这一目的，政府成立了以大学研究机构和产业研究机构为主体的不同研究小组。第二个项目是 IMPLUS，该项目于 2003 年启动，用于鼓励研发新材料、工业产品、生产技术、信息与管理技术等。该项目的实施有助于实现捷克产业部门的全球发展目标，其成果表现为产品竞争力的提升和管理技术的现代化，该项目所支持的研发活动既可以通过私人组织实现，也可以通过成立专门小组来实现。

2.3　丹麦

挑战与政策

丹麦是欧盟成员国中最富裕的国家之一，其创新领域的表现远高于欧盟25 国平均水平，其人均 GDP 产值和欧洲创新总指标之间的关系接近于欧盟25国和那些最富裕成员国的平均水平。从这些数据看来，丹麦是一个拥有相当健全有效的创新体系的国家。然而，在过去十年中，丹麦经历了经济增长率的下滑或停滞不前，在此期间，其外债数额显著减少。

丹麦之所以能够在人均收入榜上排名世界最富裕的几个国家之一，很大程度上是由于其拥有非常高的就业率。从现时看，丹麦创新领域内的表现优势相对明显，薄弱点很少，但是其将来发展所面临的一大挑战是如何进一步开发其创新能力并保持比过去更高水平的经济增长率。

在所有的创新评估指标中，丹麦唯一落后于欧盟平均发展水平的是知识的转化与应用：创新投入、中小企业本土化与非技术性创新发展。丹麦的排名在所研究的国家中名列第20名，这不能归结为研发经费投入的不足，因为丹麦产业研发资金的投入远远超过欧盟平均发展水平。

这更可能是丹麦的企业发展文化和行为态度取向的问题。由于丹麦中小企业在合作创新上的表现非常抢眼，所以前面提到的两大挑战根本不是问题，因为一旦企业间的合作关系运转有效的话，它们可以抵消本土化创新和创新投入不足所带来的问题。这种企业间合作关系的开展很大程度上得力于丹麦政府的推动，它将"加强知识型机构和私人的合作"以及"加强公共知识型机构与私人之间的知识转换"作为政府政策的优先考虑事项。

丹麦创新体系所面临的另一大挑战是有关终身学习的问题，尽管丹麦在这一评估指标中排名靠前，但与平均发展水平相比，其发展的动力似乎在逐步消退，从而严重削弱其与欧盟15国进行竞争的能力，欧盟15国的自身发展就是一个很好的例子。丹麦政府似乎很好地意识到这个问题，推行了职业教育和继续培训机制的改革，试图将不同的教育项目合并为一个统一的、透明的成人教育体系。这项改革的目的是为了推进成人教育的发展并继续为所有成年人提供接受继续教育的机会，无论是低技术的劳动者，还是大学毕业生，都可以接受进一步的成人教育，并为那些受教育程度较低的人提供改善教育水平的机会。

另一个缺乏发展动力的领域是丹麦在美国专利技术商标局高技术专利中的突出表现，经过与欧盟15国1999年之后的发展表现进行比较，丹麦的地位有所下滑，目前排在第三位。为了应对这一危机，需要迫切进行总体知识产权保护政策的创新，丹麦政府没有推出什么特定的应对措施来促进申请更多的美国专利，但是在欧洲专利局的高技术专利上，丹麦政府希望在现有的水平上更进一步——其在欧洲专利局高技术专利上的表现与在美国专利上的地位相当。因此，丹麦在美国专利上所面临的挑战很有可能仅仅反映了丹麦政府在策略发展上的调整，将更多的精力从申请美国专利商标局的专利转移到申请欧洲专利局的专利。

丹麦在调整专利领域发展策略上所采取的政策既有法律上的调整，也有直接的支持计划。2000年1月，一项新的专利法开始实施，它规定大学、研究机构以及公立医院有权获取其属下雇员的发明专利，并与公司进行商谈，同时这些部门有义务提升这些新专利的商业价值。2003—2004年度，丹麦政府拨款5 800万丹麦克朗（约合789万欧元）用于实施该专利法案，并且在大学中建立新的基础性设施来支持该法案的实施，相信这一举措会产生很大的战略意义。

丹麦还开展了很多项目推动电子专利库的发展，从而使公司和研究人员能够从电子化的渠道获取专利信息，通过互联网进行信息传输极大提升了技术转化的能力，从而整体上有利于社会的发展。

丹麦议会近期通过了《公共研究机构技术转移法》，它规定大学机构能够建立一所有限公司将知识/技术向私营部门进行转移。该法案是对1999年《公共研究机构发明法》的补充，规定大学、研究机构以及公立医院有权获取其属下雇员的发明专利，并与公司进行商谈，同时这些部门有义务提升新专利的商业价值。《公共研究机构技术转移法》的目的，是使整个技术转移的过程更加专业化。

战略与良好实践

丹麦在实施并追求创新策略有效性上有着悠久的传统，其创新政策的目标是根据议会程序制定的，参与的人员有议员、政党成员、政府官员和政策利益相关者。研究和创新政策的制定作为传统政策领域的一部分，是按照一致性通过原则通过的。通常，改革或规划性法案的通过需要经过各利益相关方几轮的审议与评论，在广泛咨询的基础之上，改革/法案需要经过一套固定的程序才能最终获得立法地位。

在过去几年中，丹麦的许多政策领域开始运用"标杆分析法"作为政策分析工具，分析丹麦在该政策领域内的优势与劣势，创新政策领域尤其体现了这一特征。丹麦创新政策中最有实施成效的政策当属创新公会计划（Innovation Consortia Initiative），其目的是通过加强研究、贸易与产业之间的合作，促进新技术的发展并在相关部门中进行推广。创新公会的目的是加强公司、公共研究机构和技术服务部门的合作，为未来5—10年内丹麦创新领域的发展构建新的平台。

加强公司、公共研究机构和技术服务部门之间的合作，将有利于推动应用性研究的开展，特别是达到以下目的：

● 使得公共研究能够满足贸易及服务的特定需求；

● 加强丹麦技术服务能力的发展，并使其在公司中得以广泛应用，特别是中小企业；

● 创设高水平的创新与研究氛围；

● 加强基础项目的研究，并将其广泛运用到公司的发展之中。

2.4 德国

挑战与政策

德国的创新体系位列最好的表现体系之中。然而，与该国的人均GDP进行比较，德国的创新体系依然存在某些不足，其创新领域的表现与其人均GDP表现并不相称。出现该状况的原因在于，创新基础设施刚刚建成，尚未充分发挥出发展效益。

需要指出的是，人均GDP的表现受到经济与社会制度等方面的影响（不单单是创新因素），如劳动就业率、人口统计数据、劳动力市场结构、失业率、财政与金融政策、工资政策、公众支出及其他许多因素。有关德国在近12年来宏观经济表现不力的争论主要集中在以上所提到的这些因素上。

与此同时，基于2004年欧洲创新记分牌为标杆的评估，德国只在两个领域面临着轻微的挑战，该国在许多指标上的表现远远超过欧盟发展的平均水平。然而考虑到德国作为一个极具竞争力的经济体，以上结论也未免太过乐观，只有在与其经济发展最重要的几个竞争对手的比较中，才可能真正发现德国经济面临的挑战（这些竞争对手包括美国、日本、瑞士和斯堪的纳维亚半岛国家），而仅仅超过欧盟平均水平的发展表现不足以充分反映出德国经济发展的现状，甚至有可能隐藏某些发展中的"盲点"。如果考虑到德国经济发展的前景，而不仅仅是目前的排名，我们可以看到德国经济所面临的挑战远大于其排名所反映出的问题。

经济发展囿于僵化是德国创新政策面临的主要问题，因为创新领域表现的根本目的不在于创新领域本身,而在于创造财富和改善生活条件。尽管德国的整体创新表现良好,但这却不能给德国经济发展带来足够的动力。尽管投入上的平衡较好,但收入与就业率却成为一大问题,这与私营个体领域的表现相关,这一点将在下文进行分析。

《2010年改革备忘录》表明,德国政府意识到了这个问题。这份备忘录列出了德国宏观经济发展所面临的四大问题,其中四项改革措施之一就是要为企业的创新发展提供更多的激励。德国拥有一整套促进企业研究活动开展的常规措施,绝大部分可以归类到以"研发项目"和"提升中小企业合作研究"为主题的政策项目中,2004年政府对其中许多措施进行了修改,从而增强了企业界参与这些项目的吸引力,并使得经济发展更加有效。这些修改活动的效果如何?是否能够达到预期目的?这还有待于进一步观察。

强化教育制度的发展,保持高技术水平的劳动力。德国一向拥有高技术水平的劳动力,特别是在工程学及一般中级技术上。2004年欧洲创新记分牌显示,德国在科学与工程学毕业生人数这一指标上,与欧盟平均水平及发展趋势相比,相对面临着一定的挑战,在受过高等教育的劳动人口比例上,德国也仅仅相当于欧盟平均水平,至于终身教育——某种程度上可以视作是对正规教育不足的补充——德国在欧盟成员国中的表现是最低的,这一点同样可以从PISA测试的结果中体现出来。德国需要加强对教育以及培养高素质劳动力的重视。

我们认为,德国政府在这些领域的投资太少,并将面临着失去其在高水平劳动力素质方面的优势。由于德国在教育领域的投资停滞不前,创新政策尚未充分体现出这一点,但去年德国的教育投资开始出现显著增长。德国正在进行的一项大学改革,也是对这一挑战的积极回应。此外,德国还采用了一些特定措施,加强教育网络化及教学新方法的发展。

在促进新技术发展,特别是在知识密集型服务方面保持竞争力。欧洲创新记分牌并没有反映出德国在高新技术领域所面临的主要挑战,因为德国在高新技术专利中的表现高于欧盟发展的平均水平,然而在有关新技术发展领域——如信息与通讯技术以及生物技术学上,德国已经落后于其主要竞争对手,如美国、日本、英国以及斯堪的纳维亚半岛国家。

信息与通讯技术的缓慢发展,妨碍了德国知识密集型服务的发展,尽管后者的发展最近有了一定的起色。为了应对这一挑战,德国创新政策加强了领先技术领域(最重要的是为信息通讯领域的发展提供财政资助)和特殊技术领域的发展,2004年最新公布了一项微系统的发展政策(是对始于20世纪90年代一系列类似活动的延续),并重点加强高级技术领域的能力中心建设。

使中小企业更具创新力,这里再次提到中小企业。根据欧盟创新调查委员会的调查,德国在该项指标上的表现总体而言占据一定的优势。德国经济一向以传统领域内中等规模企业的竞争力强而闻名,尤其是在机械、电子机械、化工以及汽车制造等领域。绝大部分产业研发和创新活动的经费投入到了那些高度国际化的大公司里,80%左右的研发活动由那些超过10 000名员工的企业所开展,其中绝大部分是那些德国本土的跨国公司。

德国政府正在加强对中小企业研发与创新活动的关注,这一领域过去常常受到财政限制,发展时断时续,并存在缺乏高水平的劳动力等其他障碍。德国政府采取了一系列措施解决这些问题,并对这些实施效果进行评估,从而使这些措施能够在本年度发挥更强的效用。2004年2月德国政府实施了新的《中小企业创新行动计划(高级技术领域总规划)》,其中包含了多项政策措施以应对德国中小企业当前创新发展中所面临的问题和挑战,主要有四大领域:启动技术为本的中小企业创新发展策略,重新设计中小企业的研发活动,加强中小企业与公共研究部门之间的合作,解决中小企业创新发展过程中高技术劳动力短缺的问题。

战略与良好实践

为了推进德国创新工作的开展,德国联邦政府主要加强了两大政策领域的发展:

● 改善创新框架体系,重点包括简化税收制度,降低公司的税收负担,减少那些有可能会阻碍创新和新公司创设的形成程序;

● 完善教育与科学体制,以解决高素质劳动力供应不足的矛盾,改善公司人力资源状况,包括提供职业或在职培训,并设立公共研究机构与公司开展合作,共同实施创新项目。

除此之外,政府还通过以下四个渠道为创新发展提供经费补助:

● 为高级技术领域内的研究提供研发经费(主要通过德国教育部的系列项目);

● 为中小企业的合作研究提供研发经费(主要通过德国经济劳动部的项

目,如德国中小企业创新能力促进计划);

● 为那些以技术发明为目标的中小企业所开展的创新项目提供经费支持,主要手段有贷款或者提供风险资金;

● 提供技术咨询服务,并为创新型奇特的发展提供科学技术与信息化基础设施的建设。

德国联邦政府所开展的创新政策措施都经过了相当长时间的实践检验,此处将着重介绍《德国中小企业创新能力促进计划》,该计划是《中小企业创新行动计划(高新技术领域总规划)》的一部分。之所以选择该计划的原因是:

● 该计划是对先前计划的重新设计,建立在对先前类似计划(于2003年废止)评估的基础之上;

● 该计划涵盖范围广;

● 该计划涉及到德国创新发展的主要挑战之一——提升中小企业的创新水平;

● 该计划具有原创性。

经过修改后的《德国中小企业创新能力促进计划 II》由于经费预算的限制,经过推迟从2004年7月开始实施,为中小企业之间或中小企业与研究机构之间的合作研发项目提供经费支持,其主要关注点是:1. 为中小企业开展更为系统的研发活动奠定基础;2. 建立中小企业研发与创新活动网络,实现中小企业创新一体化的长远发展。该计划鼓励全国性与国际性的合作活动,其合作伙伴可以是其他公司或公立研究机构,只要所开展的创新活动对于该企业来讲是新的,就可以得到该计划的经费资助。

经过对第一阶段实施结果的评估,《德国中小企业创新能力促进计划 II》在以下方面做了一定的调整:不再对资助单个企业开展的创新活动数目进行限制,而是对单个企业所接受资助的最大额度进行限制。这一改变将有利于小公司和小型项目的开展,在1993—1998年间接受过资助的公司仍可以继续申请资助,对于那些开展跨国合作的公司和项目将会得到额外的资助奖励。

该项目计划同时对中小企业之间或中小企业与研究机构之间的合作研发项目提供经费支持,包括研发人员的临时性调换。约50%接受《德国中小企业创新能力促进计划 II》资助的项目是由中小企业和研究机构共同开展的。通过研发活动的开展,中小企业的技术吸收能力得到了增强。

《德国中小企业创新能力促进计划 II》这样的项目是德国政府对中小企业创新进行财政资助的主要形式，它没有采用像税收激励这样的直接干预措施，但却要求中小企业之间或中小企业与研究机构之间进行合作研发，对中小企业所开展的非合作性自主研发活动则不提供经费支持。

2.5 爱沙尼亚

挑战与政策

爱沙尼亚经济发展的特征是：采用完全自由的贸易形式，主要依靠制造业的出口，采取市场规律调节下的自由经济政策，其中外商直接投资占了较高的份额（在吸引外商直接投资领域，匈牙利和捷克是爱沙尼亚的主要竞争对手）。这一经济增长模式带来了爱沙尼亚从20世纪90年代后半期开始国内生产总值和出口的较快增长。

然而，这种经济增长很大程度上归功于北欧公司（如信息与通讯、机械制造、纺织品、木材与家具等）与爱沙尼亚公司签订的分级合同，它们主要利用爱沙尼亚本地的原材料资源，知识附加值较低。随着经济的发展，这种依靠便宜和低端产品的发展模式将难以为继。从这个角度讲，尽管外资企业生产水平和创新能力上都强于爱沙尼亚本地企业，但他们并不愿意在爱沙尼亚企业中投入更多的研发活动。因此，爱沙尼亚所面临的总的挑战是：国家创新体系依旧十分脆弱，不足以推动经济结构从投资型模式向创新模式转变。

然而，与绝大多数新成员国相比，爱沙尼亚在2004年欧洲创新记分牌体系中的表现相对较好，有五项指标超过欧盟25国的平均水平，另外五项指标相当于欧盟25国平均水平的70%，其中爱沙尼亚在创新活动领域的表现最为突出，3/4的指标超过欧盟25国平均发展水平。然而，爱沙尼亚在中小企业的创新发展和合作水平上比较低，中小企业创新领域的投资占整个创新投资的水平只有欧盟25国平均水平的66%，其中产业研究支出占有率只有17%，也远远低于欧盟平均水平，甚至在后一指标上，爱沙尼亚一直没有获得什么进展。

它所带来的挑战是：爱沙尼亚企业的创新活动开展得并不彻底，所带来的只是短期发展效益，并没有能够通过新市场的发展提升国家的经济竞争力，这体现在：在新产品投入市场特别是公司新产品研发上，爱沙尼亚只有欧盟25国平均水平的32%。

为了改变这一状况，爱沙尼亚政府在2000—2002年间发展出一整套政策措施，这些政策措施从2004年开始可以有条件地得到结构基金的资助从而加以贯彻实施。因此，爱沙尼亚政府在过去一年中所做的工作是对现有的财政资助政策进行整理规范，使它能够纳入到结构基金体系中——而不是采用新的根本性的改革政策。

然而，爱沙尼亚也颁布了一项新计划——"增强企业的创新自主性"计划，其目的是为了提升爱沙尼亚中小企业的创新技能，提高其创新能力。该计划还有待于进一步提升实施的系统性与有效性。除此之外，由于在欧洲创新记分牌中无法体现出风险资本的比较性数据，专门针对性的指标和高级技术风险资本的研究缺乏，因此，爱沙尼亚与风险资本基金会的专家们一同开展了一项可行性的发展研究，研究政府是否有必要专门成立一个风险资本基金以及成立哪一类型的基金等问题，目前围绕这一问题有两大主要争论。

从广义的层面来看，2004年欧洲创新记分牌体系表明，爱沙尼亚国家创新体系中的最新表现值得关注，有三项指标处于"落后得越来越远"类别当中：科学与工程学毕业人数、高新技术制造业与服务业中的就业率以及美国专利数目。这在某种程度上反映出爱沙尼亚科学基地发展薄弱，竞争力较低（除了极个别领域，如生物技术），而且国家投入资金不足（2003年公共研发领域投资只有欧盟25国平均水平的82%，尽管过去三年中已经取得了一定进步）。

除此之外，从传统上看，爱沙尼亚科学基地与产业界联系不够密切，商业化程度不高，这在很大程度上与其高技术领域内就业率不高有关。考虑到仅仅加强知识生产领域的投资并不足以解决所有问题，爱沙尼亚政府认识到所面临的一大挑战是：增加研发领域内的总投资并加强创新体制内部的协调，这两项工作不可偏废，从而促使爱沙尼亚企业界取得根本性的创新。

一项支持研发基础设施建设的新项目将有助于实现这一目标，该项目旨在加强爱沙尼亚大学与研究机构的效率——它们是专业化和技术的源泉。此外，爱沙尼亚政府经过几年时间的努力，在2003—2004年间发起了一场建设"能力中心"的项目活动，希望该项目能够推动爱沙尼亚研究公会的建设，并加强与企业界合作以共同开展研发活动，从长远发展的角度，实现根本性的创新。

最新的企业识别系统调查显示在创新活动的不同领域存在着显著的差异。总的来看，发达欧盟国家在服务型企业与生产型企业中创新程度差异较小；无线电通讯业、计算机类服务业、金融中介与保险业以及某些交通行业领域创新程度相对更高，这表明信息技术的传播和运用将有助于推动创新领域的发展。

无线网络遍布爱沙尼亚的每一个角落，它同时也是应用高级网络技术和移动通讯技术的"载体"（电子停车、电子银行、公共交通等）。另一个例子是Look@world.programme，这是爱沙尼亚私营信息与通讯技术公司开展的一项活动，该活动已经为超过102 000名之前从未接触过信息与通讯技术业务的人提供了相关培训（相当于爱沙尼亚成年人口总数的10%）。

信息与通讯技术的开放和推广是在产业部门和服务部门实现创新的前提条件。事实上，爱沙尼亚在信息与通讯技术投入占国内生产总值比例这一指标上，排名欧盟25国的第一位（超过欧盟25国平均水平的84%）。然而，在该项指标上，爱沙尼亚正面临着"动力丧失"，其原因可能是由于全球信息与通讯技术市场的低迷，影响到爱沙尼亚信息与通讯技术领域的发展——它与爱沙尼亚公司签订的分级合同密切相关。因而，保持爱沙尼亚在信息与通讯技术对经济渗透能力中的领先地位及发展高附加值的产品与服务，需要公共部门和私营部门的共同努力。

在一般情况下，一个国家接受过高等教育的人口占人口总数的比例越高，将会成为该国经济发展中的一大潜在优势。然而，爱沙尼亚却面临着一些问题，它的高等教育毕业生中科学家和工程人员所占的比例偏低，终身教育活动不足且未曾得到提高。此外，其高技术制造业和服务业领域就业率偏低，也印证了爱沙尼亚经济发展所面临的结构性问题。因而，爱沙尼亚面临的第三大挑战是：加强接受过高等教育的人员与经济发展需求技术之间的专业匹配，特别是未来的科学家与工程师。

在爱沙尼亚政府的最新战略规划——《爱沙尼亚成功2014年》（2004年9月出版）中，列出了政府应对该项挑战的目标，包括：

- 根据现有的发展潜力，加强对高等教育领域的投资，有选择地建设一些学科与院系，使之能够达到世界水平；
- 大大增加外籍教师在高等教育中的比重；
- 建立一套全国保障体系，确保高等教育课程与师资具有国际竞争力；

- 对有关人才进行优先聘用。

该战略规划同时设立了一项目标：提供便利条件，吸引 1 500 名拥有国外 5 年工作经验的人回到爱沙尼亚工作，这些人包括研究者、教师和熟练技术工人。

战略与良好实践

爱沙尼亚实施的一些经过改良并得到较好财政资助的创新政策不过才 3—4 年，因此现在谈论相关政策是否能够促进产品与技术的根本性革新或能否对企业的创新活动产生显著性的影响为时尚早。然而，绝大部分与创新相关的政策措施已经进行了评估，根据评估结果来看，这些政策举措总体上是成功的。

自 2000 年以来，爱沙尼亚还聘请外国专家协助其发展创新政策，充分利用"跨国政策学习"的经验，其中最突出的是爱沙尼亚经济事务部及其执行机构——爱沙尼亚企业局，它们不仅与邻国——如芬兰（主要是芬兰国家技术局），而且与欧盟其他国家的专家和实践者进行紧密合作，吸取其他国家政策发展的经验。SPINNO 计划就是一个典型的例子。

在创新政策发展初期，爱沙尼亚企业局曾委托一家国际咨询公司对现有的高技术启动项目（主要是由大学衍生出来的）进行整理与评估，并且确定需要改进的领域以及爱沙尼亚学术与研究机构需要增设的设施和活动。该项目的第一阶段为 SPINNO 计划的开展提供了基础，并于 2001 年秋天到 2003 年末成功开展。

该项目作为评估活动的一部分发挥着积极的作用，并经过重新设计以符合欧盟结构基金的要求，第二阶段的工作已经于 2004 年开展，新项目的重点是强调采用综合性的方法，包括创新理念商业化的所有阶段、为创新活动提供"一条龙式"的支持与服务。此外，要继续加强大学创新能力的建设，增强大学企业精神的发展并提高其管理衍生项目的能力。

2.6　希腊

挑战与政策

希腊在创新领域内的表现在欧盟 15 国中处于落后的位置，且已经被一些新加入的成员国所超过。尽管在过去的二十年中，希腊经济、教育和研究领域已经发生了重大变化，并且在一些发展指标上超过了欧盟平均水平，但是整个国家的创新体系仍存在着不足。希腊在创新领域的表现与人均国民生产总值之间的关系表明，希腊经济增长是建立在其他经济增长因素之上的，其创新领域的表现将给希腊经济的未来发展带来相当大的危机。

在这种情况下，希腊面临的主要挑战是继续加快希腊在创新领域发展的追赶步伐。有关这一趋势在2004年欧洲创新记分牌中已经得到初步显示，重点是需要加快推出新的创新政策——很大程度上这是由于希腊接受了欧共体支援框架的资助。然而，无论是在经济或财政领域，还是在研究与技术发展部门，希腊的政策制定者对于创新的概念还缺乏足够的认识。

以公共计划促进创新发展是近二十年来的发展新事物，希腊企业联合会已经将创新活动纳入到他们的议程当中，在里斯本目标的压力下，希腊历届政府都将促进经济发展向知识经济的转变作为政府政策的头等大事，并与提升企业家精神和促进地区发展联系起来。然而，希腊总体的创新政策发展与管理仍需要进一步加以巩固，并且在经济与社会发展的公众舆论中占据重要的地位。

2004年欧洲创新记分牌显示出希腊在人力资源、知识创造和技术革新领域中存在着不足，其最大的挑战是终身学习活动的开展。在这项指标中，希腊名列第24名，几乎落后于所有欧盟国家的发展。尽管欧盟结构基金已经加强了对教育领域发展的关注，包括终身学习，希腊政府仍需加强该制度的有效性，并提升该领域的基础设施水平和品质标准。

产业研发投资过低也是希腊所面临的一大挑战，尽管在过去几年中取得了一些进步，但是在实现巴塞罗那目标上希腊仍存在明显不足。在创新政策领域，当务之急是要对产业结构蓝图和发展策略进行重组，其原因在于当前希腊经济结构不利于知识创新产品的快速发展。传统领域内缓慢的技术发展，包括本土市场的小公司缺乏与国际市场的联系及企业家教育程度较低，仍然在现有的经济结构中占据着主体地位。

加强企业发展的创新能力，最主要的是需要加快生产设备的现代化和提高产品质量。希腊政府在弥补这些不足时所采取的措施包括：鼓励私人在创新和新技术发展领域内的投资，鼓励年轻人开设公司，鼓励研究人员设立公司并加强对技术研发结果的开发，鼓励私人投资者建立创新孵化器和科技公园，加强对风险资本的提供，鼓励公司内部开展研究活动等，其中的一些措施已经拥有好几年的实施经验。尽管缺少对这些措施有效性的正式评估，我们依然可以宣称这些措施已经对希腊创新事业的发展起到了一定的促进作用。一些最新政策措施的实施效果尚有待于时间的检验，但是通过企业界和研究部门对这些政策的响应情况来看，希腊创新体系的成熟化需要经历一个较长的发展过程，有待于政府部门的积极推动。

欧洲创新记分牌通过欧洲专利局和美国专利商标局两项指标的数据显示，希腊在专利技术保护上表现很不尽如人意。希腊所采用的知识产权保护法和其他欧盟国家的知识产权保护法是相同的，并且也遵守该领域所有的欧洲和国际性公约。然而，该领域的发展是希腊的一项新兴产业，尤其是绝大多数中小企业的生存所靠的是产品的仿制，整个研究体系对开发专利技术较为漠视。

希腊政府希望通过提升国内的新技术氛围促进专利领域的发展，PRAXE项目和联络办公室的发展提出了保护专利发展的要求，并提供相关信息和直接支持。希腊专利办公室对那些最成功的发明者提供奖励，鼓励他们在各自的研究部门加快专利技术的发展。

高技术生产和服务领域的就业率也是希腊所面临的一大主要挑战。当前希腊经济结构不利于知识创新产品的快速发展。传统领域内缓慢的技术发展，包括本土市场的小公司缺乏与国际市场的联系及企业家教育程度较低，仍然在现有的经济结构中占据着主体地位。此外，加快生产设备的现代化和提高产品质量，也将再次成为加强希腊企业发展创新能力的主要任务。

上文已经提到，希腊政府在弥补这些不足时采取了各项鼓励措施。这里需要提及的是，上述一些措施经过多年发展在20世纪80年代末和90年代初已经证明不能对经济发展产生很大的影响。尽管缺乏有效性的正式评估，希腊政府宣称这些措施只是在个人层面产生了一定的影响。经过欧盟支援框架第一期和第二期系统评估之后所实施的最新一系列政策措施，预期将会对希腊创新领域的发展产生更大的促进作用，但仍有待于时间的进一步检验。从希腊产业和研究部门对这些政策措施的响应程度来看，尽管希腊面临的国际竞争越来越强，其自身的竞争力逐步下滑，希腊创新体系的成熟化仍需经历一个较长的发展过程，并有待政府部门的积极推动。从大的方面来看，希腊创新政策所面临的问题实际上关系到对整个希腊经济的信心和表现的预期值。

战略与良好实践

希腊的第一个创新计划是作为经合组织的一项援助项目于20世纪80年代早期开始实施的,随着国家工业生物技术设备中心(CSF)提供经费的不断增长而越来越成为项目的重点。在2003—2004年期间,围绕着创新采取了一些新的举措,以保持希腊经济的竞争力,其中受直接影响最大的当属PRAXE项目(该项目将促进研究者的研究成果向生产应用的转化)以及ELEFTHO项目(该项目鼓励私营投资单位发展创新项目)。这两个项目同时也是"希腊增强竞争力"项目的两个子项目。

PRAXE项目将促进希腊经济结构的调整,已经为大约230个项目(每个项目的资助额达到40 000欧元)提供了资助。这些接受资助的大学教授和公立研究部门的研究者们将他们的研究成果转化到商业领域的运用,从而吸引风险资金以及其他投资者增加在相关领域内的投资。目前该项目的第二阶段现在已经开始实行,项目团队以及相关企业可以根据第一阶段的实施结果申请经费资助。

随着公共研究活动的蓬勃发展,许多新的商业公司开始成立并加入到该领域的研究中,并且可以申请经费资助——这在第一阶段的实施过程中是不被允许的。现阶段有六个以上的项目为这些新兴的活动提供经费资助,这些资助往往以经费补助的形式进行发放。

目前该项目还没有得到正式的评估,要得出有关结论为时尚早。然而,种种迹象表明目前开展这些活动的时机已经成熟,在未来的五年中,这些新公司所面临的挑战将不可避免。

2.7 西班牙

挑战与政策

西班牙是欧盟成员国中比较大的国家之一,其人均GDP低于欧洲平均水平。西班牙大部分地区经济都不太发达,因此能够享有基本政策的优惠待遇。如果把西班牙的创新业绩与其收入相比的话:

与欧盟 25 国相比,从西班牙的 GDP 看,其综合创新指数低于预期值。如此以来,创新业绩将很可能导致更低的 GDP。

但如果与欧盟 15 国相比,西班牙的 GDP 低于 15 个成员国的预期值,即创新力高于欧盟平均值,但低于 15 个成员国的平均值。

西班牙面临的总的挑战是如何与核心成员国相抗衡,以及如何在较大范围的成员国里,与其有相似人口的国家相抗衡。西班牙还无法与大而富的国家相比,但由于后来加入欧洲货币联盟,在其推动下近年来经济年增长率在 4% 以上。这种增长势头在 2001 年有所缓减,但产量仍保持在欧盟平均水平之上,这为未来收入的进一步增长提供了保障。这些宏观经济情况并不能反映出竞争率的增长。与此同时,西班牙也对现行的创新政策越来越重视。这些政策大多是与欧盟支援框架共同出资的。

西班牙的创新业绩面临许多挑战。但在大多数方面,它正在迎头赶上。其中一个非常重要的挑战是由欧洲创新记分牌统计的西班牙在信息与通讯技术上的支出远远低于其他国家。在所有参评国和欧盟 15 国中,西班牙位列第 22 位,至 2003 年前,甚至降得更低。针对这一挑战,西班牙政府制定有关政策,采用各种措施来增加基金,提高效率。

这些措施首先体现在制度改革上,把与信息与通讯技术有关的职责由科技部移交给工业、旅游和贸易部,因为该部成立了电信和信息社会国家秘书处。此外,西班牙的另一新举措是建立"数字化城市",目的是把信息社会融入当地环境。其主题包括电子行政、电子商务、电子操作、电子构成、电子医疗、公共服务管理、集体特殊要求的申请、文化、旅游与休闲、家庭环境与移动通讯等。所有这些都离不开宽带。国家工业生物技术设备中心涵盖了多种措施旨在建立信息社会。

西班牙经济的另外一个重要挑战是需要提高高技术制造业的附加值。它仅排在第 17 位,且仍在下降。与此类似,在高技术制造业和服务业的就业也很低(分别排在第 17 和 21 位),但并没有进一步下降。新的措施采取间接手段来应对挑战。实际上,它试图提高公司的技术和创新力并构建一个在研究与技术发展方面良好的投资环境,期望这一变化能够最终带来高技术制造业的发展,同样也期望新的高技术公司的建成能够带来进一步影响。这些高技术公司通过三种措施获得资助:对科技园的财政资助,建立和加强技术型企业方案对新科技型企业和新建企业的风险资本的资助,来自国家资本风险和中小企业公社(ENISA)的资助。

另一个更大的挑战是公共研发支出,西班牙一直保持在第 16 位。然而,相对于 GDP 来说,公共研发支出已占到 0.4%—0.5%。因此如何进一步提高公共基金对研发活动的投入是一个很大的挑战。这一必要性不仅仅指全球的总量,而且也包括它的分部。因为仅有一小部分研发公共支出是直接或间接地投入在私有部门。

西班牙的利益相关者认为这种不相称是由于创业环境差所造成的。政府已意识到这一必要性,并计划增加公共支出。特别是在 2004—2007 国家规划中打算在 2005 年增加研究与技术发展的支出至 GDP 的 1.22%,到 2007 年达到 GDP 的 1.4%。通过这一项目,国家对研究与技术发展的支出在 2004 年提高了 20%,在 2005 年提高 25%。

为了应对这一挑战和支持私有部门的创新,新的国家研究和发展投资规划(2004—2007 年)对资助计划进行了改进,再次强调了公司创新的重要性,并对该领域进行了规定,命名为"支持企业竞争力计划"。该计划探索一条便捷的通道,通过下列形式来激励企业创新思想和创新活动的合作:

- 支持创办国家工业生物技术设备中心;
- 支持建立网络合作平台,促进技术转让,帮助研发成果投放市场;
- 支持增大原型比例,改善研发成果进入生产部门的规范;
- 为私营体系成立研发机构创造便利条件;
- 建构和传播商业创新文化。

最后值得注意的是西班牙在专利权方面(美国专利商标局和欧洲专利局)处于劣势,且目前仍未有改善。这在很大程度上是由于西班牙经济的性质和根深蒂固的传统生产结构造成的。政府对此正采取一些制度上的措施:

2004 年 3 月,通过了一项资助计划来发展一些专利和商标方面的国际合作项目。这些合作项目主要针对拉丁美洲。按照有关专利权合作条约,在与拉美国家的合作进程中,促进了西班牙电子出版物的专利申请。

另一个是由西班牙专利与商标办事处(OEPM)实施的一项计划。该计划是为了在专利申请、审查和专利授予之间的办事程序更加迅捷。这一新的程序主要针对急需获得专利权的情况(即许可证的谈判、技术转让报价等)而定。然而,这些措施主要面向西班牙而不是国外,目的是希望西班牙公司能够有所综合,增加在普通领域内的专利。

战略与良好实践

  2004 年 3 月 14 日新政府的成立,使得西班牙的科技体制发生深刻的变革。最重要的变革是抑制科技部而凸显工业部和教育与科学部。在最近的、目前仍在实施的国家规划(2004—2007 年)中提出了国家创新政策的目标纲要。该规划制定了西班牙研究与技术发展创新政策的战略轴心并于 2003 年 11 月通过。

  西班牙的一个良好实践是"资助发展非赢利性技术转让办事处"。它反映了对科研与重新建立网络合作的需求的增加,也正好解决了上述由利益相关者所界定的结构上的局限。据量化指标,该方案基于这样一个事实,在西班牙研发系统中只有 1% 的研究者从事与商业有关的研究活动。该方案的目标是在未来若干年这一数字达到 2%—3%。

  目前,该方案主要致力于满足前几年反映出的对基础设施的需要。直至 1996 年,政府给公共机构的补助金用于建立技术转让办事处或工业联络处。一旦这些办事处成立,将会出台具体的措施来支持研究结果的转化和加强工业联络活动。对研究结果转化办公室的资助可以使这些联络组织发动和实施战略规划,这将使公共研究中心/大学和生产企业之间建立良好而有效的合作关系,反过来也进一步加强了网络合作关系。此后,该方案将进一步资助私立的非赢利组织。

  成立这些办事处的目的就是使公共创新系统的成果能够转让到企业去。这一机制有一些优先权的限制。申请者必须着重说明符合该规划的主要目标,然后由国家评估处进行评估。一旦申请被批准,财政资助(补助金)就提前拨给技术转让办事处。但是在申请中提议的一些活动,在项目的实施整个过程中都会受到监控和评估。这既使流动更加畅通又对项目的实施严格进行控制。

  尽管对该措施还没有正式的评估(一个国内评估正在计划中但还没有实施),但通过研究结果转化办公室、研发中心与企业签订的合同数和研究者的成果生产力比率的增加,不难看出该措施是成功的。无论如何,从全球角度看,西班牙取得的成就总是低于预期值,而且对措施的预算总是很有限。

2.8 法国

挑战与政策

法国是欧盟成员国的一个大国，有着悠久的研发和创新政策的传统。在经过了20世纪90年代的大发展时期，近两年的成果产量趋于平缓。其综合创新指数高于欧盟25国的平均值，然而在欧盟15国（核心国家除外）中处于弱势。同样，它的GDP也高于欧洲平均水平。据查，法国的收入与创新业绩相比其值稍微超过欧盟国家的预期值。然而，若只与技术较为先进的国家相比则低于预期值。

因此，法国所面临的主要挑战是进一步提高创新业绩，使其创新政策更有效率，以与发达国家持平。僵化的体制结构是法国经济的特征，而其总的经济和创新业绩都受到这一结构的制约。目前为了调整外部环境，减轻繁琐的行政管理所做之努力将有助于经济和创新业绩的提高。

法国普遍缺少对创新的战略眼光，部分原因是基础设施的缺失，而基础设施是战略思想产生的基础。在建立战略思想与政策制定的桥梁上面临一个"瓶颈中的瓶颈"，即制度上的目标。法国正努力解决这一难题，如引入基础设施和建立一个行政管理与财政的"创新-友好型"环境。但这些措施的效果还有待于观察。

创新政策具有特别的优先权。自1999年创新和科研法颁布以来，创新政策的一个主要目标是帮助学术研究与商业领域的交流。该法提出了大量的系列措施来促进公共科研到产业的技术转让并鼓励创建更多的创新企业。

2003年4月，法国以法律的形式采纳了"创新支持计划（Plan in Favour of Innovation）"，这是对1999年法和其他措施的一次改进。然而，尽管自2000年以来创新已经具有最重要的优先权，但巩固创新业绩的目标有可能变得暗淡，这是由于会出现其他重要的中期挑战。它需要在严重的预算约束和恶劣的政治背景下做出具体而迅速的反应。

从个别创新指标的排名来看，除了在中小企业的非技术性创新和公司新产品研发上，法国似乎并不存在太大的挑战。一个新的国家政策有望对后者有所改善。然而我们还应看到有限的预算：2004年4月制定的政策是为了在大学和高等教育机构成立"企业联盟"。其主要目标是加强企业文化，建立大学和社会-经济背景之间的文化桥梁。

研究与技术发展创建于 1990 年，也对该政策做出了贡献。法国面临的另外一个挑战是中小企业的非技术创新值很低，排在第 21 位，而且对此缺少系统的工作。所有政策都是有关企业竞争力和企业家精神的，并期望公司能够间接地从中得到好处，逐渐改变公司文化，通向一个更加全面的创新途径。地方机构组成的网络对中小企业起到了积极的支持作用。一些支持中小企业的具体措施有助于采取一些创新组织的和管理的实践，并对发展战略提供了咨询帮助和质量管理帮助等。

更多的挑战在于那些持续保持接近平均业绩的方面。它没有继续发展的趋势而是保持不变。考虑到它是欧盟 25 国的平均水平，如果是与更有竞争力的对手相比，法国应该感受到所面临的挑战。

就人力资源来说，法国在具有高等教育(第 13 位)和终身教育(第 12 位)的劳动人口数量上较少，且没有进展。从整个正规教育看，一个更广的教育改革(LMD：证书硕士、博士)有望提高整个欧洲的教育水平，这也将很可能影响到创新。但在传统上，教育与培训不是与创新有关的领域。这一点尤其体现在终身教育上，从它的政策中很难找出作为促进创新的方法。

最近在大学成立的"企业联盟"的目标涵盖了使学生面对企业家精神，更加清楚地认识到创新的挑战。政策、计划与评估办公室(OPPE)成立于 2001 年，其目的是在教育的各层次确立和宣传创新中的典范，培养企业家精神和允许学生创办企业。2005 年将进行一项研究来核算终身教育的成效并有可能会改变和完善现存的制度。

专利是法国创新政策的又一挑战，尤其是在美国专利商标局的非高技术专利。法国在这方面曾经有相对实力，现在也在走下坡路。政府已意识到这一挑战，并对 2000 年颁布的知识产权给予了极大的重视。在 2002 年，一个有关企业产权的国家规划由工业部、ANVAR 和国家知识产权局(INPI)联合颁布，试图通过国家知识产权协会与 ANVAR 的合作来解决培训、交流和一系列的有形活动之间的问题。

该规划目标是创建"企业产权"文化。此外，国家知识产权局将权利授予公司，并从 2000 年起授予知识产权战略研究中心。最近，按照创新规划，科研部也参与了许多活动，动员研究人员更清楚地认识到专利的重要性并参与其中。在地方有关部门(DRRT、技术转让办事处、地方政府等)的支持下,这一活动从 2003 年 9 月就已开始,并针对研究人员出版了一本小册子,其中收集了所有与专利有关的信息。2004 年 2 月,ANVAR 与国家知识产权局签署了一项协议,对企业尊重知识产权保护的程度提供 3 种支持措施。

战略与良好实践

法国在创新上最成功的作为之一是成立了"研究与技术创新网络(PRIT)",目的是为了加强科研。该网络已经成功地把商业部门和学术研究人员联系起来进行合作,使他们更具有战略眼光。

他们的网络合作到现在为止已经在下列方面取得了成功:
- 清除技术障碍,合作开发基于新技术的新产品和服务;
- 满足中期经济和社会对研究的要求;
- 致力于创办和/或增加创新型企业;
- 提高法国在欧洲的地位,尤其是在参与的有关欧洲项目中的地位。

该网络把技术部门或企业的所有机构(会员、参与者)都联合起来,如科研组织、大企业团体、中小企业、大学和工程学院、协会和教授联盟、技术中心和各经济利益组。来自欧盟国家的合作伙伴也可以加入这一网络。

该网络的目的是建立一个便利的通道,使所有合作伙伴都能够更好地享有不同的物质、财政和人力资源,更好地开发和分配科研成果。

从组织方面来看,该网络由工业界公认的著名人士担任主席,一个委员会来制定议程和审查优先权,一个部门负责新的活动和一个执行办公室负责当前正在实施的活动。

对申请者的评估基于他们的科技值以及经济和企业发展潜力。总的来看,该网络的组织是周期性的。在 1998 和 2003 年间,科研部资助了 17 个网络的 904 个项目,总金额达到 3.71 亿欧元。其中有 7 个最有潜力的网络获得的资助均超过了 2 千万欧元,包括:电讯科研网络(6 371 万欧元)、技术软件科研网络(4 514 万欧元)、国家陆路交通科研和创新项目(4 405 万欧元)、纳米技术网络(3 634 万欧元)、基因网络(3 405 万欧元)、健康网络(2 844 万欧元)和转基因作物技术(2 639 万欧元)。

在技术和信息部门(电信和多媒体)创办了 4 个网络;生命科学部门创办 5 个网络;有 7 个网络属于能源转换、环境和材料部门。

法国 7 个研究与技术创新网络的研究证明了这一方法的影响。该研究是于 2003 年 4 月在经济合作与发展组织的资助下对法国、奥地利、荷兰和澳大利亚进行的国际比较研究。

2.9 爱尔兰

挑战与政策

爱尔兰是过去十年里发展最快的成员国，它完成了由最穷的欧洲国家之一到最富的欧洲国家之一的转变。因此，从它的人均 GDP 和创新业绩之间的关系来看，爱尔兰的成绩不容置疑。爱尔兰的人均 GDP 比对创新业绩的预期值高出许多，这主要是由于最近的外国直接投资带来了经济增长，而国家的创新体制还没有足够的发展时间以展现所取得的成效。同样的来自国内的投资也存在这一问题，学术界和商业界的合作也尚未展开发展。

因此，爱尔兰整体政策上的挑战是如何资助和提高创新力以满足经济不断发展的需要。发达的经济和落后的创新业绩不匹配并不能完全归因于政策的原因。研发投入和其占 GDP 的份额均有所下降，且与欧洲平均研发支出相比，在 2000 年前也一直在下降，只是在 2001 年开始有所回升。同样与欧洲平均水平相比，商业研发支出也在持续下降。

爱尔兰在一些创新领域低于欧洲平均水平（欧盟 15 国），其中如风险资金、科研人员数量、发表科学论文数（刚刚低于平均数）和专利数（欧洲专利局和美国专利商标局）。然而，也有一些乐观的发展方面：爱尔兰在大多数领域的努力超过平均值，且它是欧洲第二大高技术出口国；它的劳动生产率的年均增长率在经济合作与发展组织 19 个国家中最高且有着最好的商业环境。

政府已经意识到这一挑战，并将创新作为 2000—2006 年国家发展规划的中心。在过去几年里，成立了有效的创新组织，加大了资金投入，特别是目前对一些重要边沿领域的投资和激励计划。政府面临的挑战是如何确保国家创新系统（NIS）实施计划中的成效，并在此过程中发现缺点并加以纠正。

该政策反映了"国家未来的愿景"，其中心思想是构建一个"高度创新、具有国际竞争力的知识经济"。此外，国家政策也与最近一些出版物有关，这些出版物强调企业①、研发②和技能③的未来发展。

2002年开始的制度改革是又一项提高制度效率应对挑战的措施。这些改革指明了一个新的"完全政府(whole of government)"的方向，即通向STI/创新的前沿领域并把基础研究从工业发展中分离出来。

具体的目标是把高技术跨国公司纳入到爱尔兰的经济中来，开发一种本土的基于高技术的公司和具有国际竞争力的服务；建立更多世界级的研究中心；培养更多的博士和硕士；通过法律规定来确保2004年度预算，包括新的额外的研发贷款。

随着时间的推移，在欧盟创新指标方面与欧盟平均水平相比，又出现了3个挑战：科学与工程学毕业生的数量、信息与通讯技术的支出和欧洲专利局的专利。

最为严重的一个挑战很可能是未来潜在的科学与工程毕业生的短缺。目前来说爱尔兰在这方面的得分还算高，但与欧盟平均数相比有下降的趋势，很难保持现在的强势：不仅数量有所下降，而且相对位置也有所下降(以欧洲平均数100为基准)，在过去5年里爱尔兰从212下降到164。从经济发展对技术不断增强的需求来看，这一挑战可能成为未来发展的瓶颈。

政府已经对此问题有所认识，并准备从制度改革和直接资助两个方面对此做出反应，为此而成立了一个未来技能需求专家委员会(EGFSN)。该委员会从成立至今已经提交了4份报告。通常，它的建议都被接受并迅速执行，尤其是关信息与通讯技术毕业生早期短缺的问题。这一转化过程得到中央政府的支持并很快由第三级部门开始执行。

学生数量的减少使第三级部门更加感到对学生需求的压力，但普遍的需求并不一定对国家是最好的。此外，2003年11月发起了一个新的科学技术激励计划——"发现科学与工程(Discover Science & Engineering)"来专门解决这一问题。它的目标是提高人们对科技的认识和增加科技专业的学生。

欧洲专利局专利数量少这一持续的挑战似乎并没有引起政策制订者的特别关注。爱尔兰小而传统的本土工业是专利项目少的原因。跨国公司获取专

---

① 企业策略小组报告-曲线之前-爱尔兰在全球经济中的地位。http://www.forfas.ie/esg/。
② 建立爱尔兰的知识经济-至2010爱尔兰促进研发投资行动计划。http://www.forfas.ie/publications/_list/science.html。
③ 创新市场销售-销售与市场的回顾以及爱尔兰中小企业开发的创新能力。http://www.forfas.ie/publications/InnovateMarketSe 11041123/index.html。

利和许可证的补助金主要来自其总部,而专利主要是在高技术领域。虽然爱尔兰在这方面处于平均水平,但最近的增长率却很高。对此虽有资助但未见有特别的重视。自 1983 年以来,比较显著的措施是免税——专利皇家免税(Patent Royalty Exemption)和专利与技术开支减税,即版税和专利与技术的所得税可被免除,公司税和在专利与技术上的支出可被扣除。

除了努力增加信息与通讯技术工程师的数量之外,信息与通讯技术支出在目前的相对地位和新的趋势都很低,这是对创新政策框架的间接反映。低水平的部分原因是由 20 世纪 80 年代末就已存在的信息与通讯技术基层组织管理僵硬。因此,未来几年是核心国家即将迎头赶上的时刻,应该减少国家对此的干涉。

战略与良好实践

就爱尔兰的创新战略来说,尽管目前指数显示其进展缓慢,但毫无疑问它的发展方向是正确的。在战略中期应该对它的进展进行监控,从而能够及时加以修订。要达到里斯本-巴塞罗那目标,即到 2010 年达到 3%,对爱尔兰来说是一个实实在在的挑战,需要付出巨大的努力。

商业化基金(Commercialization Fund)是值得特别注意的一项措施,旨在进一步支持知识的商业性探究。这一措施启动于 2001 年,以满足来自高等教育和国家研究机构(公共研究机构)专利注册日益增加的需求,而这类需求在以往是非常小的。以往缺乏支持知识产权商业化的资金,而公共研究机构内的各种制度通常较为繁琐,因此人员和资金都需要更为有效。

该项措施在 2003 年重新进行了调整,对爱尔兰企业的优先资助就是保护科研成果并进行商业开发。然而,要认识到这一过程是一个不确定的行为。因此,把科学原理转化到商业环境里需要持续的支持。

研究人员可以从下列方法中获得资助:
- 在概念化阶段证明其创意的可行性,或
- 在技术开发阶段对应用研究投入大量的资金使其创意可以投入市场。

在 2003 年有 1 690 万欧元用在企业尖端技术领域的应用研究上。下列领域的项目可以优先获得资助:信息与通讯技术、生命科学、高级制造业和光子学。

此外,名为 CORD 的商业开发阶段在 2003 年前就已开始,现在可以用来支持商业化进程。这一措施尤其在技术欠发达国家显得非常重要,可以确保公共研究机构(包括高等教育部门和国家资助的机构)的知识产权达到这样一种水平,即研究者本人可以将知识产权授权于私营机构或使其商业化。人们发现,许多潜在的专利和公共研究机构的潜在专利尚未被开发,因为它们还没有"被证明",或者说私营公司或新建企业还没有认识到这些潜在专利的商业潜力。

2.10 意大利

挑战与政策

意大利是最初的几个成员大国之一,它的 GDP 略高于欧盟平均水平但创新业绩按照欧洲创新记分牌的综合创新指数计算却相当低。意大利经济增长趋于平缓且低于欧盟平均水平,在过去 5 年里年增长率仅为 1.4%,因此它的相对地位也一直处于劣势。与发达国家相比,与创新相关的人均 GDP 效力很低,但与所有研究对象国的平均值相比还是比较高的。

意大利经济面临的主要挑战是与发达国家甚至新兴国家相比已失去竞争力。意大利的世界贸易份额按不变价格计算,从 1995 年的 4.5% 降至 1998 年的 3.9% 和 2003 年的 3%。经济计量学对经济主要分支的数据的分析表明,生产力提高的总的因素取决于对新技术投资的强度和参与国际竞争的广度。这一特征反过来也影响到公司的规模。低增长率和失去竞争力阻碍了公司数量的增加,其中也包括一些较大型公司。

意大利已经开发了一系列相关措施来鼓励创新和技术开发,其中一些方法也相当先进和富有创意,地方政府也可以做出相似的考虑。然而,意大利政策的主要问题是这些方法在地方和国家两个层面的实际执行。

目前来看政策方向似乎有误,不能够解决实际问题。经济和创新业绩主要集中在传统部门的中小企业发展上,而不是以技术领先的中小企业发展上。有不少用来节省劳动力的程序上的创新,而不是产品的创新;合作伙伴也都是国内的而不是欧洲的或国际的合作伙伴;公共和私有科研机构的分离;最后,在创新的实际执行方面存在很严重的问题。

意大利在欧洲创新调查的几乎所有指标上都很低,但各方面正努力赶上。它在多数方面努力保持地位稳定,但在终身教育和欧洲专利局高技术专利方面却越来越落后。在商业研发支出和欧洲专利局与美国专利商标局的高技术专利方面尤其弱,就连在欧洲专利局的申请都非常少。

在GDP中商业支出所占份额是意大利面临的非常大的挑战。因为目前为止它只达到巴塞罗那目标的四分之一,而欧盟15国的平均数是42%。政府已经意识到这一问题并直接做出应对。该领域一项重要的制度修改,就是通过吸收先前所有资金的一个独特基金,来协调、促进和实施那些旨在持继推进企业研究和创新的措施。此外,欧洲委员会已经决定在2002—2006年期间积极帮助意大利南部地区,通过共同出资发展其科研和创新领域。这既包括多区的科研项目、技术开发与高级培训,也包括多区的地方开发项目。

在科研和技术开发与高级培训方面的项目,也是对工业和战略部门的科研和开发的资助。一些措施将对公司的科技开发和研究与创新方面提供资助。同样,通过精简行政程序来增加高科技公司的数量,从而增加商业的研发活动。此外,根据2001年的财政法(Financial Law),政府对企业家创办的新企业和个人创业有一个减税的政策。

最后,生产活动部根据其2003年的部级法令(Ministerial Decree)对促进和发展新的创新型企业进行资助,同时还采用了一种新的方法来重新组织技术创新基金。2004年,教育、大学和研究部部长和经济部部长在热那亚成立了意大利技术学院,旨在解决有关技术、科学研究以及技术教育与培训有关的问题。这是政府进行的国家科技体制现代化改革进程中的一部分。

在终身教育方面意大利的制度极为落后,排在第21位。这不仅低于许多新成员国,而且与所有欧盟15成员国相比更加落后。令人担忧的是,似乎除了国家工业生物技术设备中心的目标3之外,意大利还没有应对这一挑战的具体措施。

信息与通讯技术支出是意大利的又一挑战。政府对此有所认识,并从制度改革和直接资助两方面来应对这一问题。新政府成立了创新和技术部。该部部长的职位不能由其他部长兼任,即必须是全职部长。这一职位旨在促进意大利信息社会的发展。部长的主要任务就是在公共行政管理方面建立新数字系统,来改善对公民的服务质量;鼓励在全国发展和安装宽带互联网;负责管理意大利参与欧盟和国际活动,如参与电子欧洲(e-Europe)计划。

意大利政府计划促进信息技术的传播和使用,通过如信息和技术部资助的"与互联网一起飞翔(Vola con Internet)"之类的工程,使个人、家庭和其他非商业实体（如学校、图书馆等）都能够使用信息技术。其目的是促进和鼓励年轻人使用互联网。这一举措获得经过2003年财政修正案审批的资助，对1987年以后出生的青少年在购买个人电脑使用互联网时给予175欧元的补贴。2002年7月24日，生产活动部公布了一些可能从资助开发电子商务中渔利的公司的名单。

为了进一步促进信息技术应用于商务，生产活动部制定一项计划来鼓励在公立和/或私营部门的商会之间开展电子商务（B2C和B2C）和电子联络。

最后，中小企业的创新合作也成为意大利的一大挑战，该项的排名为第20位。人们或许对此结果感到惊讶，因为在大量关于意大利工业区的文献中，意大利政府总是加大对其工业区的宣传。对此的可能解释，是因为意大利中小企业合作中的技术含量较少且公司规模太小。据2001年的人口普查数据显示，意大利公司工作人员的平均数少于4名。

如果不把240万个只有一名工人的公司计算在内，意大利公司的平均人数约为8名，而法国和德国为13名、英国为15名。过于分化的经济结构限制了生产力的提高、科研、发展创新、先进技术产品和市场的占领。政府最近采取一项举措，在经过仔细筛选的区域建立"技术"区。迄今为至，意大利已经在不同行政区建立了6个技术区。

战略与良好实践

在2001年5月执政的意大利新政府把发展经济放在最为重要的位置，包括提高意大利的创新竞争力和定下宏伟目标来简化行政管理。近年来，国家实行了一些税务激励措施鼓励公司的创新，特别是对新机械行业的投资和员工培训方面给予税务减免。简化创办公司的程序同样也使企业家感到方便。在意大利，三分之二的市政当局为计划成立制造业公司的企业家设有综合服务厅。

意大利对欠发达地区的新投资税金归还政策是最为成功的措施，这是针对商业创新投资少这一挑战所做出的回应。如果能够实现这一最初的目标，将有望间接促进发明专利和合作。2000/388法案第8款的辅助方案中，国家对公司在欠发达地区的投资给予一种新的自动激励机制。

该激励措施可以使公司的直接和间接税款得以弥补。这一税金返还政策在除农业和交通部门外的其他部门均可享有，受益人是所有意大利南部和北-中部欠发达地区的公司（不管该公司的合法形式）对该地区的投资。但非商业团体除外，不管它从事的是不是商业活动。

对于一些欧盟规定的特殊部门（即所谓的"敏感部门"：交通、钢铁业和汽车装配部门）和重大项目（投资超过5千万欧元）经过欧洲委员会的授权可以优先享有该退税政策。

在执行过程中，根据2002年138法令和178条法所做出的修订措施还没有经过官方评估，但人们相信它已经在思想和行为上引起了一些变化。这足以激励公司增加对创新的投资。

意大利在2004年又提出了一项自动措施，即Tecno-Tremonti法案。该法允许从所得税中减去研发成本，其中包括获得专利的成本。除了扣除正常的贬值份额之外，这相当于无形资本的10%。

2.11 塞浦路斯

挑战与政策

与邻国和新成员国相比，塞浦路斯的人均收入相对较高。从人均GDP与创新的相关性来看塞浦路斯有着很高效的创新体制。不管是从综合创新指数还是与所有成员国的平均水平来看，塞浦路斯的收入都远远超过平均值和预期值。原因在于其经济的组成成分：该国具有很强竞争力的传统高质量的经济活动（主要是旅游和金融服务）。塞浦路斯加入欧盟后其政治更加稳定，这提高了商业预期值，又进一步刺激了经济的增长。

塞浦路斯面临的主要挑战是经济的多样化，减少对某一专门服务的依赖性，虽然在过去它对经济的快速增长做出了贡献。对此，尤其在教育与科研方面已经采取一些行动。设立了两大目标：一是在更广的地区建立高质量的高等教育中心，吸引所有潜在来源的施训者和受训者；二是增加新的技术密集型商业活动。中央政府最近正努力按照欧盟的政策来修订国家政策，目的是为了增加创新和吸引技术密集型活动，动员更多的人参与竞争。

从欧洲创新记分牌单项指数来看，不能对塞浦路斯从普通框架上来定位。因为缺少科学与工程方面的许多统计数据。部分原因是由于缺少国家的共同体创新调查（CIS），另一部分原因是国家统计数据标准化的时间较晚。从现有的指标来看，除了终身教育处于平均水平之外，塞浦路斯其他方面都较弱，尽管大多数方面正在赶上并超过。

有两大挑战使塞浦路斯趋于更加落后的状态，即科学与工程学毕业生数和欧洲专利局高技术专利数。自从国家政策向着多样化发展重新定向之后，科学与工程学毕业生数这一挑战就凸现出来。政府对这一人才短缺有着非常清楚的认识，塞浦路斯大学最近成立了工程学院。该学院包括电子与计算机工程、机械与生产工程、民用与环境工程以及建筑等4个系，与此同时所有系都增加研究生入学人数的计划也在实施过程中。

此外，部长委员会还决定建立塞浦路斯开放大学(C.O.U)，预期在2004—2005学年开始招生。塞浦路斯理工大学的成立也促进了高等教育基数的扩大。批准大学成立的法律草案已经递交国会，目标是在2005年9月新大学能够开始运行。另外，为了提高技术技能，教育与文化部也制定了一份对中等职业技术教育的改革提案。由于这些措施的效果并不能立竿见影，塞浦路斯需要在下一个10年里才能面对这一挑战。

欧洲专利局高技术专利所占份额低这一挑战也不能在短时期内得以解决，因为塞浦路斯的经济结构不容乐观。然而政府通过制度上的多样化和直接支持的措施来解决这一问题。欧盟的立法已经获得通过。在科研项目年度财政计划框架和RPF的PENEK里规定，如无特别说明则知识产权均属于研究者。在私有部门没有具体的规则，只是一个协议的问题（以具体情况而定）。

中小企业和科研机构对知识产权问题的认识也在提高。他们通过公司注册部和接待处举办的一些活动来解决这个问题。这包括向小企业主做如何保护知识产权的讲座；对大学生做版权和专利方面的讲座；组建小企业主有关知识产权的工作室；特别是申请国家、欧洲或（世界）专利合作条约（PCT）专利的程序；召开由企业家、律师、医生和其他利益团体如塞浦路斯科技学院、神经学和遗传学协会参加的研讨会；以及保护专利注册的方案。

公共研发支出是塞浦路斯面临的又一挑战。与其他成员国相比，它的排名很落后，且很难实现巴塞罗那目标。塞浦路斯正在加紧努力，加入欧盟是其表现之一。一项三年的框架计划——科研促进基金已经启动，同时工业与贸易部和理工学院也在技术创新领域开展一些活动。研发项目基金需要获得周期性的提议来促进科研和制度建设（成立塞浦路斯大学和各种公共图书馆）。

通过重视国际合作来增加基金，以弥补国家规模小和科学团体小这一不足之处，如通过双边合作，如与希腊和法国合作，以及在 EUREKA 框架下和欧盟框架计划下的商业团体之间的国际合作。一系列的方案目标指向国家感兴趣的领域，如信息社会、可持续发展、医疗卫生等等。

类似于创新资助，一些方案对"为企业而研究"提供补助金，以便在制造业和服务业开发和加工新产品及开发新信息技术和电讯软件，并创办基于技术的公司和便于改善新公司的环境。除此之外，政府还资助企业经济的各个方面：为提高中小企业生产潜力的技术转让、合并与合资企业、转包合同、市场调研咨询服务、标准采用、国外考察、普通咨询服务和中小企业的贷款担保。

然而，地方对知识和技术生产的贡献非常有限。公共研发支出的增长趋势仅是欧盟平均数的 1/3，相应的商业研发支出是欧盟平均值的 4%。考虑到研发支出的起点就很低，因此要想在短期内能与欧盟国家相提并论是不可能的。

如果能获得共同体创新调查（CIS）的数据（不久即可获得），我们就能更好地描述该国的创新业绩和更好地理解它在技术和非技术创新领域的经济业绩。后者可以弥补前者的不足。

战略与良好实践

创新政策对塞浦路斯来说越来越重要，因为它要使经济多样化，减少对旅游、金融服务和海运的依赖性。政府愿意加强国家的技术能力，促进科研活动和研发部门在双边和多边层面上开展国际合作。

双边合作是一种保证研发支出增加的有效方法，可以减少经济的单一性并保证高质量的科研。简化的程序和显著的成果显示出这一政策特别有成效。塞浦路斯已经与希腊和法国联合开展一些合作。

合作国家的研究人员有机会在联合委员会选出的合作项目领域内工作 1 或 2 年，并最终展示共同成果。联合委员会由两个国家的官员共同组成，两国的评审团对共同提议进行评审，最后由联合委员会做出决定。双方分担的资金仅限于共同活动和出示共同成果所必须的费用。成功的项目可以促使个别机构通过他们自己的方式进一步参与到国际合作中去。

在多边层面，塞浦路斯政府特别重视加强国家实验室和公司参与到欧洲研究协调局（EUREKA）和欧盟研发项目中去。如上所述，双边合作的结果也会促进多边合作活动。

这些活动在塞浦路斯加入欧盟之前的两三年就谨慎地进行了,虽然对此还没有正式评估,但我们坚信它确实从数量和质量上促进了该国的研发和创新。对创新政策和科研促进基金的评估刚开始受到重视,这预示着将会进行一次全面的评估。

2.12 拉脱维亚

挑战与政策

尽管拉脱维亚在过去 10 年中 GDP 的增长保持很高的水平(2 倍于欧盟 15 国的年平均增长率,是新成员国的 1.5 倍),但它也面临着维持和增强竞争力的许多困难。拉脱维亚的创新业绩相对较低,在 2004 年欧洲创新记分牌的综合创新指数与人均 GDP 的相关性仍低于预期值。一个创新和技术改变的关键指数是在劳动生产力上。

这一指数在过去 4 年几乎没有改变,保持在欧盟 15 国平均数的三分之一以上。这一大致的结论可以从 2004 年欧洲创新记分牌指数和过去 3 年的发展趋势中得以证实。拉脱维亚绝对的和相对的挑战是,与欧盟 25 国相比,在 22 个指标中有 9 个排在第 20 名之下。因此,拉脱维亚总的挑战是如何保障创新政策产生更大的效率来促进经济的增长,并赶上欧盟平均水平。

国家创新计划和伴随的 2003 年 12 月的行动计划是一大进步。它设定的目标是保证 GDP 增长率的迅速提高和增加需要技术资格的岗位。对创新的资助与提高生活水平和国家全面繁荣之间存在着密切的联系。

拉脱维亚在知识生产方面成效很低,公共研发支出在 2002 年是欧盟 25 国平均值的 37%,企业研发支出低至 13%(在欧盟 25 国中排在第 21 名)。尽管自 1999 年以来企业研发支出的发展趋势令人乐观,但公共研发支出在同时期却在下降。这个不良后果是由于知识生产的"投入(inputs)"造成的。这从拉脱维亚极低的专利数就可见一斑,其美国专利商标局专利远远低于欧盟 25 国平均数,仅仅欧洲专利局专利显示出乐观的发展趋势。因此,第一个挑战就是大力增加研发支出并保证公共研发资金与商业研发资金保持平衡。把这些投资转化成专利行为,可以保持欧洲专利局专利良好的发展趋势,同时也将阻止美国专利商标局专利的进一步下滑。

从 2000 年以来,实现里斯本目标成为拉脱维亚商业、科学协会和政府层面激烈争论的话题。然而,至 2003 年末以前,除了发表了几份报告外,尚未发现有什么实质的行动。事实上,就连上述第一个挑战需要增加研发和创新资金的努力也在财政部受阻。2004 年出现了一些新的转折点,成立了里斯本目标联合执行小组。新政府上台后也明确签署了里斯本目标和巴塞罗那目标。

创新的人力资源前景还不算太糟糕。高技术制造业或服务业的就业率一直大大低于欧盟 25 国的平均水平(服务业稍好一些),而在 2001—2003 年间,制造业的发展较为乐观。具有高级技能(高等教育)的人数或进行终身教育的人数接近欧盟平均数。然而,科学和工程类毕业生人数的发展趋势并不太乐观,仅为欧盟 25 国平均数的 71%,远远不能满足拉脱维亚企业的需求,特别是在国家急需的一些重点技术领域。

很明显,增加科学家和工程师的数量非一日之功。从提高知识在经济中的流通和吸收来看,第二大挑战就是创新体系中利益相关者之间的合作。从目前来看,在企业内部以及在企业与知识产生的机构之间的合作还是很低的。

为了促进知识型和高技能专家的培养,拉脱维亚政府采取了几项新的措施来资助企业和科研的基础设施建设。另外,国家创新计划的 2004 年行动计划包括下面 3 个行动来促进人力资源的发展:

- 发展科学和学术队伍;
- 增加工程类毕业生的数量;
- 资助员工提高专业技能。

仅从 2001 年以来获得的具有可比性的企业识别系统数据来看,拉脱维亚企业的创新活动,尤其是中小企业的创新活动严重落后于欧盟 25 国的平均水平。中小企业内部的创新率和中小企业的创新合作都在欧盟 25 国的平均水平的一半左右,非技术性创新活动接近欧盟 25 国平均数的四分之三。仅有的一项乐观指标是企业创新活动水平中的创新支出,在 2001 年,它是欧盟 25 国平均数的 119%,排在第 6 位。

更具体的调查表明,在制造业和服务部门有着明显的差异(后者在创新度上的排名极低)。具体而言,制造业的创新基金主要投资在下列几个部门:通讯设备和器材、化工、电器和光学设备。该国竞争力和创新的另一个特征是明显的地区差异，在首都里加之外的科研和创新项目仅占10%。因此，第三大挑战就是如何提高企业在技术和非技术方面的创新力、扩大创新领域、扩大创新支出和活动的地理分布。

为了应对这些公认的挑战，根据国家创新战略和计划，拉脱维亚制定了一些具体的创新政策措施，并希望能在2004年得以实施，其中引人注目的是由框架基金资助的欧洲地区发展基金(ERDF)。还有一些措施是为了促进新产品的开发和商业化，中小企业共同承担风险基金和鼓励新公司在创新产业的风险承担。然而这些写在纸上应对挑战的措施将取得的效果如何，还有待未来的检验。

目前拉脱维亚创新政策对市场的影响的相关指标还不完全，但从高技术制造业的附加值来看是非常低的(是欧盟25国平均值的21%，名列第24位)。从技术传播对企业活动的影响和生产力的提高来看，唯一具有优势的指标是信息与通讯技术支出占GDP的比例是欧盟25国平均水平的162%，在2003年位列第二(且继续上升)。

就它本身来说，这种趋势也很可能继续保持下去。因此，第四个也是最后一个挑战是在企业部门通过更广泛的技术传播计划，大力加强和提高对信息与通讯技术的投资，同时也要对创新管理方法的传播给予适当的资助。在这方面对获得专利或引进现代技术的资助，体现在国家有关管理的法律和地方政府对企业家活动的资助上。

战略与良好实践

如上所述，拉脱维亚传统上对企业层面创新活动的资助是极为有限的。在2003年国家预算中对科学、技术开发和创新的投入总共为1 640万欧元，其中的60%指定拨给基础和应用研究，只有40%直接用于企业的科研、开发和创新。

拉脱维亚实施最久的"创新资助"措施是从1993年就开始的"面向市场的科研资助"。这一措施的基金是由教育与科学部和拉脱维亚科学委员会负责管理，现在也包括了国家创新计划中的行动计划。2004年，这一措施得到120万欧元的基金，大约总预算的10%用于科研和创新项目。

面向市场的科研项目的参与者有科研机构、大学实验室和公司应用研究，这些研究是以知识为基础的产品开发和现代技术开发。平均来看每年有

80%—90%面向市场的科研合同是由学术机构和私营企业签署的共同出资的合同。一些国际和国内对拉脱维亚这一定量配置政策的评论认为,它是拉脱维亚促进科学密集型企业最具创新的举措。

从2004年以来,欧洲地区发展基金共同资助的"指定应用研究项目执行资助"通过新的措施分配资金,其目的是促进对拉脱维亚经济有优先权领域的公共研究机构的科研活动。

2.13 立陶宛

挑战与政策

虽然立陶宛经济增长率相对较高,但总的创新体系业绩与西欧相比相当低。另一方面,它也承担着来自波罗的海邻国爱沙尼亚和拉脱维亚的挑战和压力。主要的挑战是与知识生产有关的一组指标,既包括投入(公共和商业对研发的支出比率),也包括产出(美国和欧洲专利局的活动)。虽然公共研发支出接近拉脱维亚的2倍,约等于爱沙尼亚的研发支出,但仍远远低于欧盟25国的平均数,其企业研发支出在欧盟25国中为最低(虽然部分原因是计算问题)。然而,从2000年开始,公共和商业研发支出的全部指标都呈乐观的上升趋势。

尽管接受高等教育的人数占人口的比例相对较高(自2000年已丧失了发展动力),但创新人力资源和通过终身教育提高技能的人数在欧盟25国中是最低的。立陶宛的就业结构存在很大的缺陷。2003年,在中等和高技术制造业就业的人数仅占3%,在高技术服务业就业人数占1.7%。由此显而易见,提高技能的投资需要大大增加。唯一让人乐观的是,在人力资源方面,科学和工程类毕业生的人数比例相对较高(是欧盟25国平均数的127%)。

在2001年进行的共同体创新调查中,立陶宛中小企业的创新活动和实践数据有限,因此不可能看出它的发展趋势。与其他波罗的海国家一样,立陶宛至少有一项是远远高于欧盟25国平均数的,即中小企业参与创新合作的百分比(占到了12.3%,是欧盟25国平均数的175%)。

其他中小企业创新指标结果表明,还有很大的空间来鼓励更多的中小企业更加积极地进行创新。就技术传播来看,立陶宛与其他波罗的海国家一样,对信息与通讯技术的支出占GDP的比例很高,是欧盟25国平均值的131%。

这也说明了为什么在 2000—2003 年间，立陶宛能够持续保持劳动生产力的增长和国家建立商业导向的大规模有竞争力的 IT 部门。

正如所虑，立陶宛的商业和市场并不特别让人乐观。新商品和新产品的营业额约为欧盟 25 国平均数的 70%（2001 年），而高技术制造业的附加值在 2002 年是欧盟 25 国平均值的三分之二。简而言之，立陶宛目前的经济增长与创新体系的关系并不大，根本原因是由于大量出口低技术和低附加值的产品造成的。如此以来，立陶宛一个重要的总体挑战就是通过构建企业部门的知识生产和传播之间的桥梁来提高企业的竞争地位。基于 2004 年欧洲创新记分牌的结果，立陶宛的创新体系主要有四大挑战。

为了创新提高现代技能已成为知识经济的重要组成部分。立陶宛的制造业和服务业要向高附加值和高技术的活动发展，这一点就更加重要。如上所述，立陶宛的优势在于科学和工程类毕业生所占的比例和接受高等教育的人数都相对较高。在这种情况下，所面对的挑战就是要继续提高工业所需的技能水平。2004 年 9 月，教育和科学部启动了"提高研发和创新人力资源的质量"方案，这是在 2004—2006 年计划文件的框架下制定的。这一措施的主要目的是提高科技领域与优先领域高技能人力资源的质量，如生物工艺学、农业、林业、机电、激光和光学技术等。此外，还有一项 2003—2012 年国家教育战略，目的是帮助获得与现代技术相一致的资格和创造终身教育的条件。

需要进一步帮助提高研发部门和企业之间联系的效果，促进知识的传播。流入研发部门的投资表明，科学部门正在把自己融入国际科研网络，这对新科学知识的产生具有积极作用。立陶宛目前存在的一个障碍就是研发部门从事企业的人员很少。这些研发部门的企业人员能够吸收新的知识，并能把这些重要的知识资源与消费者、供应商和竞争者分享。对科技园和创新中心的投资已经通过两种渠道来加强工业与科学之间的联系：一个是由 PHARE 资助的 2002 年计划；另一个是由 2004—2006 年计划文件给予资助的。这些措施的首要目的就是加强企业科研项目与研发机构的合作。

提高公共和私营部门对研发的投资是第三个挑战，这需要政策上的改革。如上所述，立陶宛对研发的总支出低于欧盟 25 国的平均水平，且在继续下降。2003 年科学与教育部批准了一项长期的研发战略。然而，仅仅从国家预算中增加资金不能解决根本问题，因为它已经占到了所有研发资金的 88%。必须对资助的机制进行彻底检查，更加重视对高质量科研的资助和它的经济利益。大部分政府资助给了学术研发机构,只有一小部分给了通过竞争评选出的项目,因此需要进一步完善创新政策之出台、监控和评估的方法和实践。

构建专利文化是现代社会的必备条件,也是立陶宛的第四个挑战,因为立陶宛这方面在欧盟 25 国中的业绩仅仅超过拉脱维亚和波兰。考虑到经济规模小,国际专利比例就应该更高才能保证新知识的产生和传播。虽然立陶宛签署了在知识产权方面的国际协议,并使国家的立法与欧盟的章程相一致,但其专利的数量仍然很低。一项旨在促进知识产权的草案已经制定,但还没有正式实施。

战略与良好实践

在立陶宛的创新体系里,中小企业很少参与创新活动,其资助结构中也很少对创新管理技术给予资助。在 2003—2004 年期间,立陶宛公认的最佳实践是立陶宛创新结构资助(SINO)项目,该项目由丹麦企业和房地产代理处与立陶宛经济部联合资助。创新结构资助项目旨在加强立陶宛创新资助网络和提高立陶宛企业在国内外市场的竞争力。该项目从 2003 年 5 月至 2004 年 6 月,由丹麦科技学院、立陶宛创新中心和从 3 个地区(维尔纽斯、考那斯和克莱佩达)选出的 6 家合作者联合实施,共选出包括 10 家创新公司、5 家金融机构和 20 家创新支持组织在内的 35 家参与者。

项目参与者可以接受理论和实际的培训,如激发灵感、培养创造力、风险管理、融资、合作和其他问题。参与者在创新小组准备创新计划,并根据创新计划选出 3 个小组前往丹麦学习考察,在那里与潜在的商业伙伴和支持组织举行会议。

2.14 卢森堡

挑战与政策

卢森堡是一个独特的国家,它是欧盟成员国中最小的但又是人均 GDP 最高的一个国家。近年来由于财政收入的不断增长,使得国家一度很富有。但这种发展趋势非常有限,很难再持续下去。因此,对于卢森堡来说,总的挑战就是要改善创新体系并使经济多样化。这个国家的创新业绩明显很低,劣势多于优势。

政府和利益相关者已意识到这一挑战并努力缩小这一差距。国家创新政策的目标就是针对这一挑战，要使对研发的投入达到国家 GDP 的 3%，加强中小企业的创新活动，培养企业家精神和增加科学与工程类毕业生人数。卢森堡在 2004 年出台了许多创新政策且研发活动频繁，这既有制度上的改革，也有支持性方案。经济部在 2003 年末引发的一种竞争现象在 2004 年其相关数据得到收集并发布了一份报告，这一现象是整个创新现象的一部分。

创新指标的主要挑战是公共研发支出和科学与工程类毕业生数量，该国在这两方面都排在第 24 名。卢森堡政府非常严肃地对待这一挑战，即努力提高整个研发的基金。在 2000 年，科研经费投入占 GDP 的百分比低至 0.12%，但为了实现巴塞罗那目标，卢森堡政府从 1999 年就持续增加对公共研发的支出，至 2004 年达到了 GDP 的 0.3%，此外 2003 年底还在部门之间成立了工作小组。由于该国基准低，要想到 2010 年实现这一目标是非常困难的。但如果政策对此有足够优先权的话，该国的高人均 GDP 能够保证大大增加对公共研发的投入。

卢森堡要想使它的生产活动多样化，如此低的科学与工程类毕业生数量是一个严重的挑战。政府同样已经采取措施努力提高科学与工程类毕业生数量。创办卢森堡大学就是一个很大的进步。把科学院、公共研究中心和创新产业共享的基础设施置于同一场所的项目创造了一种有益的环境。然而，针对这一挑战采取的应对措施所希望的结果要在中长期才能显现出来，因为这需要好几年才能培养出大量的工程师来满足经济的需要。此外，在"电子-卢森堡"项目的框架下，还要采取许多措施对学生进行信息与通讯技术的培训。

卢森堡经济在与高技术有关的所有指标方面都很低，尤其在高技术制造业方面不仅指标得分低而且继续下滑。在高技术专利方面也是如此。此外，卢森堡在所有创新资金、产出和市场指标方面也很低。因此，挑战就是重建生产部门。2004 年，一个有关中小企业的法律框架开始实施，它与其他措施一样也是一项激励研发的方案。

另外，卢森堡还在 2004 年开始实施一项名为"卢森堡行动"的行动计划来加强企业家精神。该计划的目的是为了更好地加强各部委采取措施时能够协调一致，使该领域的政府政策更加透明和有效。它提供了三方面的帮助：鼓励承担企业风险，资助创办新型公司，鼓励企业发展。

卢森堡为了创办新企业采取了许多方案，其中包括：

- "Technoport Schlassgoart"，卢森堡唯一的高技术孵化基地，旨在培养和促进企业家精神，特别由于其孵化和创新商业中心的性质，使它目前已吸纳了19家公司。同时，这一企业家中心还有一个更广泛的创新服务领域。
- ECOSTART，从2002年就已存在，与2004年正式实施的一项由经济部发起的举措，目的是使卢森堡的创新企业资助服务的多样化。

ECOSTART企业和创新中心的任务有两部分：对创新工程的促进者在其创意阶段给予资助，并继续帮助他们直至创办新的公司；为那些在开发阶段想在卢森堡落户的国内和国外的企业提供临时地点（中转中心）。

尤其是为弥补专利的局限性，政府试图完善立法和激励制度。首先，在2001年修订了专利法，创建一种"短期专利"。传统专利提供的专利保护是20年，而新的条文对专利的保护仅为6年。

与传统专利不同的是，短期专利在申请之前无需提供研究报告。这一举措的目的是为了有更多的人申请专利，从而增加卢森堡的专利数量。另外，经济部的研发激励方案共同出资承担知识产权保护的费用和技术监督的费用。

战略与良好实践

卢森堡政府正努力在创新政策上赶上其他国家。由于该国经济富裕，所以其制度化建设能够迅速实现现代化，创办新的组织（包括该国第一所大学）并实施一整套的重大资助方案。

一个非常成功的措施就是经济部的"集群"计划。该计划强调在相同领域的公司之间加强协调与合作，同时也努力提高这个体系的效率。该计划于2001年11月设计，2002启动，目的是形成产业间在技术分享方面的合作，带来潜在研发领域的合作项目及开发新的经济活动。这一技术集群是在一组不同规模的公司之间，在分享、互补和互助基础上的一种联合。目前已成立了3组集群：

- 新材料——表面修复和包装；冲浪气垫集群
- 信息和通讯技术；信息通信集群
- 航空航天技术；航空集群

这一措施的设计和执行也是很好的实践。它是通过向比利时学习类似的计划而制定的。经济部在开始这一串连计划之前启动了一个咨询程序，向商业界咨询该计划有可能带来的机遇和适切性,邀请公司对该举措提出意见,并对提出的优先领域成立串连部门。在准备阶段的合作活动的数量就预示着它的成功。

2.15 匈牙利

挑战与政策

匈牙利实现了自 20 世纪 90 年代中期以来的财富积累,GDP 年平均增长率自 1997 年以来一直保持在 4%。同欧盟 15 国相比,以购买力计算的人均 GDP,已从原来的 46%增至 2003 年的 55%。生产力按照人均购买力的 GDP 计算,也从 2000 年欧盟 15 国平均数的 57.6%上升到 2003 年的 62.7%。然而,由于竞争力成本的下降和对工商部门投资的减少,匈牙利的经济状况在 2003 年有所恶化。因此,主要的挑战就是通过大力加强国际竞争力,持续发展,缩小与欧盟先进成员国之间的距离。2004 年欧洲创新记分牌中匈牙利人均 GDP 业绩与它的创新业绩也支持了这一结论。其他方面也表明对经济增长的积极影响,因此在未来将可能有一个更加有效的创新体系。

匈牙利没有政府批准的创新政策文件,但有一些创新目标在 2002 政府规划和共同体支持框架的欧盟结构性基金资助中有清楚的说明。前者确定了四个与创新有关的优先权:

- 创建一个友好的创新制度环境;
- 使匈牙利成为研发投资更有吸引力的地方;
- 加强对知识产权的保护;
- 使中小企业的创新融资更加宽松。

匈牙利通过 5 项运行计划来赶上在共同体支持框架(CSF)的全球目标中规定的欧盟社会经济发展水平。其中一个便是经济竞争力运行计划(ECOP),该计划设定了包括中小企业、研发和创新在内的 4 个领域的战略目标。

仔细分析一下 2004 年欧洲创新记分牌的结果就会发现,匈牙利大多数的指标是在"追赶"欧盟 25 国平均水平的范围内,有 2 个指标处于"领先"地位。唯一远远落后的指标是科学与工程类毕业生的比例(在 20 岁—29 岁年龄组),匈牙利在欧盟 25 国中位于第 21 位。然而,从整体来看,情况并不令人乐观。实际上一些"追赶"指标的起点很低,特别是科研系统中与专利(美国专利商标局和欧洲商标局)的生产力有关的指标，匈牙利仅是欧盟25国平均数的15%。

此外，尽管在20世纪90年代匈牙利吸引外国直接投资非常成功，但企业研发在经济中的地位(相对于GDP)仍较低(从1999年欧盟15国平均水平的22%上升到2002年的28%)，其创新支出的比例仅是欧盟25国平均水平的65%。从而，匈牙利的第一个重要挑战就是增加企业创新活动的强度。

如何克服创新资金短缺这一障碍已经成为政府几项政策措施的主题。一个惯用的刺激研发支出的方法就是减税。按照以前的税务措施，如果公司实验室是建在大学或公共科研机构，在2004年可获得300%的研究与技术发展税务补贴。2003年11月，"科研与技术创新基金"的创办又向前迈了一步，该基金目的是建立一个稳定的、可靠的支持科研、开发和创新活动的金融基地。

2004年1月重建了国家科研与技术办公室(NORT)来负责基金的管理。基金来源是中央预算和所谓来自企业的创新捐助(或纳税)。作为一种激励研发活动的措施，所捐助的资金将从企业内研发活动的成本中扣除。同样这也适用于委托的公共科研机构和非营利科研组织。

由于在匈牙利制造业外商直接投资的份额很高，所以对高技术制造业的就业产生了积极的影响(是欧盟25国平均水平的125%，而在高技术服务业是98%)；对匈牙利来说，与其他新成员国不同的是，这也使得它的高技术制造业的附加值高于平均值(是欧盟25国平均值的126%)。

然而，匈牙利非技术创新率是欧盟25国平均值的59%，创新活动的市场成果也很差(新产品投入市场和公司新产品研发的生产比例仅分别是欧盟25国平均值的24%和29%)。这些数字表明匈牙利创新体制的特点，即生产力高且技术含量相对也高的外商直接投资部门与国家创新体系或国内一些较小的创新公司之间没有联系。这一挑战就是在较小企业扩大创新活动需要一整套的措施和创新媒介。

匈牙利制定和修改了一些新的和现存的有关企业研发与创新的措施。这些措施是"研究、发展与创新优先权"的一部分(2004—2006年期间的预算是1.4亿欧元)。新措施"中小企业创新与科研活动"的目的是：

- 引进新的更先进的产品、技术和服务；
- 支持有吸引力的、有创新能力的中小企业的发展；

- 支持中小企业的研究、技术发展与创新计划活动，并加强学术界与工业界的合作。

最后，公共研发投资和创新人力资源的指标表明，匈牙利在保持其竞争力的地位上将面临很大的困难，因为工资成本的提高使其丧失了低成本的优势。尽管由于 2004 年初的预算问题使得研究、技术发展与创新计划基金大大削减，但公共研发基金已经非常接近欧盟 25 国的平均水平，且在"追赶"中。从创新来看，最大的变化是政府对科研与技术创新基金的资助减少了约 14%—15%。

很明显，匈牙利在科学与工程类毕业生的比例上处于劣势。在劳动力人口中受过高等教育和通过终身教育学习新技术与工艺的员工所占比例也很低。2003 年终身教育的规模朝着欧盟 25 国的平均水平突飞猛进，但这一改变刚刚发生，其发展趋势如何还难以定论。

在共同体支持框架下的人力资源发展实施计划（HEFOP）中的 5 个优先领域中有 2 个是与促进创新有关的，即终身教育与适应性和改善教育与培训的基础设施。前者主要目的是通过更加有效的监控和施教体制来全面提高劳动力的质量。措施的第一个组成部分就是为了促进改善基础设施和购买设备，并与地方职业中心进行联合。

战略与良好实践

匈牙利是一个中央集权制的国家，首都布达佩斯是该国的中心。布达佩斯及其周围地区占了 GDP 的很大份额（2002 年占国家 GDP 的 36.1%，如果加上周围的郡则占到 45.6%）。同时，主要的外资企业分部于该国的其他地区，并越来越依赖它们附近的当地供应商，与附近高等教育机构的联系也越来越紧密。例如，5 个现存的合作研究中心中有 3 个分别建在米什科尔茨大学、Pécs大学和Veszprém大学，专门研究机电和材料科学、生产技术和清洁器化学技术。合作研究中心虽然对创新体制的影响有限，但却是在地方层面建立学术界与工业界的合作上所迈出的第一步。

合作研究中心措施于 1999 年开始实施，通过建立合作研究中心来促进高等教育机构、其他非营利研发单位和产业界之间的战略长期合作。该措施主要源于美国类似的政策，经过匈牙利专家和政策制定者的研究而制定的。它的主要目标一方面是促进创新和竞争力，另一方面是在高等教育机构的科研中注入实用的商业考虑,从而能够间接地丰富课程。

合作研究中心只能在私营企业和能够培养博士的高等教育机构中成立。2003年原方案被新措施所取代,即"企业与公共资助的研究单位的科技合作"。这很大程度上是为了适应管理、法律和财政规定的需要,来完成匈牙利加入欧盟的职责,但其主要特征并未改变。

2.16 马耳他

挑战与政策

与大多数其他新成员国相比,马耳他的人均收入相对较高,但创新业绩很差且创新政策也是最近才有的。它在2003年以前的基数很难追踪,很可能是与加入欧盟有关。因此,就不难理解为什么马耳他在人均GDP与创新业绩的相关性方面被排出在外:GDP的增长是靠欣欣向荣的旅游业和一小部分由中小企业为主的制造业来拉动的,且迄今为止几乎没什么创新。

但对于这一失谐也有不同的看法,认为马耳他的主要创新成就没有被官方收录,因为这些创新开支很小,劳动力的创造性主要是在迅速的结构重组过程中用来解决日常业务问题。换言之,马耳他的创新活动是不正式的,没有具体的政策和/或计划。因此,马耳他的主要挑战是发展创新体制,重视经济的需要。

政治上对创新的不重视也反映在可获得的欧洲创新记分牌的数据上。人力资源和专利的指标很有限,具有附加值的高技术制造业也是如此。后者使得马耳他在欧盟25国中位居第二,主要是靠造船业。在高技术制造业的就业情况,马耳他在欧盟25国中排在第五。

所有其他的指标都向马耳他提出了重要的挑战,尤其是在20—29岁年龄组的科学与工程类毕业生比例和劳动力人口中受过高等教育的人口比例,这在欧盟25国中马耳他倒数第一。马耳他为此所作的一些努力还是很明显的。马耳他大学意识到经济发展对其毕业生的需求,每年会组织毕业生潜力研讨会来商讨劳动力市场的发展和满足发展需要的计划。此外,该大学还在商业和工程领域与产业界有一些直接的联系。

马耳他也有一些MBA课程来促进该国的创新文化。此外,2003年成立的马耳他文理与技术学院提供全日制和业余制的技术教育,提供证书层次的中等后教育培训,但不是本科生的标准,目的是为了满足具有技术和创新能力的熟练人力资源的需要。目前这一举措还处于初始阶段,各种各样的学院在现存学院的基础上发展起来。这一举措的结果还有待评估。

专利活动也表现很差。由于该国研发活动少和工业结构倾向,这一点也不难理解。马耳他最近制定了一项国家研究、技术发展与创新计划,旨在通过资助基础研究和接近市场创新和应用研究,来促进和营造一种持续的科研和创新文化。

该项计划通过对整个研究和创新链中的科研提供资助,来寻求一种公共与私营间的和跨部门的合作伙伴关系,可能的参与者是中小企业和公立与私立大学。这些目标将通过能力培养、科学研究和与中小企业的合作研究等三个子计划来实现。

战略与良好实践

由于对经济多样化和提高经济的知识含量的需要,该国公众对创新政策的兴趣也在不断提高。政府着力加强该国的技术能力和促进科研活动。中小企业制定的第一个目标就是提高他们的技术竞争力和在高新技术部门创办新的企业。

这些计划都是最近才制定的且尚不稳定,因此还没有对它们进行正式的评估。然而,有一点让人坚信,这些计划对马耳他的研发和创新在数量和质量上都是有很大贡献的。

2.17 荷兰

挑战与政策

2004年欧洲创新记分牌的结果表明,荷兰通过创新将会创造比目前更大的潜在成就。尽管有着很强的创新体制,一些指标超过欧盟25国的平均水平并处于领先地位,但荷兰在一些关键的创新要素指标上明显处于劣势。尤其在企业研发投资比例方面,荷兰正失去动力且越来越落后。荷兰的制造业也是如此,根据高技术部门的就业和增值来计算,它也正失去其地位。

为了回应企业部门"创新赤字"和发展停滞这一全面挑战,荷兰在2003

年 10 月发布了"创新行动,实现里斯本目标"的创新白皮书。这一战略是基于动态创新体制的概念,目的是建立应对瓶颈和挑战的一套政策。这一政策的重要方面包括加强创新利益相关者之间的交流合作,促进知识开发和顺利贯彻方针政策,更加重视促进建立新的高技术公司,并发展未来的人力资源(知识型工人)。

荷兰创新体制的特征相互矛盾地体现在 2004 年欧洲创新记分牌的四组指标上。第一,从知识创造体系的产出看,创新体制极强(尤其是在欧洲专利局高技术专利方面在欧盟 25 国中位列第二,且有继续上升的趋势)。然而,这一成绩似乎是基于公共研发支出,高于欧盟 25 国平均水平(2001 年荷兰名列第五),而不是基于企业研发支出(企业研发支出和创新支出上,荷兰的这些指标远远低于欧盟 25 国平均水平,分别是它的 81%和 70%)。

实际上,如上所述企业研发支出占 GDP 的份额自 1999 年以来一直在下降,同时公共研发支出(从相对与绝对两方面)也失去了动力,尤其相对于欧盟 15 国来说,下滑得就更厉害。因此,对荷兰的创新体制来说,首要的具体挑战就是扭转投资的趋势,确保对工业科研究和创新有足够的重视和投入(正如 2003 年白皮书所要求的一样)。

对此,荷兰政府设定了一个目标,对战略领域更加重视,利用机遇进行创新。一些政策正在执行,包括为知识的开发和使用创建合作条件,促进基于计划的在重要技术方面的联合研发活动,促进学科群的国际合作。荷兰政府的一个重要行动(其目标更广)是创建创新平台,规划蓝图,扩大视野来推动创新,创新平台由来自政府、工业、知识与教育机构的 18 家独立成员组成。荷兰在 2003 年 9 月组建了高层次顾问团,由总理任主席,目的是制定更加完整的政策方针。自顾问团成立以来,已组建了 5 个工作组,每组均由创新平台的一个成员负责领导。这些工作组负责下列领域:荷兰创新体制动力学、长期选择、提升高等教育、公共管理创新和知识型工人。所有工作组都已经提交了它们的工作总结(除公共管理创新工作组外)。

第二大挑战就是知识型工人的匮乏问题。总的来看,该国在创新人力资源方面有 2 个指标表现很好,即劳动力人口中受过高等教育的人口比例和接受终身教育的人口比例。后者尤其突出,在欧洲处于领先地位(是欧盟 25 国平均数的 183%)。尽管荷兰其受过高等教育的劳动力相对较高,但自 2001 年以来与欧盟 15 国相比,其劳动生产力的竞争力却在下降。

此外，还有一个明显下滑的方面是知识生产的重要"能力部门"，即科学与工程类毕业生的人口比例（目前是欧盟 25 国平均值的 57%，名列第 16 位）。为应对这一挑战，由教育部、文化与科学部、社会事务与就业部和经济事务部联合发表了一份科学/技术知识型工人联合备忘录（"Δ-计划 ß/技术：针对解决科学家与工程师短缺的行动计划"）。

该计划对人才短缺进行了分析并提出了具体的方法措施（分为 7 个主题，包括教育、劳动力市场和移民等）。其中值得一提的一项措施是 1998 年成立的轴心基金（Axis Foundation），旨在增加技术熟练人员和在技术教育方面进行扩大招生。而这一基金在 2004 年被新成立的科学/技术平台所取代。有一个名为"起飞-网"的行动是一个通过企业资助来鼓励科学进入教室的很好的例子。该行动是由荷兰 5 家大的跨国公司和几个政府部门联合起来在小学推广科技知识的行动。

荷兰的整个服务部门都很强，在高技术服务领域就业人数比例高于欧盟平均水平。荷兰经济在结构上的重大挑战表现在高技术制造业就业人数上的比例，这在 2002 年仅为欧盟 25 国平均数的 59%，并在过去的 3 年里继续下滑。这也反映在高技术制造业附加值的平均数较低上（2001 年为欧盟 25 国平均数的 95%），这一指标，尽管绝对数据有所增加，但与欧盟 15 国相比远远落在其后。因此，第三个重要挑战就是增加高技术制造业的公司及其就业水平，同时继续保持高技术服务业的相对领先地位。

荷兰政府从外部和内部双管齐下采取措施来促进高技术企业的发展。目的是加强世界范围内的所有研发参与者之间的联系与合作来提升荷兰的创新力，从而使荷兰成为更具吸引力的、知识密集型企业的沃土和良田。为此，荷兰政府扩大了技术与科学国家办事处（NOST）的网络。NOST 办事处分别设在英国、布鲁塞尔（欧盟）、德国、法国、意大利、美国（包括加拿大）、新加坡和东京（包括韩国和中国台湾）。2005 年办事处将在中国北京、芬兰赫尔辛基和瑞典斯德哥尔摩建立新址。

为了促进开展新的创新商业活动，荷兰制定了新的"技术合作伙伴"计划以取代了原先的措施。

第四个也是最后一个挑战就是增加荷兰中小企业创新活动的比例和强度这一普遍需求。与欧盟其他国家相比，荷兰中小企业在内部创新活动和与外部创新合作方面处于平均水平。而按创新支出比例来计算的创新强度（欧盟 25 国平均值的70%)和中小企业的非技术创新方面(2000年欧盟平均值的78%)却非常低。

创新支出强度较低的原因部分是与欧盟其他国家相比处于相对优势的服务部门，而对非技术创新的支出比例还有望提高，尤其是对信息与通讯技术的投资高于平均水平(这经常是组织变化的一个因素)。高技术风险基金的低效和早期的负增长或许是限制创新活动的因素。这一财政瓶颈或许是新产品和新商品在制造业营业额中所占比例均低于欧盟25国平均值的原因(分别是95%和72%)。

荷兰已经制定目标要增加创新企业的数量和加强普遍的创新思潮，所采取的措施中包括通过税贷方案(TAX Credit Scheme)来加强资助强度，以促进私营部门的研发和创新以及加强对中小企业潜力的开发(已经发布了一项针对企业的行动计划)。

战略与良好实践

在荷兰，政府建立公共-私营部门创新合作，几年来在创新领域带来了许多"术语"。荷兰也有一些措施来促进科学与工业的合作关系，成立了4所领先的理工学院。这是在公共与私营部门在基础研究和应用科学上建立的合作制度，是一项由荷兰政府与荷兰工商界共同制定、共同出资、历经几年的工程。同样，创新导向的科研项目促进了科学技术研究和它们在商业中的应用，同时也鼓励了公司和科研机构联合开发知识投资计划。

按照该理念成立的新组织的明确目标就是鼓励成立高技术公司。在20世纪90年代末，成立了"双生子"组织执行一整套的方案：鼓励IT部门成立新公司；在生命科学领域为相似的任务成立了"生物合作伙伴"；成立非营利组织"放飞梦想"来为其他高技术公司的创办者提供信息和资助。该创意是为了在政府之外的范围内，成立一个对目标组(新企业)和私营部门(即风险资本家)可信度高的组织来帮助实现它们的目标。

尽管这些业绩标准是预先确定的，但似乎一些外部因素，如电子商务市场的繁荣发展和股票市场与风险基金投资的崩溃，对这些组织的业绩的影响使得政府除了为它们"导航"之外没有别的选择。此外，一些举措如"双生子"、"生物合作伙伴"和"放飞梦想"等在过去几年里得以发展并互相补充。然而，由于它们都主要关注于解决一般性的问题，互相之间也有所交叉重叠。

为了消除在成立高技术新公司政策方面的交叉重叠并增加政策的透明度,荷兰经济事务部在 2002 年底重新对成立高技术新公司政策进行了评估,那些与现存政策分开的政策是鼓励成立高技术新公司最有效的政策。从执行过去的政策中吸取了一些教训。在这一调查的影响下,许多新成立的高技术公司实行了令人满意的新举措,如"双生子"和"生物合作伙伴"。这样一来,结果是制定了新的"技术合作伙伴",而解散了"双生子"和"放飞梦想"组织。"技术合作伙伴"包括了一些"生物合作伙伴"网络活动的要素。因此,似乎公共与私营部门合作伙伴关系这一实验在该领域有了进一步的扩展。

2.18 奥地利

挑战与政策

2004 年欧洲创新记分牌表明奥地利创新体系运行的发展趋势可谓是喜忧参半。在部分主要指标远远落后于欧盟 25 国平均水平的同时,少数指标正逼近平均水平,并呈继续上升的趋势。尽管最新数据来自于 2000 年,但在各类指标中,奥地利似乎在知识的传播和应用领域表现较为出色,中小企业投身创新相关合作的比例非常高,是欧盟 25 国平均水平的 1.24 倍,非技术创新是平均水平的 1.18 倍,中小企业内部创新的比例是平均水平的 1.12 倍。与此同时,奥地利在创新财政领域正面临着许多挑战,其高技术创业投资是欧盟 25 国平均水平的 69%,早期创业投资也只有平均水平的 52%,远远低于该国的核心竞争对手。

2004 年欧洲创新记分牌综合创新指数同人均 GDP 的相关分析表明:总体而言,正如预料的那样,奥地利在创新方面的表现未能带来竞争力的显著提升。同欧盟 25 国的平均水平相比,2000 年以来奥地利的人均 GDP、每小时生产力和就业率呈现停滞状态,虽然无法确立明确的因果关系,但创新体系运行中所存在的问题和发展趋势或许是原因之一。

奥地利的首要挑战便是劳动力的质与量束缚了创新的潜能。20—29 岁获得科学和工程类证书的人数比例大约只有欧盟 25 国平均水平的 80%。总体而言,接受高等教育的劳动力人口比例也比较低,尽管正不断接近欧盟 25 国平均水平，但在2003年仅为平均水平的78%。终身学习的比例也低于欧盟25国平均水平，在2003年为平均水平的88%，这表明奥地利应当有效提升劳动力的初始资格水平。①

为了解决上述问题，奥地利制定了一系列措施，然而问题在于这些措施是否全面有效。例子之一便是2003年8月开始实施的"奥地利智能"项目。该项目由交通、创新与技术部设立，由奥地利研究促进局（Research Promotion Agency, FFG）负责实施，旨在提升奥地利研究人员的流动性，呼吁制定激励措施，设立有吸引力的研究职位，吸引海外的奥地利研究人员回国。

虽然在公共和企业研发支出方面缺乏有关奥地利创新体系投入的可比性数据，但全国性的统计表明：2004年奥地利预计在研发中投入53亿欧元，远远高于2003年的预测。换句话说，由于企业在研发中的投入大大超过预测，2004年研发支出在GDP中的比重预计将会增加到2.27%（2003年所占比重为2.1%）。2000年，政府宣布了一项有关创新的重大国家目标：到2006年，研发支出总额占GDP的比重达到2.5%（到2010，这一比重达到3%）。相比较而言，2006年的目标比较容易达成：只要从2005年开始，研发支出每年以8.8%的速度增长即可，这一增长速度高于1995至2004年的平均增长速度7.7%。2010年3%的目标则更具挑战性。

虽然2004年欧洲创新记分牌的结果表明奥地利的研发支出低于平均水平，但最新的数据表明奥地利的公共和私人研发支出高于欧盟25国平均水平。然而，奥地利在创业投资领域中的创新金融（innovation finance）水平低于平均水平。为了应对挑战，*进一步增加研究和创新投资以实现里斯本目标和巴塞罗那目标*，奥地利政府采取了双重措施，在增加预算和刺激企业层面研发的同时，通过对资金分配机构进行重组，更有效地使用拨款。其中最为典型的便是2004年新成立的两个拨款机构。

● 自2004年秋以来，奥地利研究促进局兼并了原为独立机构的奥地利航天局（ASA）、创新与技术局、工业研究促进基金以及Technologie Impulse Gesellschaft（TIG）等机构，研究促进局在2004年的财政资源为3.26亿欧元。

● 国家研究、技术和发展基金会（National Foundation for Research, Technology and Development）是奥地利增加研发支出的另一项重要举措。这

---

① 最近的国家报告显示数据上有了很大的提升，这将带来空余时间培训的加强。

一新的基金会致力于中长期的研究和技术政策目标[①]，为高质量的项目提供资金。基金会的资金来自于奥地利国家银行和 ERP 基金，其中约 1.25 亿欧元投入联邦一级的研究促进机构。研究和技术发展委员会 (Council for Research and Technology Development) 就资金的分配问题每年向基金会递交不具约束力的提议。

近来，知识创新体系的输出表明：虽然奥地利在欧洲专利局和美国专利商标局的专利申请方面处于领先地位(分别是欧洲 25 国平均水平的 1.31 倍和 1.09 倍)，并在高技术专利申请方面填补了一些空白(分别是 25 国平均水平的 91% 和 69%)，但与此同时，奥地利的普通和高技术美国专利商标局专利申请都低于欧盟 15 国平均水平。因此，增加投资便是对上述现状的一种回应。

第三个挑战是在对市场和就业的影响方面，增加较高水平的企业创新活动的有效性，尤其要增加新产品投入市场和公司新产品研发的比例。2000 年，奥地利这类新产品的比例仅略高于欧盟 25 国平均水平的 3/4。源于高技术部门的制造业增值份额远远低于他国，由此可以清晰地看出该国制造业所存在的结构性弱点。这表明奥地利正逐渐丧失竞争力，主要反映在奥地利高技术制造业的就业率下降，低于欧盟平均水平，在 2003 年为欧盟 25 国平均水平的 94%。

一系列政府措施(如 A + B 项目)致力于促进创新概念的商业化。在对研究支持系统进行重组创建研究促进局 (FFG) 之前，奥地利就已经对产业支持机构进行调整，主要是 2002 年 BÜRGES Förderbank、奥地利筹资担保 (FGG)、创新协会以及一些企业劳动力促进项目的合并和整合。

奥地利经济服务公司(AWS)这一新机构对这类促进项目进行了整合。这类项目致力于在企业成长阶段，通过商业天使网络(business angels network)，从创业到首次公开募股的私人股本，以及技术和创新等手段提升企业竞争力。尽管实施了上述改革，但三个独立的政府部委负责制定新措施，创新行动的职责仍然不明晰。对于那些目标团体，如创新型企业家而言，仍然难以对三个部委制定的所有项目和措施获得全面的了解。

[①] 该基金会于 2000 年依法设立，包括来自本国与他国的 8 名科学与工业方面的成员。自 2004 年 9 月，基金会成为独立的法人实体。

战略与良好实践

政策制定和宣传的成功典型之一便是 FFG 的 A + B 项目（Academia Business Spin off Programme 学术商业创新项目）。地区合作伙伴（大学、研究中心、地区支持机构、公司、资格认定机构等）基于特定的学术启动中心模式，争取全国的支持。合作伙伴至少由两人组成，一人必须来自于某个学术机构，另一人必须来自于以研究为依托的企业，并在监控方面拥有经过认定的专业知识。A＋B 项目的目标是确保学术创新的数量获得持续增长：

- 提升这类新兴企业的质量（如技术和知识含量），增加它们成功的可能性。
- 增加来自于大学、工艺学校以及非高校的研究机构的创新潜能。
- 促进商业部门对研究结果的开发和利用。
- 为其他技术转化措施提供支持。

学术启动中心不仅在创办企业的过程中提供支持，而且致力于在学术界培育一种企业家精神。该项目同其他新企业支持项目的不同之处在于：

- 聚焦于具有开办高研究和技术含量的企业，着眼于培育奥地利技术竞争力的科学家团体。
- 鼓励更多的人开办新企业，不只是为已有这一想法的人提供支持。
- 同现有的、补充性的技术转移措施合作，将企业家精神引入学术界。

2.19 波兰

挑战与政策

同绝大部分新成员国一样，波兰的创新系统也比较薄弱，几乎在所有的指标中都处于落后状态，但一半左右的指标正接近平均水平。波兰人均 GDP 同欧洲创新记分牌综合创新指标之间的相关度非常接近于平均的线性估计：如果对所有国家的 GDP 进行相关分析，波兰略低于综合创新指数的数据，但如果仅对新加盟国进行分析，波兰正好处于平均水平。因此，波兰经济所面临的总体挑战便是提升创新能力，增加社会财富。

近年来，波兰的经济和创新系统正不断向欧洲的平均水平靠拢：波兰的经济增长速度相对较快，并且是 2004 年第一季度经济增长持续加速的国家之一（GDP 增长达到了 6.9%，2003 年第四季度的 GDP 增长为 4.7%）。在创新推动方面，波兰制定了许多着眼于创新发展的政策。然而，创新的途径仍然不是很清晰。波兰从两个途径着手处理创新事务：一是国家科学研究委员会(State Committee for Scientific Research)采用的科学和技术导向的处理途径；另一是前经济部采用的更为宽泛的处理途径。

波兰所面临的所有挑战中，最为关键的是在欧洲专利局和美国专利商标局专利(分别排在第24位和第21位)中所处的劣势，高技术(第21位)和普通专利的情况都不容乐观。在所有的这类排名中，波兰几乎都处于末尾。由于起点低，波兰在欧洲专利局专利方面虽有所进步，但仍然只有欧洲平均水平的1%。专利申请方面所面临的挑战一方面源自于企业研发的低支出，另一方面也是由某些机构因素造成的，因为波兰的知识产权保护直到最近才同国际标准接轨。

尽管和谐是必须的，但波兰更需要提升知识产权保护的实施力度。企业家和发明者指出的最大障碍便是程序的冗长。获得一项专利需要5至7年的时间；注册一个商标也需要3至4年的时间。设立专门的专利认证机构，提升司法体系的效能是至关重要的。此外，发明者、企业家和工程师的知识产权保护意识也相当薄弱。

波兰所面临的另一个重大挑战便是企业研发支出，在所有被研究的国家中排在第23位，并且在近几年进一步下跌。波兰的企业研发支出同巴塞罗那目标相差并不是很远，但同总体的研发支出相比，依然处于一个非常低的水平。

波兰政府充分意识到这一问题，并尝试通过税收激励以及各类支持项目来应对这一挑战，如为参加欧盟第五个研究与技术发展框架计划的机构和企业提供支持，旨在促进国际创新合作。在第六个研究与技术发展框架计划中，波兰政府将继续提供这一支持。部门行动计划"增强企业竞争力"为包括产业研究和竞争前研究在内的研发项目提供资金。

与此同时，波兰在终身学习和接受高等教育的劳动力人口方面也相当薄弱，这两项指标在所有被研究国家中分列第19位和第20位。这两大问题的共同根源可能是科学和工程类毕业生比例偏低，这是由20世纪90年代之前结构迥异的教育体系造成的。机构改革措施以及来自于2004—2006年波兰共同体支持框架的拨款表明，政府已充分认识到并努力应对这些挑战。详情如下：

约有 120 万至 150 万成人通过参加各类课程和专升本国际课程来提升自己的专业水平,其人数相当于每年劳动力总人口的 8% 至 10%。相比较而言,欧盟 15 国中大约 20% 的劳动力定期接受终身教育,另一方面是学习的持续时间。在波兰劳动力培训时间很短,平均每年只有两个小时。

国家教育与体育部制定了一份名为《终身学习发展策略》的战略文件,并在 2003 年 7 月 8 日为内阁所采纳。该文件的主要目标是将终生学习纳入知识经济和知识社会构建的框架中。文件规定优先增加终身学习的机会,提高学习质量,加强合作,增加人力资源投资,促进咨询服务的发展,构建终身学习的数据库,增进对于终身学习重要性的认识。

在 2004 年至 2006 年间,部门行动计划"现代经济中的人力资源发展:增加教育机会,促进终身学习"将会为终身学习和进修的相关事务提供支持。有了资金的支持,教育、初始培训以及其后的进修的财政状况将大为改观。

近来情况表明,波兰的表现略呈上升的趋势,但依然远低于欧洲的平均水平。1999 至 2000 年一项教育改革的目标之一便是减少职业学校的毕业生人数,增加大学的毕业生人数。在这方面,波兰取得了一定的进展,这在很大程度上要归功于私立教育的繁荣发展。

最后,中小企业内部创新也是波兰的薄弱点之一,排在第 20 位。虽然近来没有数据表明这一指标的发展趋势,但波兰绝大部分的创新措施都针对这一问题,力求提升所有企业,尤其是中小企业创新的环境和经济状况。

战略与良好实践

波兰的创新政策是新近制定的,而且需要做进一步的改进。创新政策所面临的主要挑战之一便是政策的实施问题。

在波兰,国家服务体系针对中小企业的一个名为"KSU"(Krajowy System Uslug)的项目为创新提供支持,且运作良好。该项目不断拓展服务范围,提供有关创新的咨询服务,并为此建立起国家创新网络(KSI)。有意从事偏重于创新咨询服务的咨询组织需要预先获得 KSU 项目的资格认定。这一举措的目的在于为新技术解决方案的转移与商业化以及中小企业创新活动的切实开展,创造条件并提供帮助。

波兰将咨询服务的缺乏视为核心问题,并将提供有效的咨询服务视为促进创新的杠杆。从 1996 年起,KSU 获得了持续的发展。KSU 是在当时的波兰中小企业发展基金会(如今为波兰企业发展局,PARP)的提议下启动的。KSU 的主要目标是通过支持中小企业的创新项目,提供高质量的咨询和金融服务来增强企业竞争力,从而为参与全球竞争做好充分的准备。该项目同时也致力于提升人力资本,开设了一系列广受欢迎的专业课程。

考虑到企业没有机会获得更为专业的咨询服务,波兰有必要拓展 KSU 的网络。随着国家创新网络的建立,中小企业有可能获得在创新领域具有认证资格的机构所提供的咨询服务。

2.20 葡萄牙

挑战与政策

近年来,葡萄牙在许多指标上都有了长足的进步,是日趋逼近平均水平的国家之一。然而,葡萄牙的总体创新在欧盟 15 国中排在倒数第 2 位,在创新成效方面落后于一些新成员国。近年来葡萄牙经济增长速度减慢,在 2004 年开始有一些复苏的迹象。《稳定和增长公约》中就限制财政赤字所达成的一致意见成为政府的行动指南。人均 GDP 和创新成效之间的关系同 25 个成员国相似,但同低收入国家相比时,该相关度较弱。

在这一方面,葡萄牙表明除了技术创新之外该国还有其他的财富来源。葡萄牙所面临的一个根本性挑战便是将促进创新的项目渗透到所有的公共政策领域中去,并使各级决策者明确创新具有系统性、横断性的特质。葡萄牙对这一挑战做出了回应,表明该国越来越重视创新政策,而共同体支持网络所提供的资助在其中做出了不小的贡献。但是,葡萄牙的总体创新政策和管理仍有待进一步提升,在经济和社会发展的公共讨论中创新政策也应占有一席之地。

欧洲创新记分牌的数据表明,通过欧洲专利局和美国专利商标局专利来保护研究和技术发展成果的情况在葡萄牙非常少见。可能由于公共研究,尤其是大学中的研究占据绝对的主导地位,所以葡萄牙研究者不会通过专利来保护自己的研究成果,而是更倾向于将成果发表在国际性期刊上,从而增加自己的学术成果,在事业上获得更大的发展,而不是通过将研究结果商业化,寻求更多的经济利益。立法框架的一项修正尝试应对这一挑战。

在对国家工业产权研究所（INPI）进行重组之后，葡萄牙政府致力于为专利的申请和授予创设一个有利的环境。在 2000 至 2003 年期间，政府将原先的一项支持措施扩展为三项：鼓励企业利用工业产权；成立一个工业产权支持办公室的网络；制定了一个新的工业财产编码。此外，政府还修改了为企业应用型研发提供支持的项目，完善了工业产权的规章制度。国家工业产权研究所还支持一项有关葡萄牙工业产权使用的研究，该研究表明葡萄牙在创新领域需要制定更多的计划。

极低的企业研发支出也是葡萄牙所面临的一大挑战。虽然葡萄牙取得了明显的进步，但离巴塞罗那目标仍然相去甚远。自从葡萄牙工业发展特殊计划（PEDIF）和其他相关计划实施以来，周期性的激励措施使情况发生了缓慢但又稳定的改观。企业研发支出增长速率为欧盟 25 国平均水平的 1/4。为了改变这一困境，葡萄牙采取了如下多种措施：为研发投资提供资金激励；研发项目的合作；企业和技术中心硕士、博士毕业生的整合；技术发展的可流动性项目；研发结果在企业中的应用；企业中的博士学位授予等。

此外，政府努力将外资引入高知识含量的部门，推动更多研究需求的生成，促进创新的发展和繁荣。这将带动其他薄弱指标的改善，这便是高技术制造业以及高技术制造业和服务业中的就业所带来的增值效应。在政府的上述努力之下，企业和技术中心在研究项目中的参与度有了明显的提高。然而教育和培训板块的指标依然表明葡萄牙存在着重大的问题：20 至 29 岁之间的科学和工程类毕业生比例的增长速度，接受高等教育以及参加终身学习的人数徘徊在欧盟 25 国水平的 40% 至 60%。也许正是这一情况在很大程度上限制了葡萄牙迈进知识经济的步伐。利益相关者一致认为这是一个巨大的挑战，因为它对经济进一步现代化的各类发展举措构成了障碍。

不同党派组成的历届政府以及总统都强调教育在经济和社会发展中的重要性，并呼吁进行"思维转换"。在此情况之下，葡萄牙采取了一些措施，但成效又都不甚明显。在这些措施中，同创新联系较为紧密且值得一提的有：研发机构的中期财务计划；互联网计划；信息技术基本能力证书计划；为加强技术、培训和质量体系提供支持的国家经济运行计划（POE）和经济现代化发展重要计划（PRIME）。但这类计划已经被一项有关科学质量和科技基础设施的新规则所取代。

葡萄牙在终身学习领域所面临的困境和挑战更为严峻：在所有国家中排在第 28 位，远远低于许多新成员国。这是葡萄牙排位最低的一项指标，也是没有任何发展迹象的少数领域之一。前政府提出议案，呼吁制定一项有关教育、职业培训和大学就业条例的基本法来应对这一问题，但这一议案尚未获得通过和实施。葡萄牙政府在初始培训和进修领域采取了三大措施：企业中的博士学位授予，人力资源技能支持的规范，以及科学资助制度的调整。政府特别重视向国民普及科学和技术的 CIENCIA VIVA 项目。目前，新计划正致力于在整个经济体系中促进信息社会的发展。

战略与良好实践

近年来，推动创新的政策促使葡萄牙在稳定法案中提出了减少财政赤字和增加科技发展支出，提升经济竞争力并更积极地寻找最佳的平衡点，以此来达到巴塞罗那和里斯本目标。

考虑到葡萄牙在专利方面的困境，政府和国家工业产权研究所采取了一系列措施，激发研究者和企业的专利热情。近年来，国家工业产权研究所在这一方面解放思想，构建网络，本着服务的理念积极主动地投入到创新事务中去。

在 2000 至 2003 年期间，政府在这一领域制定了三大措施，措施之一便是建立一套工业产权使用的激励体系（SIUPI），促进企业对工业产权的利用。这一激励体系旨在推动企业、企业家、独立发明者、设计者以及研究机构的发明和创造活动。有关专利需求、实用模型及设计的项目都有可能获得该激励体系的资助。根据规定，这类项目的最低支出额为 2 500 欧元。

这一激励体系实施之后，国家工业产权研究所进行了重组，并同研发计划框架内的其他专利支持计划以及"工业产权促进办公室"网络进行相互补充。

因为该计划取得成效还为时尚早，所以没有进行正式的评估，但这一举措的有效性也可在通过企业家精神促进创新的计划框架中得到印证，如 PRIME 的 Jovem 计划等。

政府还将着手重新制定 POCTI 计划，致力于科技领域、人力资源的高级培训以及企业中的博士学位引进等事务。与此同时，科学、创新和高等教育部以及经济部计划联合制定《2010 年葡萄牙创新行动计划》。

2.21 斯洛文尼亚

挑战与政策

同其他新成员国，甚至与之前的欧盟 15 国相比，斯洛文尼亚的创新表现在很多方面都是非常不错的。2004 年欧洲创新记分牌的数据显示：斯洛文尼亚的 6 个指标高于欧盟 25 国平均水平，其余 6 个指标为平均水平的 80% 以上。尤其在终身学习领域（尽管 2003 年斯洛文尼亚在终身学习领域出现了跳跃式的发展，但这不能代表未来的发展趋势，而且工人的再培训依然是关注的焦点）和高技术制造业的就业岗位方面（在欧盟 25 国中排在第 2 位，且在最近三年中呈现持续增长的趋势），斯洛文尼亚表现得格外抢眼。

此外，虽然发展势头有所减弱，但以信息与通讯技术支出在 GDP 中所占比重来衡量的技术传播也居于欧盟平均水平之上（尽管全国性的研究表明主要原因在于移动通讯的高速增长）。对人均 GDP 和创新进行比较分析时，同欧盟 25 国相比，斯洛文尼亚位于平均水平以下，但同新成员国相比时则位于平均水平以上。这表明尽管斯洛文尼亚整体创新体系的生产力低于欧洲平均水平，但同其他更贫穷的成员国相比，斯洛文尼亚的经济增长更能从其他积极因素中获益，而且综合创新指数的上升可能会进一步刺激经济的增长。

这些指标反映出斯洛文尼亚在前南斯拉夫作为成品生产商所占据的强势地位。这一地位所带来的益处便是高技术制造业中高水平的价值增值、新产品投入市场方面可圈可点的表现（在 25 国中排在第 11 位），以及良好的经济增长态势。相应的，斯洛文尼亚所面临的一个全局性挑战便是：在维持一个有利的高技术和高增值产业结构的同时，将服务业中的就业岗位转移到高技术领域中去，在这一方面，斯洛文尼亚如今在 25 国中仅排在第 16 位。具体来说，2004 年欧洲创新记分牌的数据表明斯洛文尼亚的创新政策应当致力于应对如下挑战。

考虑到公共研发支出在 GDP 中所占比重接近于 25 国平均水平（列于第 9 位），斯洛文尼亚创新体系所面临的重要挑战之一便是研究成果商业化比例的不足，表现为专利获取率（尤其是获得公共和学术部门的专利认证）的极度低下。公司新产品开发也是斯洛文尼亚的薄弱之处，只有 25 国平均水平的 29%，排在第 25 位。因此，斯洛文尼亚所面临的第一个挑战便是维持公共研发支出在 GDP 中所占的比重，采取措施，鼓励专利的申请和获得，推动研究结果在企业界的商业化。

2004 年 6 月，政府就《2006 至 2013 年发展战略草案》向公众征集意见和建议。该草案强调创新和研发对于国家经济和社会发展的重要性。草案认同包括研发支出达到 GDP3%在内的里斯本目标和巴塞罗那目标，呼吁对公共基金的定位进行系统的转变，从以基础研究占主导地位转向更具针对性的研究，与企业部门共同提供资助。政府正在制定国家研发项目（NRDP）草案，其中也提出了类似的目标。然而，由于下一个五年的大部分研发预算已经分配完毕，因此各方对于政府是否能将研发资金转移到企业界持怀疑态度。

知识创新领域所面临的挑战，或许也可以从相对较低的接受高等教育的劳动力人口比例（25 国排在第 16 位）以及科学和工程类毕业生比例日趋下降的发展态势中找到答案。这一发展趋势有可能对未来高知识含量的企业发展产生负面影响。因此，斯洛文尼亚面临的第二个挑战便是增加攻读科学和工程类专业，并随后在公共和私营部门从事科学研究的学生人数。青年研究者计划（Young Researchers Program）仍然是该领域中的核心计划。该计划始于 1985 年，一直以来成功地将青年人引入科学研究的道路。然而斯洛文尼亚迫切需要制定一套更为协调、更具意义的措施，这一点也是显而易见的。

就创新行动而言，虽然斯洛文尼亚中小企业的创新合作排在第 13 位，位于平均水平以上，但在中小企业内部创新以及创新支出的比例方面都表现不佳，在 25 国中分别位于第 16 位和第 17 位。较低的创新行动水平可以通过企业研发支出比率的低下（欧盟 25 国中排在第 11 位）得到印证。

创新调查往往表明应当增加创新型小公司的数量。在斯洛文尼亚，只有 12%的小公司属于创新型公司，72%的创新支出来源于大型公司。在这一方面，尽管 2004 年欧洲创新记分牌没有给出创业投资方面的数据，但是全国性的研究表明，筹资问题正是推动创新的瓶颈。因此，斯洛文尼亚中小企业中非技术创新的比率居于平均水平之上，因为这类创新通常只需要低水平的资金投资即可。

因此，斯洛文尼亚面临的第三个也是最后一个挑战便是加大资金支持力度，推动中小企业的创新。考虑到企业创新的不足，国家创新框架中包含了一部分旨在为中小企业提供支持的措施。相关发展数据表明：这类措施还远未达成设定的目标，所以实施的有效性和影响还有待进一步的评价。在这一方面，政府、企业界、研发和创新的专家队伍等各方都意识到积极创新政策的重要性。创新政策预算的增加以及结构基金单一计划文件中有关创新基础设施优先权的规定都反映出这一点。

此外，斯洛文尼亚于2004年1月通过了《企业家精神法》，致力于构筑一个创新支持系统，如技术园区、技术中心、企业孵化器以及其他类型的支持网络。该法案因加强研究和工业两者间联系的中介结构这一需求而颁布，然而政府应当鼓励相关的机构和立法机关加快步伐，切实推动创新政策的实施。反面典型之一便是该国2003年在负责科技研发的两个新机构的组建上进展缓慢。

战略与良好实践

斯洛文尼亚于2000年启动了一项集群计划，至今仍然是最具优先权的计划之一，反映出近来欧洲各国间学习和交流政策经验的趋势。政府在这一领域的期望值很高，反映出在工商业中发展集群的热情。经济部不仅支持集群行动，而且还积极推广"集群"的概念。例如，经济部同其他机构共同资助了由各个"集群"代表参加的研讨会、工作坊、会议和访学项目（2003年的目的地是英国和瑞典）。

经济部官员代表斯洛文尼亚参加国际会议，并在商业杂志《企业家》的协助下，于2004年6月18日在斯洛文尼亚举办了国际集群大会。两大标准表明斯洛文尼亚的集群计划的实施取得了良好的效果，首先是现有项目资源的认购超额；其次是来自于内部和外部的正面评价结论。

虽然集群政策具有高度的优先权，但企业部门的兴趣远远超过了政府对该类计划的支持能力。到2004年为止，政府共设立了18个集群办公室，对所有与集群相关的29个项目给予支持，其中包括3个实验性集群项目、13个早期阶段项目和13个集群计划，共涉及350家企业和40个教育或研究机构。2003年，集群政策的预算总额约为150万欧元。

然而，经济部共收到了30个项目的资金申请，总额达到690万欧元，这意味着经济部只能为其中的14个项目提供资助，提供的资金总额仅为申请总额的21%。在2004年，面对这一巨大的供求差额，政府将集群计划项目的预算增加到250万欧元，但到了2005年，考虑到部分现有的集群项目"超越"了受资助范围，这一总额有所下降，为187万欧元。

2003 年，斯洛文尼亚的一项国内研究对集群项目进行了评估，结果表明各类"集群"所取得的进展不尽相同，一部分"集群"发展迅速，超过了当初的预期。"集群"的结构和"集群"协调者的领导潜能似乎是取得成功的两大关键因素。由于集群项目在政策框架中的显著地位，2004 年进行的一项大范围评估将会对集群项目的相关措施进行再次评估，我们对结果拭目以待。

2.22 斯洛伐克

挑战与政策

斯洛伐克的经济正经历着巨大的结构调整和改革，2000 年至今也是该国 GDP 增长势头最为强劲的五年。经济增长的动力在很大程度上来源于外国直接投资。外商直接投资在 GDP 中所占的比重从 2000 年的 22.9% 增加到了 2003 年的 37.2%，尤其在汽车制造业，到 2006 至 2008 年为止，斯洛伐克人均汽车产量全球第一。然而与此同时，创新体系并没有产生任何明显的重大转变，创新绩效也没有获得任何提升，反而在不断下降，尤其在企业研发支出方面，斯洛伐克远远低于欧盟 25 国的平均水平。

到 2001 年为止，研发支出平均以每年 4% 的速度下降，而 GDP 则以同样的速度增加。这表明生产力的提高是通过劳动力投入和固定投资而非创新取得的。到 2002 年，研发投入开始增加。自 2000 年以来，斯洛伐克的经济和创新行动主要由基础设施和使能技术（enalling lechnologies，如信息与通讯技术）领域中的（外国）投资推动的，而非企业中内生性的知识创生和创新行为。在斯洛伐克，创新措施的利益相关者所面临的重大挑战便是构建一个可持续的、高知识含量的经济增长模式。

2004 年欧洲创新记分牌的数据显示，同欧盟平均水平相比，斯洛伐克在创新支出比率、信息与通讯技术支出、新产品投入市场、高技术创业投资以及高技术制造业的就业岗位等领域表现良好。在企业创新支出比率中表现最佳，2001 年占企业流通资金的 8%，是欧盟 25 国平均水平的 3 倍多。然而在创新支出中最为重要的项目是"其他"支出，而非预想的"设备"支出。这表明这一数据将老产品营销的所有开支以及公司内部的技术维修费用都计算在内。

另一种解释便是外商直接投资企业将新投资计算为创新支出，因为这类投资对于斯洛伐克国内市场来说是全新的。大型国际企业确实在先进机械和设备的引入这一创新支出中占据了较大的比重。此外，斯洛伐克私营企业在固定资本形成中的投资总额占到 GDP 的 23.2%，是欧洲比重最高的国家之一。然而绝大部分投资都用于创新的传播而非生成。斯洛伐克面临的威胁之一，就是有可能成为欧洲最大的装配线，产品中的本土创新成分微乎其微。

斯洛伐克面临的第一个挑战便是在外商直接投资企业和本地创新系统，如学术研究或本地的次承包商之间建立起密切的联系。借鉴邻国，如匈牙利的经验是一个可行的做法：匈牙利设立项目，推动外商投资供应链中的合作创新行为，鼓励公司将研发部门设立在匈牙利。

此外，企业研发支出（24%）和公司新产品开发（37%）两项指标远远低于欧盟 25 国平均水平，与上述高水平的研发支出之间存在出入。但斯洛伐克在新产品投入市场方面的表现位于欧盟 25 国平均水平之上，是平均水平的 1.12 倍。较低水平的公司新产品开发同较高水平的新产品投放市场之间存在着明显的矛盾，可能的解释是斯洛伐克的公司将已有的商品销往新的市场，如东欧。尽管斯洛伐克的确在高技术制造业的就业岗位方面居于领先地位，在欧盟 25 国中排在第 6 位，但在高增值、高技术制造业领域的表现则与此相去甚远，仅为欧盟 25 国平均水平的 41%。这表明高技术领域的就业岗位和投资集中于低增值项目。同高技术制造业的就业良好表现形成鲜明对比的是，高技术服务业的就业岗位低于欧盟 25 国平均水平，并且从 2000 年以来一直在走下坡路，这充分表明创新体系无法为结构的转变提供足够的支持。

斯洛伐克所面临的第二个挑战便是将较高水平的商业投资引向新的高增值的制造业和服务业中去。有鉴于此，政府继续为创新媒介和孵化器提供支持，突出强调中小企业中的技术转移以及非技术创新。

新的产业和服务业部门行动计划（SOPIS）将在 2004 至 2006 年间引进并实施一系列措施。例如，第 1.3 项措施致力于为企业创新和应用研究提供 2 210 万欧元预算，包括为大学和研究中心开展应用研究提供资金，以及为现有的和新的企业汲取经验，引入世界级的制造方式提供资助。

2003 年，先前致力于技术转移和质量管理的项目为创新技术购买和质量管理体系建构项目（SPIT & CQMS）所取代。由于该项目的资金申请额很快超过了预算，以至于在 2004 年 4 月该项目被暂时搁置了，由此可见，社会对这类企业支持的需求是非常旺盛的。

2004年欧洲创新记分牌所显示的积极迹象之一是：虽然斯洛伐克在两项关键性人力资源创新指标上的起点相对较低，但正在稳步前进之中。这两项指标分别是科学和工程类毕业生人数分别在20—29岁人群以及接受过高等教育的劳动力人口中所占的比重，然而在促使科学和工程类毕业生从事研究工作方面还存在着明显的困难。

此外，合理的教育水平并不能弥补公共研发以及应用研发投资的不足。尽管自2001年以来，斯洛伐克的公共研发投资呈增长趋势，但在欧盟25国中仍然仅排在第22位。研发投资企业化输出的不足便足以印证这一点：如在专利方面，斯洛伐克的美国专利商标局和欧洲专利局专利排在第19位和第22位之间。迄今为止，斯洛伐克依然没有采取任何措施来减少专利申请和认证中的经济和知识障碍。

考虑到增加专利和商业化的比率，斯洛伐克所面临的第三个挑战便是为应用型研发提供更多的公共资助。然而单纯增加资助是不够的，因为还涉及到其他行动，包括维持科学和工程类毕业生，尤其是那些进入产业界工作的毕业生人数的增长势头。在将劳动力技能作为技术革新的关键因素并促使其不断提升方面，斯洛伐克政府于2004年2月就终身学习政策达成了一致意见。政府通过人力资源行动计划为终身学习增加投资。其中第3.1项措施同企业创新行动的联系最为密切，该项措施提供2 000万欧元拨款，致力于对职业培训和教育进行调整，以此来更好地适应知识社会的要求。

战略与良好实践

2004至2006年国家发展计划中两项相关部门行动计划（产业和服务部门以及人力资源部门）中的政策将有可能成为斯洛伐克未来创新政策与措施的雏形。该国政策制定中的积极因素之一便是以借鉴地方和国际经验为基础，政府创新促进机构对本国企业中的创新行动进行常规性调查。来自荷兰和以色列的技术园区以及以研究为基础的创新、美国的种子资本项目以及捷克的质量管理项目都为斯洛伐克创新政策的制定提供了借鉴。

在创新传递方面，国家中小企业发展局在创新的发展、转化和宣传中发挥着最为重要的作用。该机构对35个地区中心进行管理，为中小企业提供咨询、信息、培训以及孵化服务。此外，该机构还尝试通过技术孵化器网络促进各地区的创新。

国家中小企业发展局还对为中小企业发展提供支持的一系列计划进行管理。贷款支持和微型贷款是该机构在这一领域中引入的两大计划。这类计划通过覆盖网络 (network of RAIC) 予以贯彻实施。虽然这类计划并非明确表明致力于促进创新,但它们能为两千多个项目提供支持,其中部分项目致力于中小企业中新技术的引入和普及教育。

2003 至 2004 年实施的另一项新措施也有着明显的地区特征。国家中小企业发展局引入的 INTEG 计划致力于通过建立技术孵化器,促进与奥地利接壤地区的跨境经济合作,以此为创新和技术转移提供支持。该计划对本国优质人力资源流向邻国也进行了限制。

2.23 芬兰

挑战与政策

基于 2003 年欧洲创新记分牌的综合创新指数,同创新表现相比,芬兰的人均 GDP 较低。在人均 GDP 同创新指数的相关分析中,芬兰是一个例外。在创新方面,芬兰的国际排名非常靠前,但人均收入仅略高于欧洲平均水平。一个浅层次的解释是其创新体系的低效,但从历史的角度看,实际情况并非如此。近年来,芬兰的创新表现刚刚开始居于平均水平之上,在经历了 20 世纪 90 年代早期的经济不景气之后,创新才成为一种政策共识。毫无疑问,芬兰的创新政策在最近几年获得了快速的发展,但经济还不足以出现跳跃式的发展,并在短短 10 年间使其成为一个经济强国。

因此,芬兰经济所面临的总体挑战便是维持创新政策的有效性,在这一方面,芬兰许多地区的做法都足以成为欧洲效仿的典范。近年来,商业共同体和整个社会中呈现出的一些疲软迹象表明:芬兰在未来保持高昂的发展势头将日益困难。伴随着全球经济发展的不确定性,芬兰在新千年之初,尤其是在 2001 年放慢了经济增长的步伐。

与此同时,某些领域的生产力以及参与研发的公司数量也停止增长。然而到了 2004 年,好的发展势头再度出现,企业和公众都对经济发展充满信心。尽管芬兰已经实现并超越了巴塞罗那目标,但研发支出总额和企业研发支出依然持续增长,至少同欧洲的平均增长速度持平。

创新导向而非技术导向被视为增强经济和竞争力的核心,用户视角在创新中的整合以及技术的可用性也是其中的关键因素。芬兰如今所面临的一个挑战便是制定新政策，不过分依赖过去所取得的成功。伴随着信息与通讯技术和生物技术发展的疲软，经济基础的多样化需求成为关注的焦点问题。

基于欧洲创新记分牌的数据，芬兰创新体系完美无暇：排名高居平均水平之上，同排在它后面的国家之间拉开了一大截距离。然而，在科学和工程类毕业生数量以及高技术专利两大领域，芬兰似乎渐渐失去了发展动力。

芬兰的科学和工程类毕业生在劳动力人口中所占的比重远远高于平均水平，而且除 2000 年之外，呈现持续增长的趋势。但在整个欧洲突出强调科学和工程类培训的情况下，芬兰的这一增长速度显然不足以跟上总体的步伐，就发展势头而言还落后于其他国家。政府较少采用增加资助的方式，而是较多采用提升环境的手段，对这一挑战做出了充分的应对。

● 政府突出强调质量以及同市场的联系。芬兰教育政策的特征之一便是在特定的操作环境和整体的社会中具有适应性。无论何时，特定的教育政策项目和工具都能根据新的挑战和需求做出相应的调整。

● 政府特别强调满足信息社会中的科学和工程类需求：1998 年，教育部提议扩大教育和研究规模，以满足信息产业（电子和信息技术、电子学、电信和数据处理技术）的增长和变革需求。该项目在 1998 至 2002 年间实施，其目标之一便是在 1999 至 2006 年之间，使信息产业领域的专业学位数增加 1/3。

● 现任政府制定教育政策时，在以过去教育政策优点为基础的同时，明确需要发展或改革的领域。

在欧洲专利局高技术专利方面，芬兰则在失去发展动力。然而这并非单个国家的问题，因为芬兰排位居于 25 国之首。同时，由于只考察了一年的情况，所以这一明显的动力缺失可能带有偶然性。尽管如此，政府还是应观察企业行为的变化，包括研发的国外投资（如诺基亚在美国的投资）以及转移到印度和中国的研发行动，从而对这一趋势进行进一步的监控。

在芬兰，与欧洲平均水平持平且没有发展迹象的另一个指标便是信息与通讯技术的支出，排在第 13 位。可能的原因之一便是信息与通讯技术基础设施和移动通信工具中高水平的早期投资使得芬兰在这一领域中快速成熟。

芬兰中小企业的非技术创新排在第 10 位。创新型中小企业以及企业家精神的不足也是经济发展所面临的两个挑战。在这一方面，芬兰制定了持久稳定的政策，创办新公司，为中小企业的技术和非技术创新提供创业支持，如 TULI 计划对基于研究的企业创意以及为推进企业创意提供资助的 LIKSA 进行评估。TULI 计划由国家技术创新局（TEKES）和国家研发基金（SIRTA）共同负责实施。此外，国家技术创新局为创业杯（Venture Cup）以及促进新企业开办的其他组织提供支持。它在 2004 年春启动"技术型公司创业贷款"计划，在对过去政策进行评价的基础上，使该项政策获得更为有效的实施。

最后，高技术制造业中的就业岗位是芬兰排位相对靠后（第 9 位）且没有发展迹象的另一领域。这可能是由于芬兰强调在转向知识经济过程中为高技术服务业而非制造业提供就业岗位。

战略与良好实践

众所周知，近年来芬兰在前瞻性的创新政策制定和连贯性的创新管理中成为典范。芬兰基于国家创新体系框架制定了政策目标。在 20 世纪 90 年代初，国家创新体系框架中的理念被引入科学技术和创新中。决策者广泛采用评价、地方基准以及其他决策手段明确本国的强势和弱势以及面临的机遇和挑战。

企业、研究机构和大学之间的密切合作被视为芬兰创新体系的一大优势。在这方面，最为重要的举措便是国家技术创新局的国家技术计划。该计划始于 1984 年并一直持续下去，致力于在未来重要的商业领域中获得新的技术和产品开发选择，并为国际化发展提供支持。该计划也是一个良好的国际研发合作框架，如参与欧盟框架计划等。该计划在 2003 年实施了 31 个项目，约有 2 200 家企业和 820 个研究机构参与其中。

国家技术计划在促进合作及在企业和研究机构之间构建网络的同时，致力于加强技术转移，为国际化发展提供支持。该计划以需求为导向，时刻考虑企业的需要，并同企业进行合作，组织公司、高校和研究机构共同参与研讨会和工作坊，并明确表述计划的目的以促进上述各方的合作。

每个项目都设立一个管理小组，一位协调人以及一名来自于国家技术创新局的代表。芬兰理工大学和技术研究中心负责绝大部分项目的管理工作。它们的期限从 3 年至 5 年不等，平均为 4 年半，平均预算约为 3 300 万欧元。国家技术创新局通常提供一半的资金。与此同时，国家技术计划也是参与国际研发合作的一个良好框架，包括参与欧盟框架计划。

芬兰在计划和项目实施过程中和结束后对目标的达成度以及成功与否进行了系统评估。中期评估旨在促进计划获得更有效的实施，取得更好的成效。这类评估对项目收益率进行了分析，为项目中的各项行动和国家技术创新局的整体行动提供战略发展方面的支持。

国家技术计划的主要成就在于加强了研究机构和企业之间的联系，较大范围地促进中小企业参与其中，并推动高水平的国际合作。

2.24 瑞典

挑战与政策

20世纪90年代进行的结构调整使得瑞典在2000至2003年的经济增长速度接近于欧盟的平均水平。根据估测，2004年瑞典GDP的增长率将达到3.5%，2005和2006年分别为3.0%和2.9%。与此同时，生产力也将呈现快速增长的发展趋势，这在制造业尤其如此。然而，创新指标表明，经济增长主要以出口为基础，经济增长和生产力是由资本投资推动的，并没有带动就业市场的发展，主要原因在于新的小型公司的开办数量有限。虽然瑞典失业率没有上升，但仔细考察其就业模式，2000至2003年人均年工作时数则呈下降趋势。基于2004年欧洲创新记分牌的结果，瑞典所面临的一个总体挑战便是缩小卓越的创新表现与较缓慢的就业增长之间的差距。

无论如何，欧盟25国中绝大多数国家都会羡慕瑞典创新体系所取得的成就：在欧洲创新记分牌所考察的22个指标中，瑞典只有两个指标略低于25国平均水平；此外，瑞典在7个指标中居于首位，其中企业研发支出在GDP中所占的比重为25国平均水平的2.61倍，并且在近年呈现持续增长的势头。然而在瑞典本国看来，一些近来的发展趋势引发了关于创新体系对提升经济结构的支持能力的忧虑。尽管瑞典在知识创新领域的所有指标方面在欧盟25国中一直位列前三位，但将知识创新的这一卓越表现转化为企业中更高水平的创新仍然是瑞典所面临的一种潜在挑战。

有鉴于此，2004年6月底，工贸部长和教育科学部长共同推出了名为《创新瑞典》的国家创新战略，致力于通过创新来促进经济增长。该战略包括如下四大优先领域：坚实的创新知识基础；创新工业；公共创新投资；创新人口。每一个领域又细分为几项分支领域。这一领域的划分同里斯本目标非常相似，如今瑞典政府将该目标作为实施创新改革的推动力。由于这项战略刚刚付诸实施，所以目前还很难对其重要性做出估测。然而，这些目标在2003年通过的政府十项增长计划中还是表述得较为宽泛。

基于国际专利方面的数据，瑞典在高技术方面拥有强大的竞争优势，主要原因之一便是大型跨国和研发型产业集团在瑞典创新体系中发挥的主导性作用。这类产业集团所获得美国专利商标局的专利占瑞典全部专利的70%，换言之，瑞典中小企业在国际专利获得中只占了非常小的比重。令人惊讶的是，大部分企业研发投入并非来自于在专利获得中占主导地位的同一行业中的集团，而是来自于信息与通讯技术、制药、汽车和机械部门。然而，发展趋势方面的数据表明：瑞典至少有两项指标在迅速失去其发展动力：一是欧洲专利局高技术专利的申请在经历了2000和2001年快速增长之后，在2002年迅速下跌至1999年的水平；另一是高技术制造业的增值，从1999年以来便呈快速下跌趋势。瑞典需要面临提升以使命为指向之研究的数量和影响力的挑战，而这就需要将金融资源从大型产业集团的研究转向中小企业的研究。

创建能力中心（Competence Centres）便是这一领域中的公共计划之一。这类中心是高校、公司和研究机构三者的合作机构。瑞典于1995年启动该项计划，预计持续5至10年时间，企业积极而持续地参与其中，旨在获取长期利益的多学科的学术研究氛围，从而对资源加以整合，加强产业影响力。

到2003年为止，300家以未来为指向的企业作为契约伙伴参与了28个能力中心的活动。如今约有220家企业参与其中，其中50家企业参与不止一个能力中心的活动。所有参与企业中约1/3为中小企业。2003年的一项评估辨明，这类中心在实践和理论知识方面都取得了成效，在现代化、设计和发展中发挥着直接的作用。因此，国家创新局决定继续实施能力中心计划，创建了新一代的中心，称之为VINN卓越中心（VINN Excellence Centres）。国家创新局计划共建立25个新的卓越中心，投资近1.6亿欧元（合15亿克朗）。这些资金将平均分配给企业、公共部门和大学。

如上所述，瑞典的创新体系在中小企业对于知识的传播和应用方面表现较差，中小企业内部创新位列第8位，中小企业非技术创新率位列第12位（为25国平均水平的90%）。瑞典创新体系中的薄弱环节之一便是通过创办和发展以创新为基础的小型企业来实现产业的更新。大型产业集团基础的弱化以及对公共部门拓展的限制使得高知识含量、创新型中小企业的创办和发展成为瑞典的当务之急。因此瑞典面临的一项挑战便是*提供激励和支持框架，创办以技术为基础的新的中小企业来提高增值能力*，以此来打破大型产业集团在创新体系中占据主导地位的传统模式。相应的政策之一便是 VINNKUBATOR 项目的实施。

创新人力资源指标体系的数据表明，瑞典在该领域中的差异较大，在终身学习和高技术服务业就业岗位两个方面表现得尤为抢眼。然而，在发展趋势方面，部分人力资源相关指标正失去其发展动力，包括高技术制造业岗位以及接受高等教育的劳动力人口比重。与此相反，20 至 29 岁间的科学和工程类毕业生的比例正以迅猛的增长势头超越欧盟的平均水平。

然而，上述数据隐藏了这样一个事实：从新世纪之初信息与通讯技术泡沫破碎以来，瑞典在技术类教育，尤其是在信息与通讯技术教育的招生中经历着严重的困境，虽然情况有所好转，但科学和工程类教育的招生仍然是一大挑战，这在瑞典创新战略中得到明确的阐述。近年来，这一挑战的应对策略之一便是设立新的研究生院。大型研究基金，如瑞典战略环境研究基金会（MISTRA）和瑞典战略研究基金会（KKS）都投资开办了新的研究生院。这类研究生院同产业界保持密切合作。

在创新财政、成果和市场方面，瑞典在欧盟 25 国中一直位居三甲之列。尽管瑞典的高技术创业投资水平略低于欧盟 25 国平均水平，但早期创业投资遥遥领先于其他国家，是欧盟 25 国平均水平的 3.2 倍。

然而，这一相对良好的业绩并未抵消被认为在瑞典是较低的绝对数据，即瑞典几乎没有高风险的前种子财政（pre-seed financing）（这对创建新公司非常重要）。考虑到需要创建更多创新型小公司，这一财政瓶颈就成为一项具体的挑战，而瑞典目前并不存在这类公共前种子财政的机制。

因此，有效使用创业投资并将其集中于高技术企业是瑞典政府战略中的核心组成部分。有鉴于此，政府打造了一个瑞典版的美国"中小企业创新研究"（SBIR），将公共研发资金中的特定份额专项拨给知识密集型中小企业。2003 年 11 月，国家创新局向政府递交了一份草案，论述了如何使用 1100 万欧元（合 1 亿克朗）来构建一个符合瑞典国情的中小企业创新研究项目。

瑞典创新系统中的相关方正对一个中小企业创新研究项目模式进行讨论，为预计于 2005 年初出台的新研究法案做准备。国家创新局已经决定拨款 2500 万克朗，于 2005 年 4 月启动一项先锋计划，以此作为瑞典中小企业创新研究项目的开端。如今，国家创新局正同其他感兴趣的机构和部门进行磋商，并制定一份中小企业创新研究项目文件。

战略与良好实践

基于前文所论述的第一个挑战，瑞典需要增加知识密集型中小企业的比率，推动企业的创新和发展，而VINNKUBATOR便是一个孵化器计划，为高技术中小企业的创办和创新行动提供更多的公共创新投资。VINNKUBATOR为创业投资提供一个有力的支持环境，并对各个孵化器项目进行评估，对企业是否有能力吸引研究者、企业家、投资者和顾客进行论证。2003年6月以来，瑞典现有的14个孵化器项目每半年大约能帮助开办5家高技术企业。专业管理在其中功不可没：在研发成果和市场之间架起桥梁；对需求和所能提供的支持进行平衡；建立强有力的团队；为优秀的商业创意提供有力支持。孵化器项目对前商业化筹资和研发进行的投资的公共回报率高，因此政府计划将这类项目推广至全国。

2.25 英国

挑战与政策

尽管英国的全国性数据隐藏了巨大的地区差异，但创新指标在常数项和发展趋势两个方面都表现较好。英国在2004年欧洲创新记分牌的六个指标呈发展趋势，尽管其中两个指标正濒临失去动力的边缘。与此同时，另两个指标略低于欧盟25国平均水平，但正在迎头赶上。

英国在最近的工贸部创新报告《2003年全球经济中的竞争——创新挑战》中阐述了本国的创新政策，主要为一系列创新支持行动的基本准则。与此同时，英国政府还基于2004年的开支评估，出台了一项科学和创新的10年投资框架，表明政府下一个十年在科学和创新方面的决心，尤其关注科学和创新对于经济增长和公共服务所能做出的贡献，以及让这一贡献成为现实的研究体系的特征和资金配置。

如上所述，2004年欧洲创新记分牌表明英国的创新体系从总体而言表现良好，只是企业研发支出在GDP中所占的比重以及高技术制造业的就业岗位两个指标上落后于欧盟平均水平，并且呈进一步恶化的趋势。然而这两项指标至关重要，因为它们正是英国创新体系所面临的潜在挑战的代表，即企业研发支出的不足，以及构筑高增值制造业所面临的持续困难。

此外，2001年中小企业的创新参与率只为欧盟25国平均水平的71%，同年的企业创新支出也仅相当于平均水平的85%。因此，英国创新体系所面临的首要挑战便是推动相对薄弱的企业创新行动。英国建立了一个主要由高级企业代表组成的新的技术战略委员会，明确对本国经济增长发挥关键作用的优先技术项目，确保政府的技术项目以市场为中心，并为资源的总体分配提供建议。该技术项目的启动资金为1.5亿欧元。

英国形成了一个特定的创新财政模式：高技术创业投资为欧盟25国平均水平的90%，而早期风险投资则高出25国平均水平的50%。政府已经采取措施，在全国范围内增加拨款，鼓励小型企业迈出走向创新的第一步，其举措之一便是重新启动研发拨款项目（前身为SMART和SPUR项目），由地区发展署负责管理实施。

同企业研发支出的下降趋势相反，公共研发支出接近于欧盟25国平均水平，在最近三年中呈上升趋势，并基于科学和创新投资框架获得更多的重要资源。英国科学、工程和技术基础具有明显的多产特征，用专利指标进行衡量时表现得尤为突出，这一点在2004年欧洲创新记分牌中也得到了印证，除了欧洲专利局专利以外，英国所有的专利指标都高于欧盟25国平均水平。

然而，英国未能将这一知识创新的优势完全转化成商品和服务。虽然并不存在必然的因果关系，但英国企业创新行动中的"市场输出"指标在新产品投入市场和公司新产品开发两个方面都低于欧盟25国的平均水平，分别为平均水平的32%和90%。可能原因在于英国企业拥有许多网络联系，中小企业参与创新合作的比例高于欧盟25国平均水平，所以较少将高校和公共研究机构作为信息源。

相应的，英国所面临的第二个挑战便是加强研究基地和企业（包括服务）之间的联系。理查德·兰伯特领导的一项研究在这方面提出了一些建议，并在2004年7月为英国政府所采纳。政府致力于推广新产品和新程序的研发，同时也致力于促进更广领域中的社会发展（如提高健康水平）。在这一方面，英国于2003至2004年之间制定或修订了一系列计划，具体如下：

- 高等教育创新基金（HEIF）：修订后的高等教育创新基金为之前高校挑战基金和科学企业挑战基金的资助项目统一提供拨款；

- 知识转化网络(KTN)：知识转化网络将组织范围更广、更为灵活的网络活动，推动知识向商业的转化，并聚焦于具有提高英国生产力潜能的领域。
- 合作研发项目(CRD)：合作研发项目通过为企业界、高校和其他潜在合作方提供合作研发基金，激励工商业界对技术进行开发和使用。
- 全球聚焦项目：全球聚焦项目为企业界获得世界各地的最新技术提供支持。

基于 2004 年欧洲创新记分牌，英国在三项基本人力资源指标中表现优异，分别为接受高等教育的劳动力人口；20 至 29 岁科学和工程学毕业生人数的比重以及终身学习三个方面。尽管英国居于 25 国平均水平之上，并呈不断上升的趋势，但这些数据背后隐藏了英国劳动力市场所存在的结构性弱点，对创新产生负面影响。

近来，英国政府的一项评论强调技能的低下束缚了生产力和就业岗位的发展，并指出英国在基础和中级技能方面尤为薄弱。这对创新和投资项目构成了阻碍，减缓了知识的商业化进程。此外，各部门之间存在着明显的差异，例如，同高知识含量的服务业相比，高技术制造业的就业岗位结构要糟糕得多。考虑到英国在其他生产力动力，如信息与通讯技术的引入（为欧盟 25 国平均水平的 1.2 倍，并在最近的三年中呈现上升趋势）等方面表现良好，由技术低下带来的生产力发展障碍成为英国政府关注的焦点。因此，科学判定未来所需的技能，并增加科学、工程学和工艺技术这类专门领域中的教育机会成为英国所面临的一大挑战。

在 2003 年，英国继续实施了一系列影响教育和培训的措施，包括科学研究投资基金、现代学徒制改革、新基础学位的发展、科学大使项目以及高等教育创新基金。

最后，近来的英国政府评论表明：正如 2004 年欧洲创新记分牌中所表明的那样，低水平的创新行动以及相应的市场输出源自于缺乏竞争政策和以市场为导向的创新动机。2002 年的企业法案大大增强了政策的竞争性，并且各国将英国的体系视为世界上最好的体系之一。

消费者呼吁具有新型创新产品的市场，而公众的需求在推动创新中发挥着重要作用。相应的，英国在提升本国企业创新表现中所面临的第四个挑战便是文化的挑战。政府在最近的行动计划中制定了一系列优先项目，致力于

解决创新中的文化障碍,具体如下:
- 工作场所潜能最大化;
- 通过整合促进增值;
- 利用政府购买力为创新提供支持;
- 建立刺激创新的常规机制。

典型的行动之一便是英国商务部制定的面向决策者的"获取创新"指南,就政府购买如何创造创新机会提供实践指导。

战略与良好实践

同其他欧盟国家有所不同,英国并没有制定总体的法律或规章来限制研究者在公共和私营部门之间的整体流动。英国政策所关注的是刺激和发展这类部门之间的联系,尤其是通过合作项目促进科学基地和产业界之间的联系。知识转化伙伴项目(The Knowledge Transfer Partnerships)于2003年9月替代了原先的企业教育项目(Teaching Company Scheme)。前者以后者为基础,不同之处在于获得国家职业资格(NVQ)4级证书的人群有资格在某个继续教育学院的支持下承担企业项目,并且在项目时间表的设置上提供了更多的灵活性。

贸工部2003年的创新报告表明,对"企业教育项目"的持续评估印证了技术商业化的价值。80%的参与企业相信知识转化能带来全新的知识,或能大幅提升企业的知识含量。"企业教育项目"中各项目的实施统一限制为两年时间,而新项目提供的支持更为灵活,允许各子项目持续时间1至3年不等,鼓励更多的具备知识基础的合作伙伴如继续教育学院参与其中。

3. 国际视野中的欧洲创新政策

3.1 引言

3.1.1 2004年欧洲创新政策的拓展和延伸

2004年,欧洲创新政策监控网络的触角将延伸到一部分欧洲以外的国家和地区,旨在就创新发展趋势和政策定位问题汲取各国经验。

如图3.1.1-1所示,2004年欧洲创新政策监控共涉及20个国家和地区的创新政策,这些国家大致可以分为三大组:

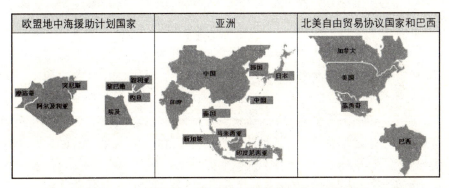

图3.1.1-1　2004年欧洲创新政策监控的欧洲以外国家和地区

- 3个北美自由贸易协议国家(加拿大、墨西哥、美国)和巴西。
- 9个亚洲国家和地区：中国及其台湾地区、印度、印度尼西亚、日本、马来西亚、新加坡、韩国和泰国。
- 7个欧盟地中海援助计划国家：阿尔及利亚、埃及、约旦、黎巴嫩、摩洛哥、叙利亚和突尼斯。

从2004年开始,欧洲创新政策网站以年度报告的形式分组公布上述国家政策监控结果。考虑到涉及国家众多,本章无法对所有国家的创新表现或政策趋势进行全面而深入的分析。因此,本章将着重对上述三类国家在创新政策中的主要驱动因素进行讨论。我们着重考察了三组国家在政策优先项目和措施方面所存在的差异,由此促使欧洲决策者吸取他国经验。与此同时,本章还就这类国家对欧洲创新政策发展的影响进行论述。

3.1.2 三组国家和地区创新表现概况

第一组中的四国可以清晰地分为两个集团,第一集团国家经济发达且相对稳定,而第二集团国家的发展水平则较低。美国和加拿大属于第一集团,两国人均DGP高于欧盟25国的平均水平，而且美国在欧洲创新记分牌的绝大多数指标上高于欧洲平均水平；总体而言，加拿大的创新同欧盟平均水平旗鼓相当。然而，即便是在美国，近来绝大多数的报告（见框注）都强调创新领域的竞争正日趋白热化，美国再也无法将维持自身的领先地位视为理所当然。

就创新指标而言，巴西与经济更为发达的其他三国和欧盟之间存在着巨大的差异。墨西哥在研发和知识产权的指标上尤为落后，而且在同领头的美国公司进行广泛的贸易往来和外购过程中，墨西哥的创新能力在很大程度上依赖于美国。

尽管亚洲国家和地区在地理位置上属于近邻，但各国间存在巨大的差异，因此本章将9个亚洲国家和地区分为两个小组，[①]以此来更好地对各国和地区创新政策和欧洲所要吸取的经验进行考察和分析。日本、韩国、新加坡和中国台湾地区为第一小组，人均GDP都高于15 000欧元；中国、印度、泰国、马来西亚和印度尼西亚为第二小组，人均GDP都低于5 000欧元。

两个小组的国家和地区在创新政策方面为欧洲提供了不同经验。第一小组在最高水平的创新政策方面为欧洲提供借鉴。此外，日本在高度发展的国家中促使创新引领经济增长这一方面提供了重要启示。第二小组国家在利用创新政策，推动快速发展方面也有许多可供借鉴之处。

7个地中海国家可以分为三个小组。在最近20年中，突尼斯和约旦在经济多样化和创新基础设施建设方面都取得了巨大的进步。阿尔及利亚和叙利亚是唯一两个在同欧盟的贸易往来中取得贸易顺差的地中海国家。然而，两国同时也是在经济多样化方面表现最差的国家，几乎全部依赖于石油、天然气和其他矿物的出口。埃及、黎巴嫩和摩洛哥在经济多样化和国家创新体系发展中也取得了一定的进步。

然而在第三组中，各国又都面临着巨大的挑战，各国政府将大量的时间和经历投入其中。就摩洛哥和埃及而言，最大的挑战便是严重的失业问题和乡村贫困问题。与此同时，埃及的公共部门臃肿且效率低下，而黎巴嫩还处于内战之后的基础设施重建阶段。

《2004年创新美国报告》中提出的创新挑战

美国竞争力委员会在2004年12月公布的"创新美国"报告中认

---

① 非常贫困国家如柬埔寨、越南和缅甸不在此研究之内。

为：“尽管美国显然是世界上第一个最具有创新能力的国家”，但是世界各国追赶的脚步也已经亦步亦趋了：

- 在美国的外资公司以及美籍外国发明家几乎占整个美国专利发明的一半，而日本、韩国和中国台湾地区也有超过四分之一份额。
- 瑞典、芬兰、以色列、日本和韩国各国在研发上的支出所占的GDP比例要比美国还要高。
- 中国在2003年超过美国，成为全球接受外商直接投资最多的国家。
- 全球25家最具竞争力信息技术公司只有6家立足于美国，14家在亚洲。
- 亚洲目前在纳米技术上的花费和美国一样多。

报告还指出美国过于依赖自己以往在知识经济方面的付出。

- 联邦政府的资金是发明创造研究的最重要支持，它在很长一段时间内已经逐步减少，现在只有其高峰时期20世纪60年代中期的一半，当时为国内生产总值的2％。除去在国防、国家安全和空间技术方面的投资，联邦政府在基础研究方面的投资在未来五年里很可能还会降低。
- 合作研发在2002年减少了近80亿美元，这是自20世纪50年代以来单年度降幅最大的一年。
- 美国作者撰写的科技论文在2002年达到顶峰，以后逐渐减少。
- 代表着美国半数以上经济活动的服务产业缺乏强有力的研究资金的支持，不能够在商业过程设计、组织和管理方面实现创新。
- 制造业不能够与新的科学和技术密切联系，这些新的科技包括：纳米技术、多功能材料和加工设计等，这些科技或许可以让美国的竞争力更富有活力。

报告最后得出结论：证据是显而易见的。在我们仍旧是世界领导者的同时，创新的能力却是以全球化的方式在发展——我们必须加快脚步。有关新的竞争力的事实是我们不应该不熟悉的领域。

报告见：www.compete.org

3.2 创新绩效与创新能力的比较分析

目前，欧洲创新记分牌（EIS）只比较了欧盟 25 国和美国及日本的绩效。2004 年欧洲创新记分牌是按照 12 项评价指标中一系列可供比较的数据进行的评估，表明美国和日本的创新能力仍远远超出欧盟的平均水平和绝大多数成员国，只有芬兰和瑞典例外。

事实上，欧盟的创新绩效从 1996 年起就一直保持在稳定的水平，而美国和日本的创新绩效却在逐步提高，因此拉大了差距。美国和欧盟的差距主要体现在三个方面：专利（50％的差距）、接受了高等教育的从业人员（26％）、研发的经费（11％，主要是企业研发上的差距）。然而，以单独成员国考虑，欧盟中较发达的国家在 12 项评价指标中有 9 项领先美国，11 项指标中 7 项高于日本。最终的趋势却是欧盟可能在所有 11 项指标中全部领先美国，在所有可比较的 10 项指标中领先日本。但是从总体上讲，欧盟和美国的趋势并不能促使创新的差距更快地被减小。

从理想状态上讲，所有采取了政策监控措施的 20 个欧洲国家都参与到这样的比较会很有用。然而，欧洲创新记分牌得到的数据指标很难被应用于其他非经济合作与发展组织（OECD）的成员国。

然而，一系列可比较的有限评价指标被用于评价创新的潜质和能力。不幸的是，这些指标倾向于反映研发能力而不是创新能力，但某些调查又的确让人们对企业创新的动态变化有更深刻的洞察。

我们首先需要记住发展水平是能力的决定因素，并且与一个国家的创新政策相关。发展水平至少在一定程度上可以通过国家的收入来评估。根据世界银行对国家的分类[①]（2004 年 7 月），把 20 个国家和地区中的 6 个划入高收入国家，3 个国家划入中等偏上收入国家，10 个国家划入中等偏下收入国家，1 个国家划入低收入国家。

相比较而言，目前欧盟的 25 个国家中除了 7 个以外都属于高收入国家（与加拿大、美国和四个亚洲国家和地区属于一类）。其余成员被定位于中等偏上

---

① 经济中所有个体以工资、利息、租金和利润形式得到的收入的总数，它包括转化的补偿。它的计算方式是在收入税被扣除之前。

收入类别	北美自由贸易协议国家/巴西	亚洲	欧盟地中海援助计划国家	欧盟25国	其他
低收入		印度			
中等偏下收入	巴西	印尼、中国、泰国	阿尔及利亚、埃及、约旦、摩洛哥、叙利亚、突尼斯		保加利亚、罗马尼亚、土耳其
中等偏上收入	墨西哥	马来西亚	黎巴嫩	捷克、爱沙尼亚、匈牙利、拉脱维亚、立陶宛、波兰、斯洛伐克	
高收入	加拿大、美国	日本、韩国、新加坡、中国台湾地区		所有其他欧盟国家	冰岛、以色列、列支敦士登、挪威、瑞士

注：中国台湾地区没有被世界银行分级。它之所以在此表中被定位于高收入群体是依据其单笔资金创造的"国内生产总值"。经济合作与发展组织(OECD)的成员国用斜体字表示。

收入国家，与黎巴嫩、马来西亚和墨西哥并列。从逻辑上讲，没有任何一个欧盟国家被列入中等偏下或低收入国家，但是在欧洲2004年创新政策监控下的三个欲加入欧盟的国家是属于中等偏下收入国家。

考虑到将对20个国家和地区采用更为广泛的关键指标，因此对现有数据进行不同分组的可能性明显加大。根据联合国开发计划署2004年人类发展指标(HDI)，该表中国家的分级反映了竞争力或财富的更广泛的社会经济观念[1]，而不只是2003年《全球竞争力报告》对发展竞争力[2](栏9)指数过于依据经济或商业观念做出判断。在这个表中，25个欧盟国家中没有一个被划入人类发展指标中等发展的国家之类，几个中等偏下收入的国家在全球商业倡议联盟(GCI)指标上超过了欧盟25国，如泰国、约旦和突尼斯的排名(分别是第32、34和38位)高于捷克共和国、立陶宛和意大利(分别是第39、40和41位)，实际上中国的排名比波兰的排名还高一位(第44位对第45位)。

---

[1] 人类发展指数(HDI)是一个复合指数，它从三个基本维度衡量一个国家平均成就，这三个维度分别是：健康长寿的生命，测量从出生开始的寿命长度；知识，测量成人的非文盲的比例与初等、中等和高等学校的综合净入学率；体面生活的水平，测量国内生产总值个人等同于美元的购买力平均水平。当人类发展的观念比任何用于测量的其中的一个单项指标更宽泛时，人类发展指标就为评价收入提供了更有力的选择，它对人类财富是一个总的衡量。见：http://hdr.undp.org。

[2] 发展竞争力指标由三项指标组成：技术指标、公共机构指标、宏观经济环境指标。这些指标将根据"硬数据(hard data)"和"调查数据"来计算。见：http://www.weforum.org/site/homepublic.nsf/Content/Global+Competitiveness+Programme。

就创新人力资源而言，在人口众多的国家，如埃及、中国、约旦和墨西哥，专业研究者所占总人口数的比重要比其他发达国家低，所以该项指标相对落后。

尽管知识创新相关指标的数据比较容易获得，而由科研经费投入/GDP 所反映的知识创新强度的指标不是在 20 个国家和地区都存在的（特别对印度以及多数欧盟地中海援助计划国家而言），因此关于"知识创造"这项指标的数据被更广泛使用。然而，已有的数据表明至少有些国家当前的发展水平与研发的力度之间是存在着差异的，如中国、约旦和巴西的研发总开支占 GDP 的比例都超过新加入欧盟 25 国的新成员国。然而，除了中国，其他国家在整个研发开支中的企业花费远远低于欧盟的平均水平，尽管这项衡量企业投资力度的主要指标指向更为正式的创新，它只用于几个国家。

一组指标中所占比重最少的是与知识的转化和应用相关的，或者更准确地讲是与企业部分的创新活动相关的。两份调查报告在综合了硬性数据指标以及意见调查之后，提供了对一些竞争绩效的深刻见解，它包括两项子指标，一项是前面提到的发展竞争力指标（GCI）；一项是《全球创业观察》（GEM）①，自 1999 年以来，每年对将近 40 个国家进行一次调查。

由《全球竞争力报告》提供的技术指标排名是由两项子指标混合构成的：创新子指标以及技术转化子指标。这两项子指标由从意见调查中收集到的加权后的数据组成，外加上创新子指标中有关每百万人口中在美国获得专利的硬性数据，以及第三产业总的受雇佣比例（两项子指标的值应该能够直接反应创新的程度）。

调查的价值在于将同样的方法应用到其他国家，尽管我们需要用谨慎态度看待调查结果。广义而言，半数的发展中国家，加上墨西哥，从整体上看，在创新这个子指标上的表现不如技术指标排名上的表现。这个结果看起来符合逻辑，因为技术转化的子指标从根本上关注与外商直接投资的作用和外国技术获取相关的两个问题，因此该指标占据的领域取决于一个国家技术多大程度来源于国外（直观地讲，人们总是希望欠发达国家可以因此在排名上具有一定的优势）。

---

① 《全球创业观察》调查以两种方式根据企业家的活动将国家分类：总体创业活动（TEA）指标，它反映的是适龄工作的人口中付出努力创业的普遍程度，以及固有创业活动（FEA）指标，它用于测量已经存在于商业中的创业活动。

然而，另外50％的群体在创新子指标的排名高于技术创新指标，这些国家包括泰国、约旦、突尼斯、阿尔及利亚、印度尼西亚和埃及。我们的解释是：与创新相关之问题的意见调查得到了更积极的结果，可能在这个阶段反映更多的是期望而非事实。

《全球创业观察》2004年的调查把40个国家①分为五组，在衡量所有企业家活动时，最具企业家精神的国家比最不具备企业家精神的国家的地位往往高出3—6倍，很多欧洲国家掉进了最不具备企业家精神的群体中。然而，从这个调查就得出"大多数的欧盟25国比韩国、巴西、中国、印度或者墨西哥这些国家更不具备企业家精神"这样的结论是危险的。

首先，经济发展水平和企业家精神等级之间的联系应具有统计学意义。因为低收入国家与高收入国家相比有较高的发展速度，因为它们在加快追赶的步伐，因此贫穷国家比发达国家更看重必要的企业家精神。其次，《全球创业观察》调查结果表明那些具有更大潜力的、能够促进充分就业机会的新型企业，看起来在研究扎实和基础设施发达的国家建立得更多一些。

从这个方面讲，《全球创业观察》报告强调，一些国家在追赶时在基础设施方面投资巨大："它有时在数十年间都会显现出巨大的、可测量的影响力。"因此，欧洲的领导角色至少与绝大多数亚洲和欧盟地中海援助计划国家还是可以相提并论的，最具潜质的企业家精神不会很快受到威胁。同样，人们期望欧盟10个新成员国根据各自的创新能力，探索在研究、技术开发和创新（RTDI）的基础设施在10年多时间中在投资增加之后会取得哪些收益。

创新活动的市场产出以及整合全球技术交流和贸易的程度，实际上可以部分地通过整个出口中高技术出口的份额来判断，虽然此项指标各个国家差异很大，但中等偏下收入的国家如泰国、印度尼西亚和摩洛哥等相对而言却做得不错。很明显的是，这样的表现会受到一些具体因素，包括如国外投资者的影响，一些新兴国家的高技术输出可能在贡献的价值方面排名较低。

最后，外商直接投资作为技术传播和创新的一个驱动力也被广泛接受，

---

① 2004年，该项调查对20个国家中的11个绘制了趋势监控图；所有这些国家都被赋予人类发展的较高排名，包括巴西、泰国、中国和印度在内。

因此几个中等偏下和偏上收入的国家（如马来西亚、巴西、突尼斯和中国）的表现又一次十分抢眼，它们吸引了很多直接的外国投资，然而其他国家在吸引投资方面则相对较差（如印度和埃及）。

依据这样的统计数据分析，把三种国家分类的报告结合在一起看是很有启示意义的，通过它们可以研究这些国家共同的优势、弱势、威胁和机遇（SWOT），也就可以更好地将 20 个国家和地区作进一步的分类。正如我们注意到的那样，这些数据实际上说明了三类国家和地区分组方式远不是同质的，在每种分组中都有根据不同发展水平、知识生成的潜力或企业创新的程度等因素而细分的子群（subgroup）。

审视所有 20 个国家和地区，对其"有特色的子群"加以重视是很有意义的。这些属于"有特色的子群"的几个国家在各自的地理区域都有相似的发展水平、相似的创新绩效和政策。

比较对象（comparator）第一群体：高收入的经济、重要的知识创造者、在欧盟 25 国中创新表现杰出、具有多样的企业创新力度。

亚　　洲	北美自由贸易协议国家/巴西	欧盟地中海援助计划国家
韩国、日本	加拿大、美国	——

第一群体国家由日本、韩国、加拿大和美国构成。这四个国家不论在知识生产还是在市场驱动的创新方面，很显然是欧盟在全球最主要的竞争者。它们在很多主要的创新指标上都超出欧盟的水平，只有加拿大的表现和欧盟整体上相近。然而在这一组，根据《全球创业观察》报告，韩国和美国的企业创新力度，分别远远高于日本和加拿大，因为它们更具有创新性和企业家精神。尽管韩国像日本一样，是由很多传统的活跃的中小企业汇聚在一起的，并得到政府对它们专门的政策支持。

在寻求政策激励或好的实践时，绝大多数欧盟国家期待不但像美国和日本那样趋向于使自己看起来更为系统化，也希望自己能够像经济合作与发展组织中的韩国和加拿大。这看起来至少对 15 个老欧盟国家来说是合理的，对 10 个新的成员国来说也是最有可能的。

比较对象第二群体：中等偏上收入国家和地区，全球整合的市场、外商直接投资驱动的创新系统。

亚　　洲	北美自由贸易协议国家/巴西	欧盟地中海援助计划国家
马来西亚 新加坡 中国台湾地区	巴西 墨西哥	约旦 突尼斯

第二群体国家和地区之间的差异也很大，是由两个大的和五个中等到小的国家和地区组成。然而，虽然它们也有一定程度的自主知识生成潜力，但它们的基本特征是"技术进口"。它们的经济很大程度上取决于外国对技术和创新的直接投资。这些国家和地区在寻求与外国投资联合的同时，已经开始从政策上鼓励争取内生的高潜质的创业。

这些国家和地区正在制定的创新政策和举措，在一定程度上与欧盟成员国的形势相类似。我们不难想象，像塞浦路斯和马耳他能够非常有效地比较它们吸引新的内部投资的举措与新加坡的差别，或者一些在经济方面很大程度上依赖于内部投资的新成员国和这些国家的政策制定者可以比较巴西、马来西亚和墨西哥是怎样做的。

比较对象第三群体： 低收入发展中国家，但是其创新潜力极不平衡。

亚　　洲	北美自由贸易协议国家/巴西	欧盟地中海援助计划国家
中国 印度 印度尼西 泰国		阿尔及利亚 埃及 黎巴嫩 摩洛哥 叙利亚

第三群体由几个"新兴经济"国家组成，它们属于低收入或中低收入水平，都面临着平衡发展的巨大问题（中国农村的贫困，黎巴嫩从战争中的恢复，阿尔及利亚、泰国和叙利亚少数部门的绝对统治，在印度班加罗尔附近很多 IT 相关创业企业等）。一般说来，它们在人力资本方面的投资还不足以构筑一种基于知识的经济基础。

然而，该组中的一些国家在创新或企业家精神动力方面拥有特殊的成长潜力（印度和中国，还可能是摩洛哥和黎巴嫩）。这一群体与三个欲加入欧盟的、受到 2004 年欧洲创新政策影响的国家（保加利亚、罗马尼亚和土耳其）在经历和政策制定方面比较相似。然而，中国和印度是两个大的国家，它们有绝对的潜力对欧盟的创新政策构成一定的挑战，我们需要将它们看作是正在崛起的竞争者。因此，欧盟大多数成员国需要密切关注这些国家的政策发展和创新趋势。

下图分别从纵、横两个坐标简单地对 20 个国家和地区的位置做了定位：知识生产者对知识进口者；企业创新系统对更传统形式的国家创新系统（如依赖几个关键产业或大企业）。未来年度报告应该更新对国家定位的理解，并了解这些国家的国家创新系统的发展。

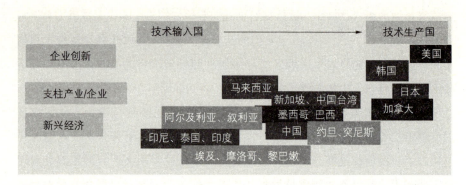

3.3 创新政策管理

3.3.1 北美自由贸易协议国家/巴西

在巴西，中央负责管理全国的创新体制，联邦政府在科技政策、资金管理和教育政策方面具有领导权力。多个职能机构发挥作用，国家科学与技术发展委员会（National Council for Scientific and Technological Development）作为一个中央机构，左右着巴西的创新政策。国家科学与技术发展委员会是一个与科技部关系密切的基金会 (foundation)，同时与国防部、矿业能源部、发展部和工业贸易部等保持着合作关系，它们一起决定着巴西的科技政策。在巴西，基金会直接向与科技发展相关的多个领域的研究生培养工作给予投资，它声称已经资助了三分之二的专业人员获得博士学位。

在加拿大，工业大臣被授权负责与政府其他部门合作确定科技政策的框架。在执行权力时，工业大臣要保证与科学和小企业的国家科学顾问（新增设职位）及议会秘书密切保持联系。加拿大工业部是联邦政府中负责企业和创新政策的领导机构，通过培养加拿大企业的成长，促进公平有效的市场，鼓励科学研究和技术传播等举措使加拿大更具有竞争力。工业部以执行者、投资者、促进者或政策制定者的多种角色促进着科技发展。

加拿大工业部直接负责着一定数量的创新相关机构,如加拿大知识产权办公室(CIPO)和加拿大技术伙伴合作计划(TPC),它们授权向战略研发项目和对国民经济、社会和环境起示范作用的项目提供资金支持。加拿大技术伙伴合作计划对研发创新项目的贡献在于调节私人部分的投资,能够帮助加拿大工业在技术基础和技术能力方面维持一定水平或者保持发展的势头。它还促进全国所有地区中小企业的发展。考虑到联邦政府职权日渐旁落的现实,人们清楚地看到提高加拿大创新绩效不能仅仅依靠联邦政府。从这个角度讲,很多举措是由省、地区或市一级的政府推出的。例如在魁北克,经济与地区发展和研究部(www.mderr.gouv.qc.ca)积极地推进企业创新产品的开发,在魁北克地区鼓励并支持地区和城市提出自己的创新策略。

除此以外,私营机构和非营利组织在开发加拿大的创新系统中发挥着重要的作用。例如,加拿大创新管理协会及其来自高新技术和研发企业或大学的成员努力工作以拓宽创新的商业化进程。2002年,联邦政府和省级政府会同很多利益相关者共同制定了创新战略。其创新网站在某种程度上与欧洲的网站相类似,例如2004年创新政策,提供的信息聚焦于创新战略、加拿大国家创新系统(NIS)的主要合作伙伴以及实施过程中的更新。[①]

墨西哥是一个联邦制国家(地方政府权限很大),负责创新的机构是国家科学与技术委员会(CONACYT)。联邦政府也与地方和同级部门协调,这与美国相似。在墨西哥,有很多联邦政府的机构负责政府创新和研发工作的某些具体方面。这些机构主要负责创新政策的一些主要领域:

- 提供国家层面的数据和市场信息以减少市场的不确定性并吸引投资。
- 提供研发和地区技术发展的资金以鼓励经济增长。
- 为专门的研发和工业部门如石油产业提供支持。
- 为私营部门提供激励措施,以鞭策科技企业进行研发投资和创新。

国家科学与技术委员会的总体目标是支持旨在提高生活水平的研发投资,主要通过科技方面的高等教育项目支持研究的举措和创新的传播。具体而言,该委员会致力于支持立足于企业的创新和产学之间的联合,以及推动研发在地方上的发展和形成科学网络。

不像其他工业化国家,美国的国家创新系统并没有一个中央集权的系统

---

① 见 http://www.innovationstrategy.gc.ca/gol/innovation/site.nsf/en/index.html。

来管理研发工作，取而代之的是很大一批联邦政府机构对政府资助的一些研发和企业项目行使着相互重叠的权限。其中很多机构关注于某个特定的部门，如美国国家卫生研究院；有些机构则关注与科技相关的更多领域，如美国国家标准与技术研究所。

除此以外，所有50个州有自己的科技计划，它们由州或地方机构负责。州或联邦机构则在不同的时间内给予不同程度的协调。然而，没有哪一个机构又能够保证步调一致，这就导致了很多低效的重复劳动。但是，它也在联邦层面和州的层面营造了一种竞争的氛围，这或许更有益于创新。

在20世纪80年代，政府官员、商人和学者担心美国正在失去其在科学和技术方面的优势，不能更好地应对经济竞争对手。在制造业滑坡和全球竞争加剧的背景下，政府、企业、劳动和高等教育的官员在1986年组成了一个竞争力委员会。这个新群体的目标是通过创造工作岗位和提高生产率平衡美国的创新能力，以提高人们的生活水平。竞争力委员会现在的工作包括"一系列的创新"，呼吁实施"经济增长领先战略"，包括与州和地方的利益相关者一起来制定地方的发展政策，同时为地方提供工具以评估和测定他们的资产。

3.3.2 亚洲国家或地区

亚洲国家的国家创新系统的结构和组成差异巨大。一般说来，盎格鲁撒克逊系统具有的密切合作的文化在亚洲国家中并不明显，尽管从逻辑上讲，国家越发达，其知识体系之间的联系就越密切。亚洲大多数国家都有政府重度干预的传统，有相对集中的系统，对地方层面的创新不是很重视。创新系统的推进者从特定的一些部门到外商投资都有（如中国台湾或马来西亚的电子企业，新加坡和中国的外商直接投资），它们规定了政府或利益相关者采取的措施，如对科学园的投资。

尽管经济发展和创新系统之间有差异，但在创新管理方面却有一些相似之处：这里提到的所有亚洲国家都有科技系统，并且很明显的一点是大多数国家的领导人都以这样或那样的方式正式地在这个系统中占有一席之地。

从形式上讲，欧洲很多国家的创新至少是在一个比较高的水平上进行管理。在大多数国家，中央协调的作用被赋予专管的部，这些专管的部有时与其他部委分担负责工作。亚洲还有比欧洲更综合的方式来管理创新，创新的责任通常要求工业部来承担。在所有国家中，创新和技术转化的责任都在加大，20

世纪90年代创立了一些新的组织来发挥中介的作用。技术园区和研究委员会到处都是。大学尽管并未得到很多指导，但是看起来也受到鼓励走向现代化。

但是在进一步审视系统时，我们会发现不管是在执行还是相对效果方面，它们之间有着巨大的差异。首先，日本和韩国有着很精密的系统，被赋予了实现成效的必要手段。2001年两国的改革都显示出进一步加强科学、技术和创新的意愿。两个国家都表现出专注于促进各种创新之间的联系（组织-大学-工业之间的合作）的特征。

中国台湾地区和新加坡也越来越重视对创新的管理，并把它作为主要的、使之能够持续拥有发展和提高竞争力的推进器。比较其优势，新加坡看起来是一个管理上最成功的范例，形成了一个最富凝聚力的国家创新系统。马来西亚正处在建立创新系统的进程中，但到目前为止，它与上面提到的国家和地区相比，所拥有的资源和取得的成功相对有限。马来西亚目前看起来在创新方面的成就要高于其整个的经济成就。中国已经逐步建立起在很大程度上模仿西方模式的一个系统，尽管这个系统的建立不是通过创立新的组织，而是重组已有的组织。中国承认自己缺乏企业创业的文化以及合作的取向，但还是接受了国家创新系统的概念，试图加强联系。印度有科学的传统，但在学术和企业之间的合作方面表现很弱，只是在印度南部的电子企业取得了一定的成功。泰国和印尼的资源有限，但是也做出了一定的努力并看重创新的作用。创新作为不很明显的国家在财政与合作方面往往也先天不足。

3.3.3　欧盟地中海援助计划国家

欧盟地中海援助计划国家的创新系统一般说来由两个相对独立的系统构成：科学系统和企业发展系统。科学系统是由国家的研究机构和大学组成，这些机构条件都比较好，在本国有比较长的历史，只不过近来更加独立于国家机构的管理。大多数欧盟地中海援助计划国家在20世纪70年代建立起了类似于国家科学协会或学院之类的部门，但是在很久以后它们才建立起国家科学与技术部这样的机构，如叙利亚在1999年成立国家科技部，埃及在2002年建立起科学与技术最高委员会。这些机构还很年轻。欧盟地中海援助计划国家的科学系统正在学习如何确定优先考虑的事项，如何分配研究资源，以及如何设计、评估和完善国家的研究项目。

欧盟地中海援助计划国家的企业发展系统一般由经济事务部负责管理，与科学系统通常没有形式上的联系。实际上，它们的企业发展系统近来获得了一定发展，或多或少更加独立于科学系统。这一过程在一定程度上受到欧盟地中海援助计划国家项目的激励，因为它们为企业发展项目提供了充足的资金。然而，这些国家开发有效的企业发展系统所取得的进展还是比较缓慢的，还有很多障碍需要克服，这需要建立新的沟通机制来支持项目。

3.4 当前的挑战和政策优先事项

3.4.1 挑战驱动创新政策的发展

依据由2004年欧洲创新政策网络执行的政策监控结果，本部分旨在强调三类群体的国家政策制定者和其他创新利益相关者当前所关心的一系列主题、问题或事实。

有些挑战与欧盟当前面临的挑战如出一辙，对亚洲国家也是一样，彼此都很关注熟练劳动力的质量和数量问题。

除此以外，所有这些国家还很关注保障所有个体和企业获取基本技能和技术的基本条件（如教育、信息社会的基础设施）。大多数国家（特别是日本、墨西哥和马来西亚）的目标还在于增加公共或私营部门用于研究和创新的投资力度，这种方式与欧洲目前中期目标相似。

保证国家创新系统从整体上发挥有效的作用，越来越被看作是应对高收入国家挑战的桥梁。实际上，在所有这三类国家，那些目的在于加强管理的措施都更多地依赖于广泛的公共和私营部门的合作伙伴。

亚　　洲	欧盟地中海援助计划国家	北美自由贸易协议国家/巴西
● 改革使国家创新系统的效益得到提高（特别是日本）。 ● 采取的措施能够刺激内生（小企业）的创新活动（如税收刺激）。 ● 教育和培训——包括促进国际流动。 ● 需要增加在研发方面的投资（对高收入和低收入国家均是如此）。 ● 私营部门创新的领导作用加大，相应地降低政府的作用。	● 主要的问题存在于基础教育和研发的基础设施。 ● 有公共创新的规划，但缺乏实施。 ● 对科学系统与企业系统加以区分。 ● 私营部门的领导和投资很弱。 ● 有几个具体的项目是比较有前景的，强调了成功的模式的需求。	● 面临熟练工人的短缺（科技专业的毕业生）。 ● 机构与政府各层面的合作存在困难。 ● 研发和创新依赖多重的国家机构（巴西、加拿大和墨西哥）。 ● 美国在基础研究方面投入滞后，并缺乏规章制度的限制。 ● 第三方的研究机构、公共和私营部门在创新过程中是合作伙伴关系。

因此,第三方公共-私营部门的组织,如美国竞争力委员会对创新的领导权力在不断增长。对科技机构或企业支持系统的改革也能够促进创新的表现。

很多国家和地区(如韩国、中国台湾、新加坡、约旦)都认识到,对创新的认可不能仅仅局限于技术和研究领域,而且需要渗透到更宽泛的文化领域。

最后,尽管还很难说清楚创新对欧洲联合起来的贡献有多大,但是不平衡的发展前景是所有这三类国家(亚洲、北美自由贸易协议国家和巴西、欧盟地中海援助计划国家)共同关注的问题。到目前为止,创新作为一种推动社会经济关系更加密切的手段即使在美国也是不容忽视的(如在美国的一些农村地区,接入宽带进行交流也依然是一个问题)。

3.4.2 政策发展趋势和优先考虑事项

因为政策需要回应这些广泛的挑战,整个 20 世纪也出台了一系列的政策和发展目标文件,但并不是所有国家都有明晰的创新政策文件。即使对那些有这类文件的国家而言,以下归纳的几个主题也是需要予以特别关注的。

促进竞争

尽管竞争是所有国家在发展进程中都高度重视的,但是它只被北美自由贸易协议国家中的发达国家,即美国和加拿大看作是当务之急。在美国,自从成立了竞争力委员会之后,发生了巨大的变化,它帮助美国经济重新获得了竞争优势。政府和商界的领导者特别关注对科学、数学和工程教育,特别是对研究生层面教育的支持或兴趣是否有所减少。

要实现这样的局面,需要技术企业、政府部门和大学之间加强合作的力度,设立培训和高等教育项目。对于美国是否在研发和创新方面树立了一面旗帜,人们还是有争议的,或者说更富进取心的欧洲是否应该超越它。

布什政府承认欧洲在教育和研究方面付出的巨大努力已经开始让欧洲获得"收复失地"的报偿了。但是人们普遍同意美国并没有立刻失去其科学、技术领先优势的危险。然而,在非国防领域的研发支出比例的降低以及在科学高等教育方面的鸿沟,毫无疑问会导致长期的问题。

加拿大的主要目标在于提高在创新方面的投资并实现其承诺,这包括更多的资源用于研发,更有进取心地留住和吸引科技专家,更多的资金用于风险投资,以及更多地调整或改革税收。中央和省级政府也希望确保在多个高技术集群 (high tech clusters) 的绝对地位,这些集群是较高水平的投资的聚焦中心。在加拿大,另一种选择是将更多的资金用于启动高技术创业。把商业发展银行作为资金动力,政府期待通过银行扩大投资以刺激中小企业在研发方面做出更多的努力,该项投资约合 1 670 万欧元。

为科学、技术和创新设立中期目标

欧盟 2010 年里斯本目标对于欧洲促进创新和经济的增长来说是核心的要素。在其他国家也有相似的目标和中期计划。2002 年加拿大的国内峰会为增加公共和私人的研发投资、扩大在创新方面的投资确立了 15 项目标。前面已经提到,美国竞争力委员会的工作已促使与创新相关的目标更加明晰化,很多州一级的合作伙伴经常根据创新目标确立自己的目标。

确立目标也是很多比较发达的亚洲国家特别关注的焦点,中国和印度也不例外。日本于 2001 年开始在科技方面进行改革,旨在通过更具竞争性和信誉度更高的资金管理机制来提高创新系统的效能。韩国确立了三个阶段的发展计划,目的在于保证到 2025 年其在选定领域内的科学和技术方面的竞争力与七大工业国相当。该计划有几个重要的特色,包括将创新系统从政府主导转变为私营部门主导。除此以外,中国台湾地区也确立了到 2008 成为"绿色硅岛"的中期目标,有趣的是它包含着重发展有创造性的工业和吸引国际研发人才。

中国和印度也充分认识到有必要为经济增长充分发挥科学技术的潜力。中国有两项连续的政策项目以促进知识创新,推动制定科技和创新的战略行动计划。然而,将投资转化为知识创造以推动商业化的发展却没有被充分强调,虽然这是很有必要的。

追求科学技术与创新的长远发展也是泰国和印度尼西亚优先考虑的事项,但是它们却没有明确阐述的目标。泰国曾经提到在整个 2002—2006 年的国家计划中,创新是一个主题,要着重关注是在众多核心技术领域提高研发的创造力,加强技术转化和建设科学和技术的基础设施。印度尼西亚也通过了一项国家创新系统的立法,旨在将科学技术和工程更密切地整合为国家发展的一部分。这两个国家的举动看起来是要重新确立未来几年公共资金的优先考虑事项。

尽管没有一个欧盟地中海援助计划国家出台确定明确创新目标的正式的创新政策，然而事实上创新政策的元素已经通过很多企业发展的项目和旨在支持大学研究者专业发展的项目得以体现出来。此外，所有欧盟地中海援助计划国家都和欧盟一起参与了到 2010 年创建欧洲-地中海自由贸易区（Euro-Mediterranean Free Erade Zone）的进程，这使得工业重建成为每个国家议事日程上最优先考虑的问题，以便做好准备来应对与欧洲自由贸易的挑战。

突尼斯是这些国家中比较发达的国家的一个很好例子。它在 2004 年推出了第一个明确"创新"的项目，政府在其官方网站上提到了"国家创新系统"。但是，从那以后没有形成明确的具体创新政策，或提出研究与创新之间的关系，而它们却是技术转化的"线性"模型隐含的主导因素。

培育创新的文化

欧盟内部对保证创新触及社会各个角落或者说"创新无处不在"这样的目标的必要性已经进行了众多的讨论。我们很多重要的合作伙伴也有类似的反应，特别是那些从一开始就把创新作为政策上最优先考虑的国家。如新加坡的目标在于使自己从"最有效率的城市转化为创新的国家"，并确保将创新的文化渗透到整个社会。马来西亚确定了到 2020 年的愿景，其目标是创建科学和进步的社会，建立创新和积极向上的企业。大家一致认为成为更有创造性的一员而不仅仅是技术的消费者是很有必要的。

最近，埃及、约旦和突尼斯共同进行了一项有前瞻性的实践，它们呼吁从政策上更多考虑创新，特别要使利益相关者都来关心这个问题，战略性地思考经济与社会，以及科学、技术、工程在发展中所发挥作用的能力。在约旦，一个名为"约旦，领先一步"的项目通过促进国民参与决策来支持民主化进程，评论员强调了民主参与和创新之间的联系。从这个意义上讲，"约旦，领先一步"可以被看作是创新政策的组成部分，它的目标指向推动社会创新而不只是技术或商业创新。

培养地方小企业的创新能力

每个群体的国家中总有很多国家面临着大型国有企业占据主导地位或者外商直接投资所占比例很大带来的挑战，这往往使新的充满活力和具有创新精神的中小企业难以凸显。从这个角度讲，新一代的中小企业政策很明显地关注那些更有潜力、更具风险的发展，但也日渐认可拥有成熟的中小企业的必要性。以新加坡为例，一项由新加坡标准、生产力与创新局（SPRING Singapore）出台的十年战略计划（2000—2010 年）意在创建更多充满活力的、富有灵活性的中小企业，以增强新加坡的竞争力，促进经济的增长。它有三个战略目标：培植创新的、高速发展的中小企业；发展具有高生产力的中小企业；营造基于知识的、适合企业发展的环境。

区域集群（regional clusters）也是重要的组织创新的机制（如美国、加拿大、日本、印度等），它们彼此回应对方创新的需要，以保证更大范围内的中小企业都参与技术升级和产品开发。以加拿大为例，政府出台了 2002 年创新战略，其中包括发展区域技术集群，以便在全国范围内刺激经济增长和技术创新。

仅在 2002 年，大约 12.5 亿欧元的资金被投入到 6 个生物技术中心，这挑起了一场争论。如加拿大会议局（Conference Board of Canada）认为把政策设定在预先选择的领域而不是增强普遍的创新能力是一种错误的导向，应该让市场决定形成什么样的集群。

外国直接投资占据主要地位是巴西和墨西哥都面临的重要挑战。对巴西而言，最重要的是要在小企业中培养本土的创新能力，而这一点由于巴西一直趋向于进口很多技术而被隐藏起来，从而导致了巴西企业可持续性的创新受到限制。20 世纪 90 年代后期，巴西政府推出了一系列新的项目和举措。2004 年春天，政府宣布将投资 43.17 亿欧元信用额度来促进地方的技术创新。

墨西哥也寻求摆脱依赖美国进口技术的局面，代之以发展自己本土的能力。它目前渴求进行教育方面的改革和投资，下放国家创新系统的权力，使对企业的支持和与知识网络的联系渗透到地方。墨西哥国家科学与技术委员会也直接参与国内的一些技术孵化和培训项目的工作，以扩大中小企业进入技术领域的机会。

欧盟地中海援助计划国家也加强了促进技术与企业创新结合的工作。在约旦，"社会和经济转型计划"旨在促进经济改革，刺激增长和赢得繁荣。该计划在 2002—2004 年度包含了"增强生产力项目"，提出要在地区一级帮助人们增加收入和创造就业机会。就像大多数欧盟地中海援助计划国家一样，突尼斯正在通过技术园区、科学城、孵化区、风险投资以及诸如贷款保证为中小企业全心服务等方式，打造国家创新系统。

小结：比较对象的政策取向

请回顾在第二部分被比较的欧洲国家群体，下面的表格将对它们政策优先考虑事项的主要趋势加以总结。

比 较 对 象	趋　　　势
第一群体 发达的欧洲国家，是所有国家政策风向标	● 通过增强创新系统的效率和效能进行机构改革。 ● 强调公共和私营部门间的伙伴合作关系，以此作为刺激创新的机制。
第二群体 欧洲南部国家和新的欧盟成员国	● 挖掘富有创造力的、本土的创新潜能（在减少外商直接投资同时提高本国的工业研发能力）。 ● 增加在研发方面的投资力度（类似于欧盟的巴塞罗那目标）。 ● 从消费知识转向创造知识。 ● 特殊（有一定声望）的项目。
第三群体 新的欧盟成员国和欲加入欧盟的国家	● 越来越认可有必要把科学和技术看作是改善经济和增加社会财富的推动力。 ● 创新成为更广泛的政策目标中的一个主题——包括在尖端领域的竞争力。 ● 在特定的技术方面培养竞争力和进行区域集群行动（如通过深谋远虑）。 ● 更多考虑科学技术基础设施的建设，而不是把更宽泛的企业部门的创新作为优先考虑的事项。

3.5　全球层面的政策学习

3.5.1　如何把握欧洲的创新政策和绩效表现

从整体上讲，第一轮对三类非欧洲国家群体的政策监控报告，并未突出显示我们的合作伙伴或竞争对手对欧盟各层次的创新政策发展的监控或评价过程，它们可能是互惠的、系统的。很明显，对欧盟政策发展最有兴趣的可能是我们的近邻：欧盟地中海援助计划国家，以及经济合作与发展组织中那些特殊的合作伙伴——它们过去就一直参与政策标准制定的活动（特别是日本）。对很多国家而言，美国毋庸置疑仍然是基准，左右着评价活动和政策模型。尽管在亚洲内部，日本和亚洲四小虎的模式仍具有示范性，但中国目前的快速发展也有必要加以考虑。

由于美国和欧洲的创新之间有着密切的联系，通过经济合作与发展组织和其他国际机构,美国和欧盟在很多创新问题上一同合作。然而,由于美国没有一个相应独立的机构专门处理创新问题,大多数州和州一级的创新并不把欧盟模式看作榜样。美国虽然在改进社区学院系统时利用德国模式进行职业培训项目,然而大多数州一级的指标是不同于其他州的,以比较各自的竞争力和能力建设。

在关注北美自由贸易协议国家和巴西时,可以肯定加拿大与英国和法国之间有很深的历史渊源,而西班牙则与拉美国家有着长期的关系。欧洲的创新政策会影响到这些伙伴,加拿大科学和创新指标联盟(Canadian Science and Innovation Indicators Consortium, CSIIC)就是一个很好的例子,它最近使用了欧洲创新记分牌的指标来监控省一级的创新活动。[1]墨西哥和巴西的创新系统在设计和实施方面都模仿美国。它们尽力深化研发,提高工业企业的质量和强调私营部分的竞争力,然而它们在某些方面也把欧洲视为榜样。例如,当巴西拓展其工业培训项目时,以欧洲科技培训的模式为基础。

欧洲和亚洲国家之间有很多交流,彼此分享着学习经验。在经济合作与发展组织的框架下,这种交流是非常有系统的(日本、韩国,加上一些非成员国)。最近作为观察员身份参与到经合组织的中国也被期待在创新领域增加知识和信息的交换。世界银行和联合国开发计划署(UNDP)也支持知识交换的机制(对相对较穷但符合条件的国家)。在此背景下,他们与欧洲的联系也日渐凸显。

谈到双边信息和学习经验的交流,关系比较密切的往往是比较大的成员国,特别是英国和德国,有时还包括中等面积的技术发达国家如荷兰。新加坡和印度与英国的关系十分紧密,它们从英国的学术机构或咨询机构中获益甚多。英国与绝大多数被研究的国家都有很密切的联系。从历史上讲,荷兰与印度尼西亚关系密切,而德国则追求和中国以及其他东亚国家建立强有力的经济与知识的交流机制。

相反,欧洲的其他国家还不打算向亚洲学习,但日本除外。欧洲充分研究了日本在20世纪80年代的成功,欧洲仍然有兴趣观察日本的创新政策,特别是日本大企业与小企业结构上的关系。日本《2001年改革法》就是一个管理分析的有趣案例。

---

[1] 见 http://trendchart.cordis.lu/tc_policy_information_fiche.cfm?id=517。

总体上讲，欧盟地中海援助计划国家对欧洲经济最近几十年取得的巨大进步十分羡慕，也很有兴趣。这些国家在根据其创新设计与实施进一步发展自己评估和改善政策的能力时，会发现借鉴希腊或西班牙这类国家的经验可能更容易一些，它们或许能从中吸取教训。然而，形成一个更有成效的决策过程所遇到的障碍却是缺乏相应的统计数据。尽管人们越来越理解和欣赏评估的必要性，但更有必要使评估的数据与资源相吻合，以便进一步发展进行设计、管理和诠释评估数据所需要的技能，这是所有欧盟地中海援助计划国家都在实践的。

欧洲国家一致认为应当与欧盟地中海援助计划国家的创新系统合作，欧盟国家会从中获益。但是究竟从合作中能获得哪些具体的好处却没有一个清晰的蓝图，这就引发了另一个问题，如何使这些好处显现出来。不过，在这方面政治上一直在稳步前进。欧盟和欧盟地中海援助计划国家最重要的有组织的交流平台，是由欧洲-地中海合作研究、技术与开发监控委员会（Monitoring Committee for Euro-Mediterranean Cooperation in RTD, MOCO）创立的，它形成了交流的最重要机制。

这一交流机制是1995年11月巴塞罗那外长会议后建立的。每两年要么在欧盟某个国家或在地中海合作国家召开一次会议，鲜有例外。会议旨在就研究、技术与开发，以及创新政策问题进行广泛的对话。在过去几年中，对话已经超越了科学和技术，而且从与研究、技术与开发相关的活动延伸到社会、经济和文化发展等更广泛的创新和需要迎接的挑战。这种对话能够通过支持本质上更具操作性的补充措施而更大程度地获益。

3.5.2 政策学习的机会

在对政策过程、某种测量或者信息传递的机制举例时有必要保持一贯的谨慎态度，它们可能是欧洲政策制定者有兴趣去研究的。可能存在的例子需要在社会-经济的背景下以及整个国家盛行的创新系统的框架下被审慎地加以思考。然而，欧洲2004年创新政策实践的目标在于提供让更多人参与的学习机会，这些人包括欧盟内部的政策制定者、顾问和学者。

北美自由贸易协议国家和巴西，特别是美国为高收入的欧洲提供了各方面值得学习的经验。美国有很多使用联邦政府的钱支持州一级行动的项目，如制造业拓展项目，这为欧盟提供了一个潜在研究领域。这些项目对州来说具有足够的灵活性，可以试验各种解决方案，从而形成全国范围内富有创造力的竞争。这种灵活性帮助各州体现它们独特的竞争优势，支持面向特定领域的创新，并形成自己的高技术集群。

另一个面向中小企业的项目是"小企业创新研究"（Small Business Innovation Research, SBIR），它横跨11个机构，包括农业、商业、国防、能源和交通运输等，支持小企业的创新努力。自美国国家科学基金会1977年启动该项目以来，它与联邦政府研发项目中的中小企业项目结合起来，提高了竞争力，为创新提供了资金，促进了发展。根据"小企业创新研究"的要求，11个机构中的每个机构都必须将其得到的研发预算中2.5%的资金用于资助中小企业。为了帮助企业拿到"小企业创新研究"的资金，很多州目前都开发了一些向申请者提供财政和技术支持的项目。

加拿大在培训劳动力、发展关键的技术领域和在全球竞争等方面做得很好。它最关注吸引和留住那些熟练工人和有竞争力的企业，特别希望他们能抵御美国的诱惑。加拿大尽力使人才不外流到美国的做法被证明是欧盟新成员国非常感兴趣的，因为这些国家也担心自己的人才会流向西方国家。

拉丁美洲和欧洲大的发展中国家之间现在有机会相互学习。除此以外，加拿大还为小的欧盟国家在提高经济竞争性方面树立了榜样，它的充满活力的创新系统使之足以和它强大的邻居竞争。而且，大的发展中国家，如巴西和墨西哥有其独特的特征，也为欧洲国家提供了标准。巴西和墨西哥可以为大的发展中国家如何提高创新能力提供经验。

对很多新的欧盟成员如波兰以及未来也可能加入的成员如土耳其，巴西和墨西哥的经验都是适用的。这些拉美国家展示了如何与大的邻居相处的方式，如欧盟需要与其大的邻居如乌克兰、俄罗斯相处。例如，墨西哥和巴西都是有着庞大官僚机构的国家，官僚作风盛行，因此会降低创新的速度和商业化的进程。这两个国家当前都在努力减少这种障碍。

谈到亚洲国家，以下这些新模式或许是欧盟成员国有兴趣做进一步研究的：

● 2001年日本和韩国的改革法案。这些国家受到创新系统越来越复杂的问题的困扰，因此需要很好的管理，并且有必要尽可能使企业活跃起来，特别是中小企业。它们采取的措施和方法在实现长期愿景方面取得了成功，这可能是欧盟有些国家会感兴趣的。

- 在印度，有专门的国家科学与技术企业发展委员会来支持企业，这或许为与印度关系密切的国家提供了有趣的案例。

- 在马来西亚，"多媒体超级通道"是促进最现代化地使用信息技术基础设施的一种尝试。马来西亚对技术的过重投资曾受到强烈的批评，但比较其在一段时间的努力和取得的成绩则是非常有益的。

在积极的互动学习的背景下，可能有必要更广泛地研究亚太经合组织的科学技术网络(APEC Science and Technology Network，ASTN)，它集中讨论如何在区域内增强创造力和研究者之间的交流。这一网络努力协助科学家和工程师积极地交流与互动，为亚太经合组织的国家在填平研发管理能力的鸿沟方面牵线搭桥，促进区域内科学家和工程师相互交流，分享研究设施，支持科技方面信息的流动以求得平衡和地区的可持续发展。

这样的相关举措在欧盟地中海援助计划国家很难找到。但是它们之间仍然鼓励双向交流的学习机会，而不只是简单地照搬欧盟的经验。例如，约旦的"实现(REACH)"项目就是一个信息技术取向的发展项目，它具备很高的透明度、评估的方法、公立和私营部门的合作伙伴关系等值得关注的特点。

在 2004 年，突尼斯启动了其第一个明确说明要"创新"的项目。"国家研究和创新项目(National Research and Innovation Programme，PNRI)"有意识地在学术界和工业界之间建立联系。突尼斯还启动了一项试点研究项目，在国有企业合作的基础上鼓励发展新的商业。突尼斯电信、突尼斯化工集团、突尼斯加夫萨磷酸盐公司、突尼斯能源发展公司都将参加这一试点，并且一大笔专用的种子资本基金已经建立，以支持资金分配。

附件 1：主要指标的比较

	(1)	(2)	(3)	(4)	(5)	(6)	(7)	(8)	(9)	(10)	(11)	(12)	(13)
	人口（百万）	人均国内生产总值美元/购买力原价	研发总支出占GDP的比例	企业研发支出占研发总支出的比例	百万人口中研究者的数量	高技术出口（出口贸易中百分比）	外商直接投资占GDP的百分比	人类发展指数排名	成长竞争力指数排名	技术指数排名	创新指数排名	总体创业活动指数	财务伦理指标
高等人类发展 (High Human Development)													
加拿大	31.3	29 480	1.9	40	2 978	14	2.9	4	16	11	9	8.5	2.33
美 国	291	35 750	2.8	66.2	4 099	32	0.4	8	11	1	1	11.3	2.37
日 本	127.5	26 940	3.1	73	5 231	24	0.2	9	11	5	5	2.27	1.36
新加坡	4.2	24 040	2.1	54.2	4 052	60	7	25	6	12	15	5.4	2.35
中国台湾	227.5	23 400	2.2	63.6	—	—	—	—	5	3	2	4.3	1.08
韩 国	47.4	16 950	3	72.5	2 880	32	0.4	28	18	6	7	14.5	4.02
墨西哥	102	8 970	0.4	23.6	225	21	2.3	53	47	43	59	12.4	2.8
中等人类发展 (Medium Human Development)													
马来西亚	24	9 120	0.4	8.3	160	58	3.4	59	29	20	41	—	—
巴 西	176.3	77 770	1.1	38.2	323	19	3.7	72	54	35	60	13.2	1.87
泰 国	62.2	7 010	0.1	18.4	74	31	0.7	76	32	39	37	18.9	1.17
黎巴嫩	3.6	4 360	—	—	—	3	1.5	80	—	—	—	—	—
约 旦	5.3	4 220	6.3	—	1 984	3	0.6	90	34	48	47	—	—
突尼斯	9.7	6 760	0.5	7	336	4	3.8	92	38	57	50	—	—

续表

	(1)	(2)	(3)	(4)	(5)	(6)	(7)	(8)	(9)	(10)	(11)	(12)	(13)
	人口（百万）	人均国内生产总值美元/购买力平价	研发总支出占GDP的比例	企业研发支出占研究总支出的比例	百万人口中研究者的数量	高技术出口（出口贸易中百分比）	外商直接投资占GDP的百分比	人类发展指数排名	成长竞争力指数排名	技术指数排名	创新指数排名	总体创业活动指数	财务伦理指标
中等人类发展 (Medium Human Development)
中国	1294.9	4580	1.1	57.6	584	23	3.9	94	44	65	70	12	2.56
叙利亚	17.4	3620	0.2	—	29	1	1.1	106	—	—	—	—	—
阿尔及利亚	31.3	5760	—	—	—	4	1.9	108	74	96	74	—	—
印尼	217.1	3230	—	—	130	16	−0.9	111	72	78	65	—	—
埃及	70.5	3810	0.2	—	493	1	0.7	120	58	68	39	—	—
摩洛哥	30.1	3810	—	—	—	11	1.2	125	61	71	71	—	—
印度	1049.5	2670	—	—	157	5	0.6	127	56	64	66	17.9	1.78
参考年代	2002	2002	1996—2002	2001/2002	1996—2002	2002	2002	2004	2003	2003	2003		

资料来源：
(1)(8) 联合国开发计划署：《人类发展报告(2004)》
(2)(6)(7) 世界银行：《世界发展指标(2004)》
(3)(4)(5) 联合国教科文组织统计研究所
(3)和(5) 选取的是提到的最新的年份
(9)(10)(11) 世界经济论坛：《全球竞争力报告(2003—2004)》
(12)(13)《全球创业观察2003年度行政报告》
除了中国台湾地区，(1)和(2)美国中央情报局(CIA)世界实况资料手册(2004)；(3)和(4)《国际竞争力年鉴》

三、欧洲国家创新进展报告

概　要

　　所谓创新就是变革和持续应对变革的能力。创新可以是某些新想法的成功试探，常以某种新的或改善的产品、服务等形式出现，也可以是某项产品或服务的创新提供方式。同样，创新还可以是现有某种产品市场的创造性开拓，或是某个产业部门商业模式的新变革。推动创新是里斯本战略的核心所在，因为它是各企业、产业、地区和国家保持竞争力的关键性决定因素。

　　在上述背景下，《2006 欧洲创新进展报告》是依据欧洲创新趋势图表项目，结合 2005 年欧洲创新进展情况的相关结论、分析资料而形成的一份概述性报告。本报告的结论基于两方面的分析：一是对重要指标(2005 年欧洲创新排行榜)的发展趋势所做的实证分析，二是对 25 个欧盟成员国和若干候补成员国在加强国家创新系统建设时，本报告对上述国家在面临挑战时所采取的国家政策所做的定性分析。

　　本报告使用上述两种研究方法，并结合 2005 年欧洲创新排行榜的相关发现，为各国指出三项关键性挑战；报告尔后对各国应对政策的中肯性程度及这些政策对解决挑战的可能贡献进行评估。此外，有效的应对政策需要以强大的行政管理流程为后盾，这包括核心利益相关者的协同工作能力、接近政策智囊的能力和对政策的影响性进行独立评估的能力等。本报告第二章将就创新政策管理作详细分析。

　　2005 年欧洲创新排行榜对排名的方法进行了改进，并对 26 项创新指标进行了修订。在本排行榜上，瑞典、芬兰和瑞士等三国的欧洲创新领先者地位得到了再次确认，紧跟其后的是德国和丹麦。绝大多数欧盟新成员国加入了创新的追赶进程，然而这些国家缓慢的追赶步伐难以让全体欧洲国家在短期内达到一致的创新能力水平。此外，即便欧盟 25 个成员国的创新趋势依然保持当前的稳定水平，欧洲与美国之间的创新差距仍将无法填补，这可主要归因于欧洲对专利行为、信息与通讯技术投资、教育绩效水平较低等原因。

　　欧洲创新排行榜确定了创新的五大核心维度(创新动力、知识创新、创新与企业家精神、知识应用和知识产权)，这些维度使我们对欧洲各国的创新优势和不足有了更为深入的洞悉。每个国家均有其各自的创新议程，然而近来的证据显示，一国在五大创新维度上的均衡表现是一国整体创新能力强大的积极动力。这表明，特别对于创新落伍国家而言，全方位推进国家创新的政策比进一步改善已有优势维度的政策将更为有效。

即使是创新领先国家,也面临如何从本国卓越的创新绩效中产出更多成果的问题。在这方面,衡量创新强国如何将创新资产(教育、研发和创新支出)转化为创新成果(新产品的销售额、高技术产业的雇佣人数和专利数)的指标,即创新效率尤为引人关注。其中瑞士、丹麦、德国、冰岛、意大利和荷兰等国在创新效率方面表现尤其出色。根据2005年创新指标(nnobarometer)的统计,上述国家成功的一种可能解释是大部分国家的高创新效率得益于其国民高于欧洲平均水平的创新需求。

2005年趋势图表项目的网络调查反馈对各国创新挑战的评估,主要基于欧洲创新排行榜的相关结论与其他国家性分析报告,调查发现从政策的角度看,一些国家认为以下3项欧洲创新排行榜指标尤为重要。

● 商业支出中用于研发的比例(欧盟25国中的16个成员国和8个候补国中的3个国家);

● 毕业生中科学和工程类学生所占的比例(欧盟25国中的13个成员国和8个候补国中的3个国家);

● 终身学习参与情况(欧盟25国中的14个成员国和1个候补国家)。

与2004年相比,各国在本年度所面临的各类创新挑战并未发生实质性的变化。这一结果的部分原因可能是欧洲创新排行榜指标本身的信度和时效性问题。由于缺少足够的经验,这些从第3次共同体创新调查[①]数据中筛选的排行榜指标,在筛选时可能受到因经验不足而产生的影响。也可能是,一些国家将欧洲各国在创新领域表现最差的具体指标作为创新挑战,而不是将本国原本较高的创新水平而现正发生创新力消退的情况,或者将与其他创新卓越国家相比,本国较为薄弱的创新能力情况作为创新挑战(如法国和英国将商业支出中用于研发投入占GDP的情况作为创新挑战指标;丹麦将终身学习情况作为创新挑战指标)。此外,在那些被视为"创新领先"的国家,很少将创新挑战集中在单个指标上,而是集中在更为系统或更为"均衡"的创新绩效上(如芬兰和瑞典将中小企业如何替代衰落的大企业,从而承担更为重要的国家经济角色作为创新挑战指标)。

上述指标的重要性反映了各国政府尤为关注对创新型企业的扶持力度,

---

① 第3次共同体创新调查,网址:http://cordis.europa.eu/innovation/en/policy/cis.htm。

日益强调受过培训的国民的可供应性,注重发展与维持本国雇员的技能,以使国民能对新技术与新管理方法的发展作出回应。值得关注的是,所有不同的欧洲国家均面临与人力资源指标相关的创新挑战,包括两个北欧国家(指瑞典与芬兰)和瑞士。因此,如何确保本国适龄劳动力拥有合适的技术技能,并能在技术转变大潮中确保其竞争力,成为衡量一国经济发展水平的独立变量。各国对国家创新系统中其他因素的关注(如教学方法促进创新、技术岗位等),或许对各国所面临的挑战作出了更好的解释和政策关注缘由。

单个指标无论何等重要,都无法构建一个完整的创新政策框架。因而,针对某些具体挑战而制订的创新政策的深入分析,主要集中在以下欧洲创新排行榜中的五大类指标上。

- 创新动力(包括人力资源指标,特别是国家创新潜力所需的人才结构);
- 知识创新(促进研发投入的措施被认为是实现知识经济的关键要素);
- 创新和企业家精神(企业层面促进创新的措施);
- 知识应用(促进创新绩效的措施,包括促进生产和商业活动,在创新产业中实现价值增值的措施);
- 知识产权(如何有效推动创新成果取得的措施)。

对所面临每项挑战的政策回应主要基于以下规范,包括从运用系统与整合的方法应对挑战,到用综合性系列措施应对特定的挑战,再到没有专项措施应对挑战。

一般而言,应对创新动力方面挑战的政策包括各国教育部下的一系列计划,然而趋势图表项目并无这方面的评测方法。对本项挑战最具竞争力的应对政策包括:荷兰的科学和工程类毕业生政策,以及丹麦和爱尔兰两国的终身学习政策。

正如上文所提及,知识创新是大部分国家所面临的主要挑战。各国当前的共识是增加公共研发投入,并已达成了某些具体承诺,把逐年提高研发投入作为本国尔后几年的固定目标(如拉脱维亚、立陶宛等国)。从企业界的角度,在面临知识创新挑战的19个国家中,有10个国家的企业已燃起或重新激起对国家财政激励政策的兴趣,开始加大对企业研发的投入强度。以扶持高新技术企业创新为目的而设立的国家"创新基金",已经在保加利亚、爱沙尼亚、匈牙利、意大利和波兰等国启动。最后,以提高科学研究对经济影响为目的，激励企业、共同体或学术研究机构之间更大范围合作的规划方案已提上重要议程，这方面尤以法国的竞争力支点/集群计划以及比利时和希腊等国的计划最为引人瞩目。

在创新与企业家精神方面，本报告尤要指出各国在政策层面已作出了诸多努力，旨在为创新企业获得风险投资资金提供便利环境。即便是在如芬兰这类企业获得财政支持并不十分困难的国家，业已进行了积极的政策改革。自2004年以来，德国制定了一系列与风险投资相关的政策措施，而爱尔兰和荷兰等国在应对挑战的政策制定方面也同样作出了巨大努力。与此相反的是，我们发现政府很少关注和应对在非技术领域的创新薄弱环节。

在知识应用方面，不管一国的经济结构是以知识型服务经济为主，抑或以制造业经济为主导，它对各国的服务业和制造业创新均提出了迫切要求，如比利时、塞浦路斯和西班牙等国。然而，上述国家在知识应用挑战的政策回应上，其政策视野尚不够宽广，政策本身则有待进一步成熟。有关政策如何促进服务业创新的议题，将在趋势图表项目政策研讨工作坊①的预备文档中作专题分析。

最后是知识产权方面，尽管各国在知识产权方面的情况并不令人十分乐观，但是几乎没有一个国家将其视为本国的主要挑战。或许大部分欧盟新成员国和候补国，都将这一方面的挑战视为本国在知识上投入较低的必然结果。各国的应对政策一般采用以下三种形式中的一种：（a）鼓励中小企业申请专利的措施；（b）促进专利资讯传播的措施；（c）鼓励公共研究机构申请专利的措施。在公共研究机构的成果转化方面，法国和丹麦两国的技术转移结构和程序的重构措施非常值得其他国家借鉴。

在所有国家中，一般都有1至3个政府部门参与创新政策的制定与执行。另外来自国会委员会、顾问委员会以及行政机构的成员也一起参与创新政策的制定与执行。理想的模式是对政策制定部门和执行机构间的职责进行分工，将政策制定（部门的职责是依据政府决策制定相应政策）和政策执行（按照部门的指示执行政策）的职责区分开来。然而实际的情况是，各国在政策制定和政策执行之间的界限往往模糊不清。此外，许多国家的政策执行机构常在

---

① 服务业创新的趋势图表项目研讨会于2006年6月19日和20日在赫尔辛基召开。更多信息请查询网址：http://www.trendchart.org/ws_overview.cfm? id=10。

政策制定过程中起着直接或间接的政策制定者作用。

各国的创新管理结构互不相同。最为典型的模式是多方利益参与者模型，包括强有力的跨机构利益协调人员，不同行政级别的政策制定与执行机构的利益协调人员，以及更大范围内代表不同机构利益的协调人员等。虽然在相当一部分利益相关者之间可实现利益分配的高效协调，但是此类协调幅度非常有限并会引起潜在的利益摩擦。在不同国家，自下而上和自上而下的管理体系相互并存。其他层面的协调是国家和地方之间的关系协调，地方的自主管理权限既包括比利时三个完全自治的自治区，也包括希腊、葡萄牙和欧盟新成员国的中央集权式管理；而其他国家中央政府与地方之间的自主管理权限则处于上述两个极端之间。

管理体制的有效性和效率，似乎与政府所采用的治理模式之间并无直接联系，也不存在孰优孰劣之分。盎格鲁-撒克逊国家和北欧国家都在快速地向知识经济转变，表现为较高的经济增长率，以及在里斯本指标和欧洲创新排行榜指标上得分高于欧洲国家平均值。英国常被视为这一方面的典范，而北欧国家则有彼此之间追求一致模式的传统。也许北欧国家的管理结构不同于盎格鲁-撒克逊国家，但这些国家在政策制定时倾向于使利益相关者尽可能地参与政策制定。由于在政策采纳时各方对所定政策并无多少异议，往往能使所定政策得到有效执行。

数年下来，更多的国家开始采纳战略性创新政策和政策制定的清晰协调机制，因而在创新管理方面取得了明显的进步。相似的，各国日益注重采用合适的政策制定工具为政策制定服务，特别是组织必要性信息的收集及国家创新绩效指标的系统性评估与监控等工作。在利用创新绩效指标与整合其他各类信息的基础上，共同为政策制定服务。英国和荷兰在这方面处于领先地位，而德国、奥地利和爱尔兰等国近来则采用了情报收集程序，并取得了良好的效果。现在，国家之间的相互学习正日益增加，但主要存在于政策执行机构之间，而国家政策制定部门间的交流仍不多见。此类学习行为主要发生在文化相似和地理位置邻近的国家之间，并主要集中在信息交流层面，而更深层次的双方互动则有待进一步加强。在国家之间的彼此学习方面，跨国机构发挥了重要作用。在创新管理方面，虽然已经取得了不小的进步，但仍有待作出更多的努力，数个国家的创新管理水平仍然远远落后于欧洲各国的平均水平。

总之，虽然各国对创新政策目标仍缺乏清晰界定，但是创新正日益成为欧洲各国的政治优先事项。目前大部分国家仍然没有清晰的创新政策目标，政策目标与政策措施之间也缺乏紧密联系。受巴塞罗那目标的启迪，许多国家把创新投入的量化目标设定为将"GDP 的 3% 用于研发投入，其中企业投入占总投入的 2/3"。在某些国家，政策的制定过程具有很强的系统性和清晰的目的性，涵盖多方面的目标，如创新绩效、创新能力、国家创新系统网络及网络内的交互作用等方面。荷兰是这一方面的良好典范，葡萄牙和拉脱维亚等国近来在这方面也开始引入相关创新政策战略和行动计划。

因此，虽然对计划本身的评估，有时能反映计划是否已达到预期设定的多方面目标，但是此类评估很少被政策制定者用于总结上述政策对"健康创新体系"的广泛影响。这将是欧洲各国政策制定者在未来几年内所要面临的重大挑战：评价和理解这些政策措施在鼓励和扶持企业创新中的作用，及如何使这些政策更好地并持续地参与全球化市场竞争。

引言

政策的有效制定依赖于及时获得关键挑战指标的最新动向信息，以及获得与政策设计、实施和结果等相关的政策评价知识。传统上，"政策知识"的获得，主要通过关注制定该项政策的起源国，或者一到两个本国邻邦或创新绩效表现尤为出色的国家而获得。如今，政策制定者开始逐渐认识到从更多的国家去了解更大范围创新趋势的价值，认识到从一组"同伴国家"中识别相似创新问题或共享创新机遇的价值，认识到向较为发达的国家，甚至是欠发达国家，学习其政策治理措施和程序的价值。

从 2000 年以来，欧洲创新趋势图表项目（www.trendchart.org）一直在为欧洲创新政策制定者和其他利益相关者提供以下三方面的服务：

● 欧洲创新排行榜：该排行榜主要收集和分析欧盟 25 国、候补国、美国和日本在重要创新指标上的发展趋势数据。它不仅成为各国衡量政策绩效的标准，而且其每年公布的结果还总会引起各国和整个欧洲对其排名的争论。

● 政策监控网络：主要跟踪欧盟 25 国及保加利亚、冰岛、以色列、列支敦士登、挪威、罗马尼亚、瑞士和土耳其等国的创新发展趋势。从 2004 年以来，该网络也为三个非欧盟地区提供政策监控服务，即北美自由贸易区/巴西、亚洲和地中海地区国家。

- 趋势图表项目的政策研讨工作坊：这一工作坊有针对性地邀请一些创新政策的制定者和实践者，共同就某一具体领域的创新政策如何制定与如何实践等问题展开相互交流，以此提高各国的创新绩效。

《2006欧洲创新进展报告》主要由两大部分组成：

- 第一部分，对2005年欧洲创新排行榜的结果作了简要回顾。
- 第二部分，主要以欧洲创新排行榜结果和政策监控网络对各国政策报告的研究为基础，为政策制定者确定了一系列重要挑战。本部分还对欧洲各国政府在面临挑战时的应对措施进行了评价，这些措施包括用于改善各国经济创新绩效的各类政策议案或采纳的政策。此外，还对创新政策的管理结构类型与效用性进行了评论，并着重对一些成功的实践案例进行了介绍。
- 本报告的附录，详细陈述了一些国家的主要创新挑战与应对措施，以及2005欧洲创新排行榜的相关数据和结论。

1. 欧洲创新绩效

1.1 2005年欧洲创新记分牌：基本结果

1.1.1 欧洲总体创新绩效

创新综合指标（Summary Innovation Index，SII）反映了各国整体创新绩效的表现情况。欧洲创新记分牌中对各国创新指标得分高低情况的探讨，详细指出了各国面临的创新挑战和各自优势[1]。

图1.1.1-1所示为2005年各国的创新综合指标。基于欧洲创新记分牌各项指标的评估，显然瑞典、瑞士、芬兰、德国和丹麦等国是欧洲创新的领军者，而爱沙尼亚和斯洛文尼亚则是欧盟新成员国的领军者。需要说明的是，土耳其、美国和日本等国的创新综合指标，其指数值仅局限于部分有限的创新指标，因此要特别注意对图1.1.1-1各国相对位置的解读[2]。

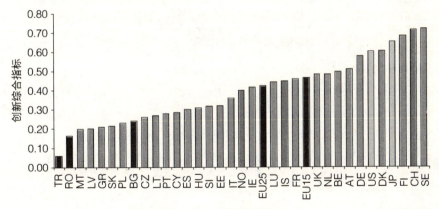

图1.1.1-1 创新综合指标

（编者注：各国简称对应表详见附录。）

图1.1.1-2的纵坐标用创新综合指标表示各国当前的创新绩效，横坐标用创新综合指标的年平均增长率表示各国短期内的创新绩效趋势。在图1.1.1-2坐标轴中形成了四个象限：一是高于欧盟25国当前平均创新绩效水平和平均创新绩效趋势水平的国家，均是一些遥遥领先的国家；二是低于欧盟25国平均创新绩效水平但高于平均创新绩效趋势水平的国家，这些国家正在迎头赶上；三是低于欧盟25国平均创新绩效水平且发展势头低于平均创新绩效趋

---

[1] 2005年欧洲创新记分牌各指标强弱情况的报告可从以下网址获得：http://www.trendchart.org/scoreboards/scoreboard2005/scoreboard_papers.cfm。
[2] 本报告的技术附件提供了更多的信息，详见网址：http://www.trendchart.org/scoreboards/scoreboard2005/technical_annex.cfm。

势水平的国家，这些国家正日益渐行渐远；四是虽高于欧盟 25 国平均创新绩效水平，但发展势头低于欧盟 25 国平均创新绩效趋势水平的国家，这些国家正失去上升动力。

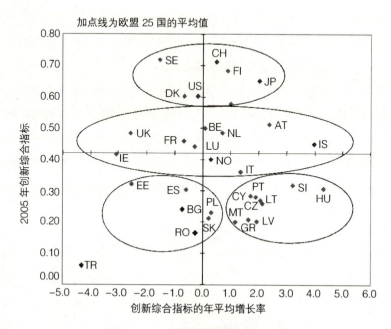

图 1.1.1-2　创新综合指标与发展趋势

注：图 1.1.1-2 中的椭圆代表了四类不同的国家：最上方为创新领先国家，中间为创新中等水平国家，右下方为创新追赶国家，而左下方则是创新落后国家。（编者注：各国简称对应表详见附录。）

值得注意的是，图 1.1.1-2 中每个象限的情况与以往欧洲创新记分牌中的类似图表并不具有可比性。原因在于该图中的横坐标只表示创新综合指标[①]的年平均增长率，而以往欧洲创新排行榜报告中的横坐标则表示不同创新指标的平均趋势增长状况。因此新的方法能更好地展现创新综合指标的演变特征。

根据各国的创新综合指标分数及其年平均增长率，可将这些国家分为四组：

● 瑞士、芬兰、瑞典、丹麦和德国等国组成了"领先国家"。在"领先国家"中，瑞典和丹麦两国在年平均增长率上低于欧盟 25 国平均水平。

● 法国、卢森堡、爱尔兰、英国、荷兰、比利时、奥地利、挪威、意大利和冰岛等国属于"中等创新绩效国家"。

---

① 该图中创新综合指标的 3 年分数都应用了 2005 年的方法。尽管一些国家的创新综合指标分数值出现了巨大变化，但是各国的排名依然比较稳定，除爱尔兰以外，其他国家的排名几乎没有改变。

- "追赶国家"包括匈牙利、葡萄牙、捷克、立陶宛、拉脱维亚、希腊、塞浦路斯和马耳他等国。
- "落后国家"由爱沙尼亚、西班牙、保加利亚、波兰、斯洛文尼亚、罗马尼亚和土耳其等国组成。每个组团国家都在图1.1.1-2中被圈出,并在图1.1.1-3中列明。

图1.1.1-3　欧洲创新记分牌各国分组图

(译者注:各国简称对应表详见附录。)

1.1.2　短期内难以达到一致水平

通过对各国当前的创新绩效和年平均增长率的简单线性分析,可以估算出追赶国家或丧失上升动力国家需要多少年才能赶上或下降至欧盟25国的平均水平。这种基于线性分析的推算伴随年限的延长,其信度将逐渐降低。图1.1.2-1显示了各国上升或下降至欧盟25国平均水平所需的大概年限。

没有一个"追赶国家"在2010年前能够达到欧盟25国的平均水平。依据目前的情况,最乐观的情况是匈牙利、斯洛文尼亚和意大利等国将在 2015 年达到欧盟 25 国的平均水平。作类似的推断,马耳他、斯洛文尼亚和波兰等国则需要 50 年以上的时间才能达到欧盟 25 国的平均水平。面对如此巨大落差,这些国家需要仔细思量应采取何种创新政策措施才能更好地改变上述局面。法国和英国也面临同样的问题,虽然两国的创新综合指标的平均得分仍高于欧盟平均水平,但有可能会在未来 5 至 10 年间下降至欧盟 25 国平均水平。基于目前的发展趋势,欧盟 25 国需要 50 年以上的时间才能赶上美国的创新水平。

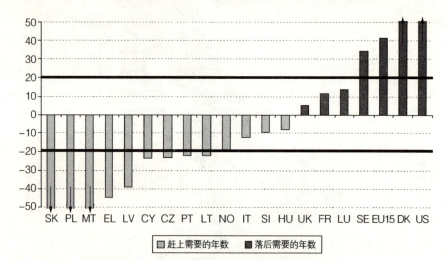

图 1.1.2-1　各国上升或下降至欧盟 25 国平均绩效水平的年数

注:图中黑色线条表示 20 年内将赶上或落后欧盟 25 国平均水平的情况。对于创新综合指标和年平均增加率指标均高于平均水平的一些国家,或者两个指标均低于平均水平的国家,由于这些国家或者将继续拉大领先地位,或者将继续扩大落后差距,因此难以计算出各国达至平均水平的年限。(编者注:各国简称对应表详见附录。)

1.1.3　创新绩效的五大维度

创新是一个非线性的过程。欧洲创新排行榜的 26 个指标可划分为五大类,以更好地反映创新议程各方面的信息。五大类中每一类下的数个指标反映了创新绩效的不同层面。创新动力主要衡量各国创新潜能发展所需的结构性条件;知识创造主要评估研发领域的经费投入状况;创新和企业家精神衡量企业层面的创新努力;知识应用则主要评估生产、商务活动、创新产业的价值增值等指标的绩效表现;知识产权则衡量创新成果成功取得所需要的措施。图 1.1.3-1 显示了各国在每一类创新指标上的绩效表现水平,从左到右依次由最差到最好。图 1.1.3-1 中各国的颜色标记与图 1.1.1-3 之间一一对应。

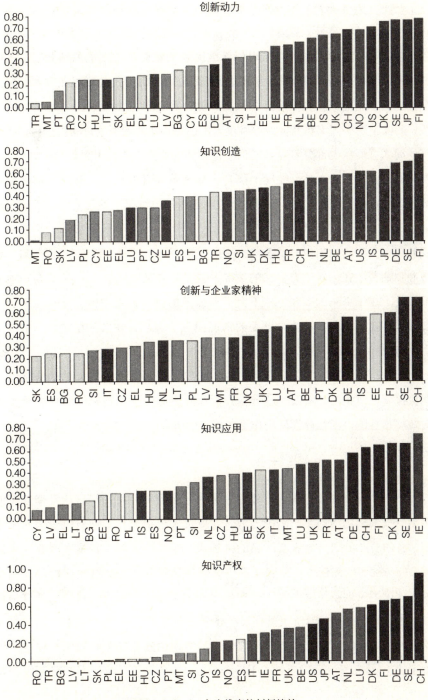

图 1.1.3-1 各个维度的创新绩效

（编者注：各国简称对应表详见附录。）

在每一类维度上,各国的创新绩效表现以可比较的形式呈现。当然其中也有一些例外的情况,德国、意大利和卢森堡三国在创新动力维度上的绩效,以及瑞士和冰岛两国分别在知识创新维度和知识应用维度上的绩效,与本国其他四类维度上的绩效相比,表现尤为差劲。爱沙尼亚、拉脱维亚和葡萄牙三国在创新和企业家精神维度上的绩效,捷克和爱尔兰在知识应用维度上的绩效,要优于这些国家在其他四类维度上的绩效。欧洲创新排行榜报告中,各指标的绩效强弱状况部分将对各国创新优势和主要挑战作更为深入的探讨[①]。

有证据显示,在各个维度上能有均衡绩效表现的国家,要优于那些绩效表现不均衡的国家(参见 1.2.5)。德国在创新动力维度上的相对薄弱表现,影响了该国在其他创新维度上的努力成效,进而影响了该国的整体创新绩效。我们还可见到其他相似的情况,如丹麦、英国和瑞士等国在知识创新领域,奥地利和葡萄牙在创新动力领域的情况。相反的情况同样如此:某国在一项重要维度上过于卓越的表现,并不会提高该国的整体创新绩效。爱沙利亚和葡萄牙在创新和企业家精神维度上的情况便是一例,而爱尔兰在知识应用维度上的情况同样反映了这一点。

五大维度所反映的信息表明,各国需要快速确定本国的创新弱势维度并积极探索应对策略。然而,进一步分析和确定各国各项指标的强弱状况需要对每项指标的内涵和外部环境作更为深入的研究。

1.1.4 创新投入与创新产出

概念创新效率是衡量创新政策好坏的一个重要指标,其目的是衡量企业将创新投入转化为创新产出的能力。创新投入包括教育和创新投资等几个方面,而创新产出则指企业新产品的销售额、专利申请数和高技术产业的雇佣人数等方面。欧洲创新记分牌指标中某国创新投入与创新产出之间的比例反映了该国国家创新系统中投入与产出之间的关系。创新投入指标的计算由创新动力、知识创造、创新和企业家精神等三大维度下的 16 个指标,通过求平均分的方式换算而得;创新产出指标的计算则由知识应用和知识产权两大维度下的 10 个指标,同样通过求平均分的方式换算而得。表 1.1.4-1 反映了基

[①] 2005 年欧洲创新排行榜各指标强弱状况的报告可从以下网址获得:http://www.trendchart.org/scoreboards/scoreboard2005/scoreboard_papers.cfm。

于创新排行榜指标得分，对各国创新投入指标和创新产出指标的优劣势排名。芬兰、瑞典和瑞士等国在创新投入和创新产出指标排名上处于领先地位。

表1.1.4-1 创新投入、创新产出和创新综合指标(SII)排名

	SE	CH	FI	DK	DE	AT	BE	UK	NL	FR	IS	LU	IE	NO	IT	EE	SI	HU	ES	CY	PT	LT	CZ	BG	PL	SK	EL	LV	RO
创新投入	1	3	2	5	7	9	6	8	11	12	4	18	17	10	20	13	16	19	22	14	21	15	27	23	25	28	26	24	29
创新产出	2	1	3	4	5	7	12	11	8	10	16	6	9	15	13	22	20	18	14	25	21	28	19	26	24	17	27	29	23
SII	1	2	3	4	5	6	7	8	9	10	11	12	13	14	15	16	17	18	19	20	21	22	23	24	25	26	27	28	29

(编者注：各国简称对应表详见附录。)

许多国家在创新投入与创新产出上的排名相近。有数个国家尤其值得我们注意，如比利时、冰岛、挪威、爱沙尼亚、塞浦路斯、立陶宛和拉脱维亚等国，上述国家的创新投入排名高于该国的创新产出排名。卢森堡、爱尔兰、意大利、西班牙、捷克、斯洛文尼亚和罗马尼亚等国的创新产出排名则要高于这些国家的创新投入排名。我们还应谨慎地解读这一结果，因为创新产出的数值是依各国的知识产权数量计算而得的，而事实上各国在创新绩效表现上存在着巨大的差异(参见图1.1.3-1)。

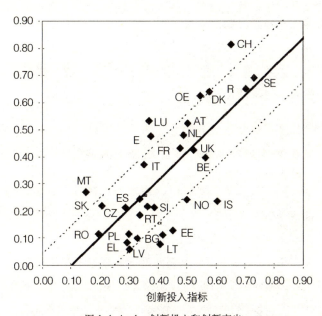

图1.1.4-1 创新投入和创新产出

注：图中实线为两大指标之间的趋势线(编者注：各国简称对应表详见附录。)

图 1.1.4-1 反映了各国创新投入指标和创新产出指标之间的关系,同时也反映了各国不同的创新效率,即各国将创新投入(教育与创新投资)转化为创新产出(新产品销售额、专利申请数和高技术产业雇佣人数)的效率。尽管没有理论可证明两者之间存在线性关系假设,并且欧洲创新记分牌指标的覆盖面尚不全面,但上述分析为欧洲第一次对创新体系效率的探讨作出了贡献。

图 1.1.4-1 斜线之上的国家,其创新产出高于创新投入,与斜线之下的国家相比,显然此类国家在创新投入转化为创新产出上具有更高的效率。本图的内涵非常丰富,在创新综合指标上有两项指标均高于平均水平的国家如德国和芬兰,以及排名中等的国家如意大利,在该图中均处在斜线上方。斜线的下方大部分为欧盟新成员国,它们在创新投入上相对较大但产出非常有限。然而创新是一个长期性的过程,基于各国当前的创新投入情况,在未来几年内这些国家的创新产出绩效将进一步提高。在更为发达的国家如冰岛,虽然该国因其较高的研发投入和教育水平使之拥有非常不错的商业环境,但是它在新知识应用方面的绩效相对较差。这一状况的部分原因是冰岛非常重视长期性创新战略,比如生物技术和氢能源经济,上述长期性的研发投入目前尚未产出创新效益。

如将各国的人口状况纳入研究范围,或许可解释为何某些国家在创新产出上表现优异,而另一些国家则在创新投入上表现优异。在本章 1.2.4 部分将阐述,在大部分国家,如果国民受新产品和新服务吸引的水平高于欧洲平均水平,那么该国在创新投入/创新产出上的比率也将高于欧洲的平均水平,反之亦然。

1.1.5 各国创新绩效和发展趋势:面临的挑战

表 1.1.5-1 列出了 3 个欧洲创新绩效最优国家、欧盟 25 国、欧盟 15 国、美国和日本等国的创新指标数据。其中瑞典、芬兰、丹麦、德国和瑞士等数个创新领先国家占据了全部领先位次的 60%。

一国在表 1.1.5-1 某一指标上获得最高分数并不意味它是这一领域的创新领导者。一些国家特别是一些(特)小国家,因其专注于某个特定产业或产品,所以容易在某一指标上获得高分,然而这些国家并不具备创新领先地位。马耳他和卢森堡两国在高技术出口指标上获得高分,因归功于两国在这一领域产业的专业化。

1. 欧洲创新绩效

表 1.1.5-1 创新绩效领先的国家

		欧盟 25 国	欧盟 15 国	欧洲创新领先 3 国			美国	日本
1.1	科学和工程类毕业生	12.2	13.1	IE(24.2)	FR(22.2)	UK(21.0)	10.9	13.2
1.2	高等教育	21.2	23.1	FI(34.2)	DK(32.9)	NO(32.3)	38.4	37.4
1.3	宽带接入率	6.5	7.6	DK(15.6)	IS(15.5)	NL(14.7)	11.2	12.7
1.4	终身学习	9.9	10.7	SE(35.8)	IS(31.7)	CH(28.6)	—	—
1.5	青少年教育	76.7	73.8	NO(95.3)	SK(91.3)	CZ(90.9)	—	—
2.1	公共研发投入	0.69	0.70	IS(1.37)	FI(1.03)	SE(1.02)	0.86	0.89
2.2	企业研发投入	1.26	1.30	SE(2.93)	FI(2.45)	CH(1.90)	1.91	2.65
2.3	中高技术类研发所占比例	—	89.2	SE(93.7)	DE(93.5)	IT(91.1)	90.6	86.8
2.4	企业获得公共资助的比例	N/a	N/a	AT(19.2)	FI(18.7)	IT(14.8)	—	—
2.5	企业资助的高校研发投入	6.6	6.6	LV(23.9)	BE(12.7)	DE(12.5)	4.5	2.7
3.1	国内中小企业创新	N/a	N/a	CH(54.8)	IS(46.5)	AT(44.7)	—	—
3.2	对外合作型中小企业创新	N/a	N/a	HU(32.9)	CY(22.6)	FI(18.6)	—	—
3.3	创新投入	N/a	N/a	CH(3.48)	UK(3.35)	MT(3.29)	—	—
3.4	早期风险资本	—	0.025	SE(0.081)	FI(0.065)	DK(0.063)	0.072	—
3.5	信息通讯技术投入	6.4	6.3	SE(8.7)	EE(8.6)	MT(8.5)	7.8	8.0
3.6	中小企业非技术变革创新	N/a	N/a	LU(74)	DE(65)	CH(63)	—	—
4.1	高技术服务业的就业人口	3.19	3.49	SE(4.85)	IS(4.81)	FI(4.68)	—	—
4.2	高技术出口	17.8	17.2	MT(55.5)	IE(29.7)	LU(29.3)	26.9	22.7
4.3	市场新产品的销售比例	N/a	N/a	SK(10.9)	PT(10.8)	LU(9.1)	—	—
4.4	企业新产品而非市场新产品的销售比例	N/a	N/a	DK(25.6)	DE(23.4)	CH(20.5)	—	—
4.5	中高技术制造业的就业人口	6.60	7.10	DE(11.04)	SI(8.94)	CZ(8.71)	4.89	7.40
5.1	欧洲专利局专利	133.6	158.5	CH(460.1)	SE(311.5)	FI(310.9)	154.5	166.7
5.2	美国专利商标局专利	59.9	71.3	CH(188.3)	SE(187.4)	FI(158.6)	301.4	273.9
5.3	三方专利	22.3	36.3	CH(110.8)	FI(94.5)	SE(91.4)	53.6	92.6
5.4	欧洲共同体商标	87.2	100.9	LU(571.2)	CH(180.0)	AT(158.8)	32.0	11.1
5.5	欧洲共同体设计	84.0	98.9	DK(199.1)	CH(161.2)	DE(147.1)	12.4	15.1

（编者注：各国简称对应表详见附录。）

美国在11项指标上的表现优于欧盟,而欧盟只有5项指标的表现超过美国(科学和工程类毕业生数、企业资助的高校研发投入、在中高技术制造业的就业人口、欧盟共同体商标和欧盟共同体设计)。日本在11项指标上的表现优于欧盟,而欧盟只有4项指标超过日本(中高技术类研发所占的比例、企业资助的高校研发投入、欧洲共同体商标和欧洲共同体设计)。由于本地企业在当地市场中容易占据一定的区位优势,因此知识产权指标的绩效表现存在一定的不公正性。这一区位优势可以很好地解释为何美国在美国专利商标局专利指标上获得高分,然而美国和日本两国在欧洲共同体商标和共同体设计两个指标上却表现糟糕。虽然欧盟同样拥有本地区位优势,但是在欧洲专利局专利指标上,欧盟与美国、日本相比,其指标绩效表现并不出色。

年度百分比变化

表1.1.5-2呈现了在每项指标上,欧洲创新增长率最高的3个国家(可提

表1.1.5-2 创新趋势领先国家

	欧盟25国	欧盟15国	欧洲创新领先3国			美国	日本
1.1 科学和工程类毕业生	9.4	9.0	SK(17.9)	IT(16.7)	PL(16.5)	6.4	2.1
1.2 高等教育	4.3	3.8	MT(18.5)	PT(16.9)	PL(14.4)	2.6	6.2
1.3 宽带接入率	—	49.5	IE(312.3)	LU(122.6)	IT(79.2)	—	—
1.5 青少年教育	0.2	1.5	MT(9.4)	PT(6.1)	LT(4.2)		
2.1 公共研发投入	2.2	2.0	LU(24.0)	CY(16.2)	HU(14.0)	11.9	2.3
2.2 企业研发投入	1.3	1.4	CY(26.5)	EE(22.5)	AT(12.1)	−2.1	10.8
2.5 企业资助的高校研发投入	0.6	0.9	HU(41.5)	PT(23.5)	CY(23.3)	−12.9	6.8
3.5 信息通讯技术投入	6.9	−1.3	PL(6.9)	NO(4.0)	CH(2.3)	0.0	8.2
4.1 高技术服务业的就业人口	0.1	1.3	CY(9.9)	IS(8.3)	AT(8.3)	—	—
4.2 高技术出口	−6.3	−6.2	CZ(22.5)	LU(17.6)	SI(16.1)	−4.5	−5.8
4.5 中高技术制造业的就业人口	−2.8	−3.4	IS(9.4)	SK(8.9)	CY(6.7)	−4.3	−2.4
5.1 欧洲专利局专利	5.3	5.2	SI(20.2)	MT(20.0)	NL(17.7)	3.3	9.9
5.2 美国专利商标局专利	—	5.9	CY(37.9)	IS(20.4)	EE(19.9)	−0.1	5.5
5.3 三方专利	1.2	1.0	CY(166.7)	LT(62.0)	LV(28.4)	−1.4	2.9
5.4 欧洲共同体商标	15.6	13.9	PL(525.4)	EE(449.9)	CZ(240.2)	−1.9	13.9

(编者注:各国简称对应表详见附录。)

供时间序列数据），以及欧盟 25 国、欧盟 15 国、美国和日本等的创新趋势数据。处于创新"追赶"的国家占据了全部指标领先位次的 50%，特别是塞浦路斯成为在 7 个指标上拥有最高的增长率。

欧盟在 10 项趋势指标上的得分高于美国，而美国在 2 项指标上的得分高于欧盟（公共研发投入和高技术出口）。日本则在 9 项趋势指标上超过欧盟，而欧盟仅有 3 项趋势指标优于日本（科学和工程类毕业生数、美国专利商标局专利数和欧洲共同体商标）。

知识产权的角色

欧盟新成员国的创新绩效低于欧洲 25 国的平均水平，部分原因是大部分新成员国很低的专利申请率。这些国家很低的专利申请率可归因于相当有限的研发投入，因此对这些国家所面临挑战的分析并没有将此视为问题。从短中期来看，总是将挑战首先关注于改善公共和私人的研发投入。一旦研发投入得到保证，并给予合适的基础性帮助（如帮助企业填写专利申请表），那么专利申请率必将有所提高。如果专利申请率在相当时间内较高的研发投入后仍无多少提高，那么低专利申请率就可能成为该国的一项主要创新挑战。不过目前这一情况尚未发生。

投资创新的长期回报

尽管芬兰和瑞典两国是欧盟的创新领先国家，但是两国的静态经济表现低于欧洲平均水平。例如芬兰的人均 GDP 低于中等创新国家群中的大部分国家。更令人失望的是，芬兰 2003 年每小时劳动生产力仅为欧盟 15 国平均水平的 92.6%。瑞典在人均收入与每小时劳动生产力上同样存在这一问题。但是两国的 GDP 增长率远远高于欧盟平均水平（从 1996—2004 年间，芬兰高出欧盟 15 国平均水平的 65%；瑞典则高出 20%）。因此，可见创新投入的回报是一个长期的过程。如何充分利用创新的长期性投入，将是这些创新领先国家面临的重要挑战。

得分更高并不等于更好

创新记分牌的假设认为每项指标上的得分越多越好。然而，这一假设对某些指标并不适合，一国最卓越的创新水平需要取决于该国的客观状况。如由企业资助的高校研发投入越多,则对创新中等和领先的国家越为有利,但这一指标对创新落后国家而言将是另一种情况。某些国家在企业资助的高校研发投入指标上是欧盟平均水平的 3 到 4 倍,但是这一情况或许有所过度,并表明该国企业极低的研发投入。这会迫使那些能力有限的企业将内部的创新活动外包给其他组织。在一部分国家,由企业资助的高校研发投入在逐渐降低,而企业层面的研发投入在逐渐增长,这有助于提高企业自身的创新能力。

欧洲共同体商标是另一个需要谨慎解读的指标,原因在于"较高"的得分,并不意味着在不同国家之间存在相似的情况。比如,许多欧盟新成员国在共同体商标注册上的踊跃表现是因为当地各分支机构对母公司商标的注册。然而,这些商标多年前早已在更为发达的国家注册过。

对中高技术类产业占研发投入比例的指标,同样应当谨慎分析。在芬兰,这一比例较低的原因是芬兰在中低技术制造业上也存在非常高的研发投入,而该国在高技术产业的研发投入上已经表现优异。芬兰的状况反而是一种优势标志,并表明所有制造业部门的企业都已认可了以研发为基础的企业战略。

企业研发

在欧洲许多更具创新的国家,企业研发正日趋下降并替代过去上升的趋势,以达到巴塞罗那目标中企业研发投入占 GDP 2% 的目标。比利时、法国、德国、爱尔兰、荷兰和瑞典等国在企业研发投入上的下降趋势尤为明显,而芬兰、意大利和卢森堡等国则相对稳定,只有奥地利、丹麦和英国等国有所上升。对于这些企业研发投入下降的国家,1998 年到 2003 年是这些国家企业研发投入的高峰时段。此后企业研发投入的下降与互联网经济泡沫破裂、高技术股票下跌等存在一定的联系。然而,企业研发投入的下降与其他因素之间也存在一定关系,如一些国家将研发工作转向国外并导致本国研发竞争力的下降,这一现象值得我们在未来几年开展深入研究。

1.2 2005 年欧洲创新记分牌:专题

1.2.1 创新绩效与经济绩效

对支持创新的相关政策进行修订是为了应对市场的可能失败,这些失败会阻碍创新全面提高人们生活质量和促进人类幸福,例如更高的人均 GDP、生产力和经济增长率。创新与经济增长之间的联系已在理论和实证层面开展了广泛的探讨。尽管在实证研究中采用了多种不同的创新指标,包括研发投入、专利申请数、收支平衡等指标,但是大部分实证研究关注创新在企业、产业或国家层面的生产力效果。通过对这一领域相关文献①的分析发现,不管是以研发投入水平还是专利申请数为衡量标准,创新对产生力的影响极其显著。

图 1.2.1-1 所示之发展趋势线(黑曲线),表明各国的人均 GDP 水平与创新绩效之间存在一定的联系,低收入国家②的情况尤为如此。虽然富裕国家有着相近的人均 GDP 水平,但各国的创新绩效相互迥异。一般情况下,考虑到

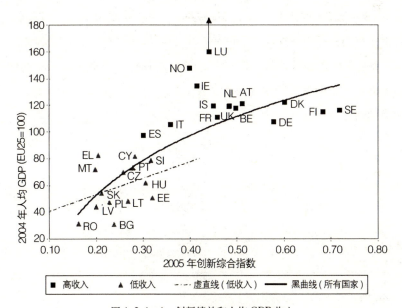

图 1.2.1-1 创新绩效和人均 GDP 收入

注:卢森堡的相对人均 GDP 收入为 217,黑曲线所代表的全部国家趋势线并不包括卢森堡和挪威两国。(编者注:各国简称对应表详见附录。)

---

① 对这一领域的文献回顾,请参照 Mairesse, J. 和 Mohnen, P. (1995). 研发与生产力:关于计量经济学的理论(R&D and productivity: a survey of the econometric literature), Université du Québec: mimeo, 或者 Cameron, G. (1998)创新与增长:关于经验理论的调查(Innovation and Growth: a survey of the empirical literature), (手稿)。

② 低收入国家是指人均 GDP 低于欧盟 25 国指标 90%的国家:土耳其、保加利亚、罗马尼亚、拉脱维亚、立陶宛、波兰、爱沙尼亚、斯洛伐克、匈牙利、捷克、马耳他、葡萄牙、斯洛文尼亚、希腊和塞浦路斯。高收入国家是指人均 GDP 超过欧盟 25 国指标的国家:西班牙、意大利、德国、芬兰、法国、瑞典、比利时、冰岛、日本、英国、荷兰、奥地利、丹麦、瑞士、爱尔兰、挪威与美国。

创新仅是众多经济结构性因素中的一种,因此仍然难以在国家层面建立创新与 GDP 之间的相互关系。

表 1.2.1-1 对两组国家的创新综合指标(SII)与五个宏观经济变量之间的关系进行了回归分析。第一行的结果显示所有国家的创新综合指标与 2004 年人均 GDP、2003 年每小时劳动生产力之间存在正相关。然而,创新综合指标与人均 GDP 增长率、劳动生产力增长率之间存在负相关。这表明大多数创新绩效较好的国家在各项经济指标的增量上要低于创新绩效较差的国家。这与国家的整体经济状况密切相关,低经济发展水平的国家相应而言比较容易取得较快的经济进步。

相反,通过涉及 15 个国家覆盖各产业创新得分情况的第 3 次共同体创新调查[①]数据的分析(可参见 1.2.2 对各产业得分情况的概述),在控制国家和产业特别效应的前提下,发现创新和各产业的经济绩效之间存在积极正相关关系。产业层面的创新绩效与以 1998—2000 年上岗劳动力收入增长率为评估方法的劳动生产力增长之间存在正相关。大体上拥有越多创新的产业,其劳动生产力的增长率亦越高。

表 1.2.1-1　创新指标与经济绩效指标之间的简单回归分析

	2004 年人均 GDP	2000—2004 年人均 GDP 增长率	2003 年每小时劳动生产力	2000—2003 年每小时劳动生产力增长率	2000—2003 年每上岗劳动力生产力增长率
创新综合指标（所有国家）	181.627***	−5.584**	111.989***	−7.655***	−5.891**
创新综合指标（15 个国家#）	55.591	−3.477	44.720	−3.184	−3.762
			1998—2000 年每上岗(在岗收入)劳动生产力的增长率		
创新产业指标(ISI)—25 项指标（15 个国家#）			23.488*		

注:***/**/* 的含义各为在 1%水平/5%水平/10%水平显著相关。ISI = Innovation Sector Index。
#所指的国家包括奥地利、比利时、丹麦、芬兰、法国、德国、希腊、冰岛、意大利、卢森堡、荷兰、挪威、葡萄牙、西班牙和瑞典等国。

---

① 共同体创新调查,网址:http://www.cordis.lu/innovation-smes/src/cis.htm。

1.2.2 产业创新记分牌

正如前文所述，各产业的创新绩效与经济绩效之间成正相关关系。因此不同产业之间创新绩效的巨大差异，将对该国的经济绩效产生直接影响。2005年欧洲创新记分牌报告中的产业创新记分牌，研制了用于衡量产业创新绩效的指标[①]。

2004年欧洲创新记分牌首次纳入了14个产业的产业创新绩效分析。至2005年已将该分析扩大至15个欧盟国家[②]的25个产业与12项指标数据，其中11项指标来自第3次共同体创新调查。这些指标是：具有高等教育文凭的员工比例，为开发或引入创新而对员工进行培训的公司比例，接受公共创新补助的公司比例，公司内部创新的企业比例，中小企业与其他组织开展合作的比例，创新投入占总销售额的百分比，企业市场新产品占企业全部产业的销售比例，企业新产品而非市场新产品占企业全部产业的销售比例，拥有专利的企业比例，使用欧洲共同体商标的企业比例和对商标设计方案进行注册的企业比例。最后一个指标则从经济合作与发展组织（OECD）的产业研发投入分析数据库（ANBERD）中获得，即研发投入占企业价值增值的百分比指标。所有指标都与2005年欧洲创新记分牌所采用的指标相同或非常相似。

产业创新指标衡量每个产业的平均创新绩效，该指标是由12项创新指标通过计算而得的综合指标。在所有15个国家中最具创新性的产业是电子和光学设备业（NACE DL）、信息与通讯技术（ICT）、计算机及相关产业（NACE K72）、化学和化工产品（NACE DG24）、汽车和挂车产业（NACE DM34）等。而创新较低的产业则是运输、存储和通讯（NACE I），以及采矿和采石产业等（NACE C）（见图1.2.2-1）。

表1.2.2-1呈现了欧洲国家在各产业中的创新领先国家，该表所列的创新领先国家仅包括各产业的前3名。对于一些产业，不同国家之间的创新差异相当有限。芬兰和德国两国分别有15项产业处于领先地位。小规模经济国家

[①] 更多信息请登陆趋势图网站，查询2005年欧洲创新记分牌之产业创新记分牌：http://www.trendchart.org/scoreboards/scoreboard2005/scoreboard_papers.cfm.

[②] 读者可获得欧盟15国未出版的产业数据资料进行相关分析：奥地利、比利时、丹麦、芬兰、法国、德国、希腊、冰岛、意大利、卢森堡、荷兰、挪威、葡萄牙、西班牙和瑞典。但尚无爱尔兰、英国和所有新成员国的相关数据。

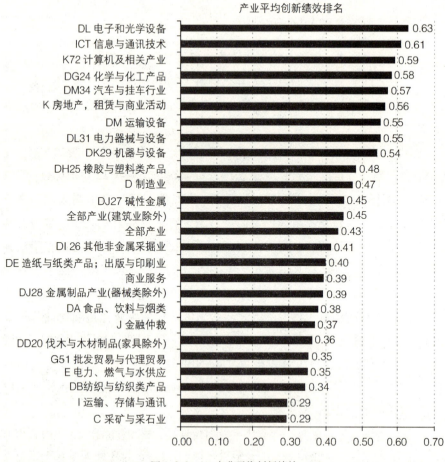

图 1.2.2-1 产业平均创新绩效

如芬兰、奥地利和比利时等国在数个制造业产业上处于创新领先地位[①]。芬兰、德国和比利时三国是制造业产业整体领先的国家。

瑞典、芬兰和德国三国是服务业整体领先的国家。葡萄牙在金融仲裁领域处于领先地位,其原因是该国在保护发明与创新的 3 项指标上均取得了高分。希腊在计算机及相关产业上的领先地位,是其在研发上高投入的结果。该国在这方面的投入是其他国家平均值的 4 倍,次高国家平均值的 2 倍。

尽管丹麦和荷兰两国在 2005 年欧洲创新记分牌上处于中等以上水平,但是两国在产业创新领域却低于欧洲平均水平。荷兰仅在 3 个产业上处于创新领先地位,而丹麦则没有一个产业处于创新领先地位。这说明两国在所有经

---

① 芬兰创新优势的多样性表明,该国的创新能力并不像一般所认为的那样即创新仅仅局限在诺基亚公司。

表 1.2.2-1 创新领先产业

NACE	产业	领	先 国	家
C_D_E	全部产业	芬兰	德国	比利时
C	采矿与采石业	芬兰	挪威	芬兰
D	制造业	芬兰	德国	比利时
DA	食品、饮料与烟类	比利时	瑞典	法国
DB	纺织与纺织类产品	芬兰	德国	比利时
DD20	伐木与木材产品	德国	芬兰	奥地利
DE	造纸与纸类产品，出版与印刷业	芬兰	德国	卢森堡
DG24	化学与化工产品	奥地利	芬兰	比利时
DH25	橡胶与塑料类产品	瑞典	奥地利	法国
DI26	其他非金属采掘业	德国	芬兰	瑞典
DJ27	碱性金属	芬兰	奥地利	瑞典
DJ28	金属制品（机械类除外）	芬兰	比利时	德国
DK29	机器与设备	芬兰	德国	荷兰
DL	电子和光学设备	芬兰	比利时	瑞典
DL31	电力器械与设备	德国	芬兰	法国
DM	运输设备	德国	法国	奥地利
DM34	汽车与挂车行业	德国	法国	奥地利
E	电力、燃气与水供应	葡萄牙	荷兰	德国
G_TO_K	服务业	瑞典	芬兰	德国
G51	批发贸易与代理贸易	瑞典	芬兰	德国
I	运输、存储与通讯	芬兰	卢森堡	比利时
J	金融仲裁	葡萄牙	卢森堡	德国
K*	商业服务	比利时	瑞典	希腊
K72	计算机及相关产业	希腊	德国	比利时
DL30, DL32, DL33, I64, K72	信息与通讯技术	芬兰	比利时	德国

注：*包括 NACE K72，K73，K74 与 K74.3。

济指标上都有较好绩效表现，但是在许多产业的创新领先方面并无太大优势。

1.2.3 欧盟与美国、日本之间的创新差距

基于对 16 项创新指标的数据比较①,美国和日本在创新方面仍然遥遥领先于欧盟 25 国。欧盟 25 国与美国之间的创新差距正趋于稳定(见图 1.2.3-1)。从统计的角度看,大约有 70% 的创新差距可从欧盟在以下 3 项指标上的落后表现中得到解释(见图 1.2.3-2):即美国专利商标局授予的专利数指标、接受过高等教育的人口数指标以及在信息与通讯技术上的支出指标。从单个指标看②,我们发现欧盟在公共研发投入、高技术产品出口等两个指标上与美日的创新差距明显扩大,而欧盟在由商业部门资助的大学研发投入与共同体商标等两项指标上的得分有所上升。

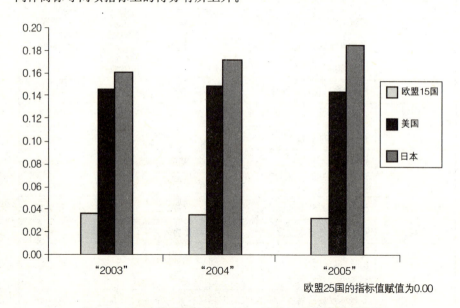

图 1.2.3-1 欧盟 25 国与美国、日本、欧盟 15 国之间的创新差距

欧盟 25 国与日本之间的创新差距还在不断扩大。这一创新差距主要可从欧盟在 3 项指标上的落后表现中得到解释:美国专利商标局专利数、三方专利数以及接受过高等教育的人口数等 3 项指标(见图 1.2.3-3)。从单个指标看,我们可以看到 2003 至 2005 年间欧盟与日本在信息与通讯技术支出、三方专利数、公共研发投入与企业研发投入等 4 项指标上的差距还在不断拉大,仅

---

① 日本只有 15 项指标的数据,缺乏早期风险资本的相关数据。
② 表 1.1.5-1 和表 1.1.5-2 包括欧盟 25 国、美国和日本在每项指标上的真实数据。

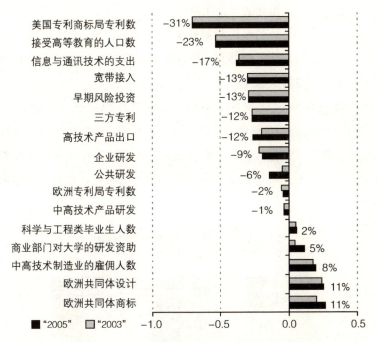

图 1.2.3-2 对欧盟 25 国与美国之间创新差距的解释

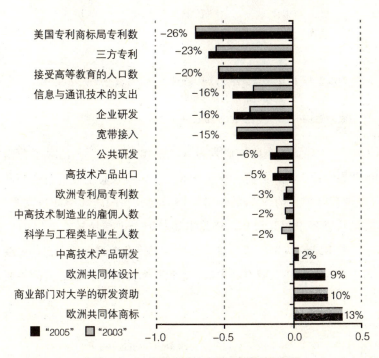

图 1.2.3-3 欧盟 25 国与日本的创新差距解释

有科学与工程类毕业生指标的差距在缩小。

然而对这些统计差异的经济学解释则需要相当谨慎。例如专利数指标的差异，不仅反映了创新绩效的差异，而且还体现了不同地区或国家在商业专利使用与产业覆盖范围上的差异。

2005年欧洲创新记分牌专家报告《美国与欧盟创新绩效的评估与比较》[1]，对美国与欧盟在科研产出、研发投入、教育、专利和产业结构等领域的创新绩效表现作了评估与比较。研究结果清楚表明，在科研产出方面欧洲落后于美国，图1.2.3-4阐明了欧洲人均科研产出较低的状况，在引用率上尤为如此。

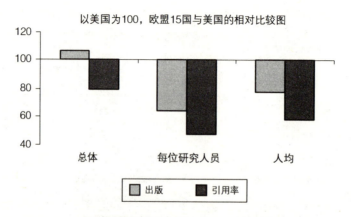

图1.2.3-4 科学领军者：欧洲在出版数量上处领先地位，但在措施和引用率上并非如此

来源：Dosi et al., EIS 2005 EU-US expert report

图1.2.3-4确认了美国在研发投入上的领先地位，并凸显了美国与欧盟之间的明显差距。在公共研发投入方式上，美国政府主要采用合同和采购的方式(美国政府把大约80%的经费支持力度放在国防和空间研发上)。美国大学在创新进程中相互协作，对此主要归因于创新精神在美国的广泛传播。该报告得出结论认为：大量证据表明欧洲企业普遍存在不足，表现为欧洲企业较少参与科研和发明专利申请，也很少参与主要领域的国际垄断市场竞争。

---

[1] 参见Dosi, Giovanni, Patrick Llerena and Mauro Sylos Labini. *Evaluating and Comparing the innovation performance of the United States and the European Union*。(http://www.trendchart.org/scoreboards/scoreboard2005/scoreboard_papers.cfm)

1.2.4 创新指标调查：对创新需求的影响

深谙消费者需求是产品创新与服务创新的重要动力。一种观点认为，一个企业首先因深谙国内市场消费者的需求而受益；另一种观点则认为，出口型企业能从深谙国外市场消费者的需求中获益。

基于一项对欧盟25国与保加利亚、罗马尼亚和土耳其等三国约3万欧洲人的调查，2005年创新指标[①]提供了一种评量创新需求的新方法。通过向被调查者询问一系列问题，研究者明晰了欧洲市民是怎样被创新产品和服务所吸引的，及消费者对创新需求的相关特征，而通常对创新需求特征的评估是通过对不良创新指标的估算而获得的。

创新产品或服务通常被描述为是新的或经过改良的产品。创新指标调查首次提出根据创新产品和服务的吸引力而进行的分类，这一分类方式将欧盟25国的市民划分为四个类型。

- 11%的人对创新充满激情 ⎫
- 39%的人被创新所吸引   ⎬ 支持创新
- 33%的人不愿意创新
- 16%的人反对创新

调查结果表明，欧洲人可基本平分为两类，被创新吸引的人即创新支持者和不同程度的不情愿者。马耳他、斯洛伐克、罗马尼亚和意大利等国的市民，其支持创新的比率最高，但该支持率与排名在其随后的国家之间并无明显差距。另一方面，该分类显示波兰、拉脱维亚、德国和芬兰等国的市民最不愿意接受创新。

支持创新的概念非常有趣，对此概念的不同理解，可解释本文1.1.4节中所描述的从创新投入到创新产出在此转换过程之中的差异。2005年欧洲创新记分牌确实为这一关系提供了首条线索。与欧洲的创新趋势相比，那些市民支持创新比率最高的国家(如马耳他、斯洛伐克、罗马尼亚、意大利和法国)都有一个特征：这些国家在欧洲创新排行榜上的产出指标得分高于投入指标。更为一般的情况是，在支持创新的市民比率最高的10个国家中，有9个国家的产出/投入比高于欧盟平均值(见图1.1.4-1)。与此相反，在创新意愿最低

[①] ftp://ftp.cordis.lu/pub/innovation/docs/innovation_readiness_final_2005.pdf

的 10 个国家中，有 7 个国家的产出/投入比低于欧盟平均值。德国和奥地利两国属于后一类型的例外情况，这两国的情况表明，创新的动力并非来自公共需求而是来自企业需求。

1.2.5 各国创新优势与劣势

基于欧洲创新记分牌结果及创新记分牌的探索方法（An Exploratory Approach to Innovation Scoreboards，EXIS）[①]数据中各国创新需求和管理两大指标，这些数据可用于分析各国创新的优劣势情况。很多国家在创新能力上存在明显的差异。例如，捷克在创新需求和创新应用上的表现要好于该国在知识产权上的表现。因此，具有政策意义的重要问题是：最佳的政策策略究竟是应进一步强化本国的创新优势，还是改善本国的创新薄弱之处？

最理想的政策策略应视各国实际条件而定。对部分国家，加强创新优势可能比改变创新劣势更为容易，反之亦然。在有些国家，增进强项会对弱项产生积极影响，例如对知识创造的研发投入会催生更多数量的专利申请。以此类推，如果一国在创新和企业家精神上表现不佳，就会成为改善专利申请情况的障碍，也许就起不到积极的作用。

关于创新能力如何发展，目前存在着两种对立的观点。第一种观点认为创新能力可从优势领域扩展到弱势领域。第二种观点则认为所有的投入都必须保持均衡的发展——任一项的缺乏都会构成"障碍"，例如知识创造能力低或者缺乏企业家精神，都将阻碍创新能力的发展。当然，上述两种观点可能都对，但关键要看各国的具体条件或指标。

对第二种观点的检验，可通过将 7 项指标（5 项来自欧洲创新记分牌指标，及 2 项来自创新记分牌探索方法资料中的创新需求与管理指标）与创新综合指标（SII）进行方差关联的方式进行。对方差的计算是在标准化各国指标分值并移除绩效影响的基础上进行的，原因在于某些国家在欧洲创新记分牌上表现好于其他国家。一国的方差结果为 0 说明该国在所有七项指标上的绩效表现相同。需要注意的是，所有指标值均为 0（绩效很差）或都等于 1（绩效非常好）的情况也会出现。

[①] 要了解 EXIS 报告，参见 Arundel, A. and H. Hollanders, EXIS: An Exploratory Approach to Innovation Scoreboards (http://www.trendchart.org/scoreboards/scoreboard2004/scoreboard_papers.cfm)。

1. 欧洲创新绩效

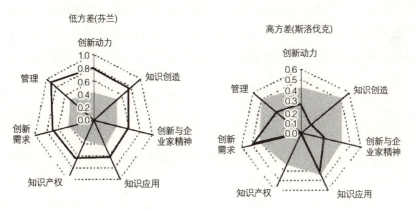

注：灰色为欧盟平均值。
资料来源：2005年欧洲创新记分牌与EXIS报告优劣势分析（Strengths and Weaknesses report EIS 2005 & EXIS report）

图1.2.5-1给出了有完整数据的21个国家的方差与创新综合指标之间的相关关系。通过采用对数线性模型，发现创新综合指标的绩效值下降与7项指标的方差之间，在统计学上存在显著负相关（$R^2 = 0.84$，$p < 0.001$）。这表明创新各指标表现的成熟与均衡，可提高一国的整体创新绩效。

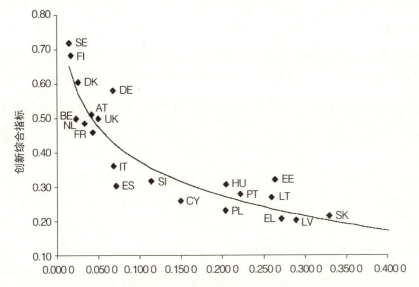

图1.2.5-1　7项创新指标的方差与欧洲创新综合指标之间的负相关关系
（编者注：各国简称对应表详见附录。）

在同等成本条件下，上述结论意味着如果一国注重改善薄弱领域的创新，而非进一步加强优势领域的创新，那么该国用于改善整体创新绩效的政策将更为有效。这也同时说明，对创新绩效较高的国家，若能通盘应对所有维度的创新指标，那么该国的创新边际效益将更为优化。各国在探讨政策导向时可将这一分析考虑在内。

2. 创新挑战与政策趋势

本章将主要立足于各国信息通讯联络处联盟（Network of country correspondents）的分析。该联盟负责监控各国的创新政策发展趋势，并负责评估欧盟25国、3个候任国（保加利亚、罗马尼亚和土耳其）以及5个准成员国（冰岛、以色列、列支敦士登、挪威和瑞士）的创新目标进程。

通过趋势图表网站，本章的目标是通过从各国创新政策年度报告与拥有700多项政策措施的数据库中提取相关资讯的方式，形成以下结论：

- 根据2005年欧洲创新记分牌（参见1. 欧洲创新绩效）以及从其他国家报告中析出的定量或定性指标，可以确定创新政策利益相关者所面临的各类挑战。随后，本章还对各国应对这些创新挑战之政策的恰当性进行了评估，而评估所用的方法考虑了"里斯本进程"下《欧盟成员国国家改革计划》中所提的一些方法。

- 确定了趋势图表项目所管辖的全部或具体某类国家共同的主要创新政策趋势。

2.1 共同的目标，不同的挑战

欧洲国家尤其是欧盟25国与候任国，在"里斯本战略"框架下，在创新上存在着一系列共同的政策目标。2000年3月成立的里斯本欧洲委员会，为欧盟未来十年的发展确定了全新的战略目标：成为世界上最具竞争力、最具活力的知识经济体；在提供更多更好就业岗位和更强社会凝聚力的同时，实现经济的可持续增长。推动创新是里斯本战略的核心所在，因为它是各企业、产业、地区和国家保持竞争力的关键性决定因素。

创新就是变革和持续应对变革的能力。创新可以是某些新想法的成功试探，它常以某种新的、或改良的产品或服务等形式出现；它也可以是某项产品或服务的创新提供方式。同样，创新还可以是现有某种产品市场的创造性开拓，或是某个产业部门商业模式的新变革（新范式，如低成本航空）。借用泰德、本萨特和帕维特(Tidd, Bessant & Pavitt, 2005)[①]等人对创新的界定,可将其分为四大类,即创新中的"4Ps":

- "产品创新"——组织提供的产品/服务的变化。
- "过程创新"——产品/服务生产或流通方式的变化。
- "定位创新"——产品/服务推出的背景变化(例如,由小手工生产转向大规模生产)。
- "范式创新"——框定组织行为的潜在的心智模式的变化。

波兰:"未来竞争时代的波兰产品"

它做了什么?

创新竞赛的主要目的就是推进和传播有可能推向市场的相关创新成果。创新竞赛的形式分为两大类:"未来的产品"和"未来的技术"。在这一竞赛中,来自欧盟成员国的自然人和法人都可参加,其条件是递交一份新的创新产品或技术计划书。"未来波兰产品"比赛项目的优胜者将获得一尊小雕像、一本证书,并有可能获准使用"未来波兰产品"商标,并在产品推广上获得支持。

为何能成功?

在过去八年的创新竞赛中,不同技术领域的数百种创新产品和技术参与了这一竞赛。得到陪审团认可的大多数项目都在经济上取得了成功。在基于竞赛申请而生产的最终产品目前在波兰市场上已经相当普遍,其中的相当一部分产品已经成为出口产品。

将渐进式创新(精益求精)和突破式创新(全球原创)作一区分有其价值。根据创新调查,渐进式创新是创新活动中最普遍的形式,而突破式创新则通常以长期性研发为基础。同样,创新可能对企业或子系统(地区、产业等)的一部分产生影响,也可能对它们产生全面的影响(整个系统)。综合这些概念,其结论正如泰德(Tidd)等人所言的"创新空间"。

[①] Tidd J., J. Bessant & K. Pavitt, *Managing Innovation: integrating technological, market and organisational change* (3rd Edition), 2005.

与关注于产品研发(即便给了相关反馈,一般仍被认为是从思路到产品的标准化步骤)或工艺流程技术的开发和引进的传统模式相比,上述界定为创新提供了更富全景式的视角。

将创新活动扩展至一组涵盖范围更广的概念框架,对创新政策具有深远的意义。显然,更多的研发投入对创新和竞争而言只是一个必要的非充分条件。加强研究的努力,需要能改善企业吸收知识的合适措施予以协助。创新与愿意承担市场风险、尝试新观念的意愿之间紧密相关,其中创新的财政支持问题是创新成败的关键因素。在特定市场、产业和地区中的创新,更多的是渐进式创新而非突破式创新(至少在下一轮范式转换或新技术突破之前是这样的)。

在这一概念框架下,欧洲的创新政策需要考虑在更大范围内建立一个能调节与驱动创新潜能的体系,以提高企业创新活动的速度与强度。

更进一步,虽然创新空间的概念模式可用于单个企业或组织,但还需要进一步关注地区、产业或国家创新系统各要素之间的交互性。这来源于下述的观察发现:即通常企业并非孤立地开展创新,而是携手其他组织共同合作并互为依赖。这些组织或许是其他企业(供货商、客户或竞争者等),或许是其他非赢利性组织或公共机构如大学、研究所及政府机构等。企业的行为也受制度的规约(如法律、规则、标准或惯例),这些制度可能会激励或阻碍创新(典型的案例是知识产权法的法规及其执行)。[1]

有些概念看似非常抽象,然而,2003 年欧洲创新记分牌的一份技术报告[2]使用一组指标对欧盟 15 国的特征进行了归类分析,例如北欧的 3 个创新引领国家(丹麦、芬兰和瑞典)以及荷兰的成功,是建立在诸如特别重视平等、乐于接受新观念、员工联盟及相互信任等文化因素上。最近,2005 年创新指标报告表明,欧盟 25 国与候任国在创新产品与服务的需求方面存在巨大差异。

在"创新空间"这一稍为复杂的概念框架下,包含了多类不同的企业创新活动。不同结构与规模的组织(地区性创新集群、供应链、产品研发集团)在创新网络中的相互协作,以及创新系统本身对企业运作的影响,使得创新本身

---

[1] Edquist C., Systems of Innovation: perspectives and challenges in Fagerberg J., D. C. Mowery & R. R. Nelson (2005). *The Oxford Handbook of Innovation*.

[2] http://www.trendchart.org/scoreboards/scoreboard2003/pdf/eis_2003_tp5_national_innovation_systems.pdf

日益具有"多人游戏"的特性。因此,趋势图表项目的政策监控行为应在上述框架下予以展开,以便能抓住创新政策对创新活动干预的全部存在方式。

表 2.1-1 对 2005 年以来在趋势图表中针对创新政策的新政策监控框架进行了总结。基于前文的评论以及本报告所述各成员国所面临的创新绩效与挑战的多样性,并非所有成员国需要在同一时间内启动全部创新政策措施,这是显而易见的。每一个成员国应当以本国当前所临的具体挑战和问题,找到合适的政策应对措施。

表 2.1-1　2005 年趋势图表项目的创新政策监控框架

1	改善创新管理与政策制订的战略视野
1.1	发展应对创新挑战与创新潜力的中长期战略愿景(在产业、地区、地区之间、国家和超国家层面)
1.2	加深对企业创新活动动力与障碍的理解力度,着眼于为政策制订过程提供信息
1.3	改善政策循环(polcy-cycle)效率,以提高企业创新活动和产出的公共干预力度
1.4	鼓励政策之间相互学习,并为地区、国家和欧盟等层面的政策制定建立信息网络
2	培育有利于创新的环境
2.1	加强公共采购和相关标准化建设,成为企业开发创新产品和服务的动力
2.2	降低企业的管理与交易成本,企业应履行法定的、行政的和财政的义务
2.3	尽力扩大新立法或规则对企业创新活动的积极影响
2.4	提高企业在科研和技术革新上的投入比例
2.5	鼓励战略性技术的升级,尤其是信息与通讯技术
3	鼓励技术与知识向企业转化,形成创新集群
3.1	促进企业获得技能型员工
3.2	促进知识与技术向企业供给和转移,尤其鼓励跨界创新
3.3	提高面向企业具体服务的可用性、广度和质量,以提高企业内部创新活动的有效性
3.4	提高创新基础设施的可用性,以有利于企业知识交换、产品/服务的研发等
3.5	确保基于本地区/产业/国家的未来技能的发展,以符合企业的创新需求
3.6	促进企业与大学之间及其他实体之间开展合作,共同促进创新活动和知识交换
4	促进并维持创新型企业的产生与数量增长
4.1	提高新的创新密集型企业的创立数量,提高新企业存活率
4.2	为新技术企业提供充足的基础设施支援(包括启动和分化),促进企业的存活率与数量增长
4.3	支持创新型企业及其商业模式进入各产业、地区或国家市场

续 表

4.4	提高私营部门对企业创新资助的有效性
4.5	选择最好的法律／规则框架，以利于私营部门对创新的财政资助
4.6	为企业开辟和拓展新市场提供足够的支持
5	加强企业创新，包括知识产权保护及其商业化
5.1	提升技术创新的层次，并促进新技术在企业中的传播
5.2	提高企业中非技术创新的比例
5.3	将知识产权保护及其政策优化，作为创新动力之一
5.4	提高企业创新活动成果的商业化／市场化比率

2.2 欧洲各国创新系统面临的主要挑战

根据欧洲创新记分牌结果、各国政策趋势与年度评估报告，趋势图表项目为33国中的每一个国家确定了3—4个主要挑战（见图2.2-1）。这可达到以下两个目的。

● 依据各国的创新挑战，引发各国对本国创新政策重点事项问题的讨论。

● 确定特定国家组群所面临的共同创新挑战。

表2.2-1运用欧洲创新记分牌指标体系，对各国的主要挑战作了概括。对各国创新管理系统中存在的不足方面的挑战，将在下一节展开讨论。

通常，与创新动力相关的一组指标（主要是人力资源潜力指标）集中了大部分创新挑战；其次是与知识创造相关的一组指标。从一些表现极差或正走创新绩效下坡路的国家看，欧洲创新记分牌中3项指标构成了创新挑战的主要方面，它们是：

● 商业支出用于研发的比率（欧盟25国中有16个国家，8个候任国中有3个国家）；

● 毕业生中科学与工程类学生所占的比例（欧盟25国中有13个国家，8个候任国中有3个国家）；

● 终身学习活动参与率（欧盟25国中有4个，1个候任国）。

另外尚有5项指标也是创新挑战的主要方面，不过就其所构成挑战的国家数量而论，则稍逊一等。这5项指标是：

- 拥有高等教育文凭的人口数；
- 宽带接入比率；
- 商业对大学研发的资助；
- 国内中小企业创新；
- 早期风险投资。

值得注意的是，所有欧洲国家包括两个北欧国家和瑞士，都存在创新动力方面的挑战。可见困难在于如何提高劳动人口的技术能力，并在技术变革时保持足够竞争力，而这一困难似乎与经济发展水平之间并无直接联系。国家创新系统中的其他影响因素（如教学方法、推动创新和技术型职业的发展等）也许能更好地解释各国面临的创新动力挑战，并引起各国政策上的关注。

下图以2005年各国创新政策年度报告为基础，对各国应对挑战的政策回应情况作了排序，其等级评定方式是：

评 级	标　　准
☆☆☆	采取一系列措施，形成一套系统、综合的创新挑战应对方案
☆☆	采取一些具体措施（采取一项或多项举措，当然尚不足以完全应对挑战）
☆	正在制订创新挑战的应对政策（已经制订或初步实施对策，如宣布国家里斯本改革计划）
○	没有专门的措施应对创新挑战（可能还是一个议题，但尚无已制定相关政策的任何迹象）

表2.2-1　欧洲的创新挑战与应对政策

国　家	欧洲创新排行榜中确定的前三大挑战	应对措施
奥地利	- 拥有高等教育文凭的人口数量和毕业生中科学与工程类比例低于欧洲平均水平 - 宽带接入率，信息与通讯技术投入 - 大学研发投入中来自产业资助的比例	☆☆ ○ ☆☆☆
比利时	- 创新知识的应用相对薄弱 - 公共研发投入比例低 - 为服务业创新的人力资源缺乏（包括科学与工程类毕业生数、终身学习比率）	☆☆ ☆☆ ☆☆
保加利亚	- 知识创造：创新投入不足，尤其是企业的研发投入方面 - 通过终身学习提升国民创新潜能的努力不够 - 在产业结构上，在两大指标即中高技术制造业就业人口和高技术产品出口比例，绩效表现不高并呈下降趋势	☆☆ ○ ☆

续 表

国 家	欧洲创新排行榜中确定的前三大挑战	应对措施
塞浦路斯	● 科学与工程类毕业生数 ● 公共研发投入的缓慢增长 ● 企业研发投入比例极低,缺乏早期风险投资 ● 推动服务产业的创新	☆ ☆☆ ☆☆ ○
捷克共和国	● 对科学与工程类毕业生和终身学习的教育投入严重不足,限制了未来以创新为基础的发展 ● 公共和企业的研发投入增长缓慢,追踪知识创造的潜力不足 ● 由商业资助的高校研发投入比例较低,甚至呈负增长状态(如创新系统中的合作指标)	☆ ☆☆ ☆
丹 麦	● 中小企业的非技术变革 ● 终身学习 ● 高技术专利申请	☆ ☆☆☆ ☆☆☆
爱沙尼亚	● 研发投入的水平极低(无论是公共的还是私人部门) ● 技术劳动力的供给存在瓶颈(科学与工程类毕业生较少,终身学习比率较低) ● 由企业资助的高校研发投入比率低,创新系统中校企合作程度有限	☆☆ ☆☆ ☆☆
芬 兰	● 企业创新需求广泛 ● 新欧洲共同体商标(滞后) ● 如何保持投资活力旺盛的势头	☆☆ ○ ☆☆
法 国	● 通过改善公私合作以促进企业的研发投入 ● 培育非技术创新 ● 提高终身学习比率	☆☆☆ ☆☆ ○
德 国	● 科学与工程类毕业生人数 ● 终身学习与青少年教育 ● 早期风险投资(明显滞后)	☆☆ ☆☆ ☆☆☆
希 腊	● 国内企业研发投入和中小企业创新 ● 宽带接入和信息通讯技术投资 ● 终身学习表现不佳	☆☆ ☆☆ ☆☆
匈牙利	● 科学与工程类毕业生人数的薄弱状况 ● 创新传播的潜力薄弱(终身学习与宽带接入方面) ● 企业创新支出的水平低	☆ ☆☆ ☆
冰 岛	● 面向创新的人力资源供给不足 ● 在中高技术制造业就业人口比例低 ● 由知识产权指标衡量的创新产出不足	☆ ☆☆ ☆

续　表

国　家	欧洲创新排行榜中确定的前三大挑战	应对措施
爱尔兰	● 低宽带接入率抑制了创新传播	☆☆☆
	● 对终身学习的参与度不足	☆☆☆
	● 企业研发投入低，缺少早期风险投资	☆☆
	● 产学合作层次低	☆☆
以色列	● 传统产业中的创新支出低	☆
	● 大学改革	○
	● 政府管理和政策制定能力	○
意大利	● 科学与工程类毕业生数，拥有高等教育文凭的人口数量	☆☆
	● 商业的研发投入	☆☆☆
	● 缺乏早期风险投资	☆☆
拉脱维亚	● 公私领域的研发投入极其薄弱	☆☆
	● 科学与工程类毕业生数仍然是未来创新活动的瓶颈	☆☆
	● 促进创新系统内的相互合作	☆
立陶宛	● 低水平的终身学习、宽带接入率、信息与通讯技术，延缓了技术传播	☆☆
	● 极低的企业研发投入，国内创新不够活跃，创新合作与创新集群数量相对有限	☆☆
	● 创新产出相对薄弱（知识产权，高技术产品出口等）	☆☆
卢森堡	● 科学与工程类毕业生数	☆
	● 公共研发投入	☆☆
	● 创新投入	☆☆
马耳他	● 科学与工程类毕业生数和拥有高等教育文凭的人口数	☆
	● 终身学习	○
	● 国内企业研发投入、中小企业创新或彼此合作	☆☆
	● 不同政府部门之间的创新协作政策	☆
荷　兰	● 科学与工程类毕业生数，以及青少年教育业绩低于欧洲平均水平状况	☆☆
	● 企业研发投入低于欧洲平均水平，大学研发投入中来自公共资助与商业资助的比率呈下降趋势	☆☆
	● 早期风险投资的日益萎缩，影响了新的潜在战略型创新者的培养	☆☆
挪　威	● 企业在研发和创新的投入低于欧洲平均水平	☆☆
	● 对创新的公共财政支持相对较低	☆☆
	● 科学与工程类毕业生缺乏是该国未来创新潜能的主要限制	☆
	● 由产业资助的大学研发投入仍然低于欧洲平均水平（创新系统的内部联系不够紧密）	☆☆

续 表

国家	欧洲创新排行榜中确定的前三大挑战	应对措施
波兰	● 财政问题（贷款） ● 产业界与科研界的合作 ● 创新集群	☆☆ ☆ ○
葡萄牙	● 拥有高等教育文凭的人口数量，不重视科学工程类人才培养与青少年教育 ● 企业研发投入和企业创新潜能的开发 ● 创新管理（政策缺乏灵活性、需要减少官僚主义和"审计型"控制）	☆ ☆☆ ○
罗马尼亚	● 国内中小企业创新 ● 企业研发投入 ● 早期风险投资缺乏	☆☆ ○ ☆
斯洛伐克	● 企业研发投入薄弱，战略型创新者数量有限 ● 在高技术制造业上表现很强，但由于外资进入而形成了双轨经济体制 ● 主要创新动力不足（高等教育文凭人口和终身学习比率低）	☆ ☆☆ ☆☆
斯洛文尼亚	● 创新动力上的较好表现，因科学与工程类毕业生不足而弱化（呈下降趋势） ● 企业的研发投入低于欧盟平均水平，但目前公共正在提高对企业研发投入的扶持 ● 较低的通讯与信息技术投资及较低的宽带接入，阻碍了创新知识的传播	☆☆ ○ ☆☆
西班牙	● 终身学习 ● 创新支出 ● 高技术制造业与服务业	☆ ☆☆ ☆☆☆
瑞典	● 大产业集团的创新积极性下降，需要激励规模较小产业集团的战略型创新者的成长 ● 体现产业结构的高技术出口比率低于欧洲平均水平 ● 创新系统的内部合作和相互联系有待加强（例如，由商业资助的大学研发）	☆☆ ☆ ☆
瑞士	● 科学与工程类毕业生所占比例较低，但可由移民来弥补 ● 对创新的公共财政支持及大学研发中商业资助所占的比率低于欧洲平均水平，表明创新系统之内的相互合作比较薄弱	○ ☆☆
土耳其	● 拥有高等教育文凭的人口数量 ● 宽带，信息与通讯技术 ● 如何不断加强产学合作 ● 以新技术为基础的新企业创立，提供早期风险投资	☆ ☆☆ ☆☆ ☆
英国	● 由于过多依赖少数产业/大企业的研发投入，企业的研发投入成为一大挑战 ● 中小企业的创新能力仍然低于欧洲平均水平 ● 由商业资助的大学研发一直处于下降趋势	☆☆ ☆☆ ☆☆☆

表 2.2-2 各国面临的主要挑战概述

各国面临的主要挑战		
欧洲创新排行榜指标	欧盟 25 国	候任国/准成员国
创新投入：创新动力		
科学和工程类毕业生数	奥地利、比利时、塞浦路斯、捷克、德国、爱沙尼亚、匈牙利、意大利、拉脱维亚、卢森堡、马耳他、荷兰、斯洛文尼亚	冰岛、挪威、瑞士
拥有高等教育文凭的人口数	奥地利、意大利、拉脱维亚、马耳他、葡萄牙、斯洛伐克	土耳其
宽带接入比率	希腊、匈牙利、爱尔兰、立陶宛、斯洛伐克、斯洛文尼亚	土耳其
终身学习参与情况	比利时、捷克、德国、丹麦、爱沙尼亚、法国、希腊、匈牙利、爱尔兰、立陶宛、马耳他、斯洛伐克、西班牙	保加利亚
青少年教育成就水平	德国、荷兰	冰岛
创新投入：知识创造		
公共研发投入	比利时、塞浦路斯、捷克、爱沙尼亚、拉脱维亚、卢森堡	
企业研发投入	塞浦路斯、捷克、爱沙尼亚、法国、希腊、匈牙利、爱尔兰、意大利、立陶宛、拉脱维亚、马耳他、荷兰、波兰、葡萄牙、斯洛伐克	保加利亚、挪威、罗马尼亚
中高技术类研发所占比例		
接受公共财政资助的企业比例	波兰、斯洛文尼亚	瑞士、挪威
大学中由商业资助的研发比例	奥地利、捷克、爱沙尼亚、法国、意大利、波兰、英国	瑞士、挪威
创新投入：创新与企业家精神		
国内中小企业创新	希腊、芬兰、马耳他、波兰、瑞典、英国	罗马尼亚
创新型中小企业与其他企业的合作	立陶宛、马耳他、波兰、斯洛伐克、英国	
创新投入市场新产品的销售比例	卢森堡、西班牙	以色列
早期风险投资	塞浦路斯、德国、爱尔兰、意大利、荷兰	罗马尼亚、土耳其
信息与通讯技术支出	希腊、立陶宛、斯洛文尼亚	
中小企业非技术变革创新	丹麦、法国	
创新产出：知识运用		
高技术服务业就业人口	塞浦路斯、西班牙	

续 表

各国面临的主要挑战		
创新产出：知识运用		
高技术产品出口	比利时、瑞典	保加利亚
市场新销售产品		
企业新产品而非市场新产品的销售		
中高技术制造业就业人口	比利时、西班牙	保加利亚、冰岛
创新产出：知识产权		
欧洲专利局专利，美国专利商标局专利，欧洲共同体商标与设计	丹麦、立陶宛、芬兰、法国	冰岛

资料来源：2005年度各国年度趋势图表报告（*Annual TrendChart country reports 2005*）

宽带传输率（在知识社会中，作为技术、知识传播的潜在工具）问题涉及一些重要的国家，但这一问题对外围国家（如爱尔兰）或欠发达国家（希腊、立陶宛、斯洛文尼亚、土耳其）而言更为关键。在这一问题上，目前尚无保加利亚和罗马尼亚等国的数据。不然，这些国家最有可能成为在电子商务和电子政务的充分开发等方面面临障碍的国家之一。

从企业研发投入占GDP百分比的指标看，欧洲国家除了北欧诸国和另一些高收入国家（如德国、奥地利和瑞士）外，其他国家在该指标上均表现欠佳。除荷兰、挪威和英国外，该项指标是其他国家在2005年面临的一项主要挑战，尤以低收入国家为甚。荷兰、挪威与英国是3个较为发达的国家，它们在企业研发投入占GDP百分比指标上同样存在一些问题，与其主要竞争对手而非欧盟25国的平均水平相比，上述三国的表现仍然欠佳。例如，虽然英国与瑞典两国在本指标上具有相同的优势和劣势，但英国在知识创造指标上的绩效明显差于瑞典。另一方面，荷兰在本指标上呈现绩效下降事实，部分原因是，在产业战略上该国的大企业主要在海外开展研发活动。

相当一部分国家所面临的挑战与创新系统的内部合作问题不无关系（反映在由商业资助的大学研发投入，或创新型中小企业的彼此合作等指标中）。在政策分析中常使用第一个指标，用以衡量科研基地与产业界之间的相互关系或紧密度。然而，这一指标在解释各国实际创新能力上存有一些问题，因为在数个创新能力较弱的欧洲国家中，虽然商业资助的大学研发投入指标表现相对较好，但是这一较好状况恰恰反映了这些国家中小企业较弱的内在创新能力，反映了这些国家的创新系统依然是基于技术的创新。

属于创新和企业家精神指标的创新挑战相对较少的状况，应当引起各国的注意。这也部分反映了报告的许多指标有所过时的事实，这些指标主要基于可追溯至 2000 年的共同体创新调查的相关结论。第 4 次共同体创新调查的相关结论应融入在 2006 年进行的分析，这有可能激起一场关于具体国家、地区及产业等创新系统的创新模式、趋势与创新动力学的大讨论。虽然将早期风险投资缺乏作为创新之主要障碍的国家仍不多见，但是它依然是各国创新的主要障碍之一。

更为令人惊奇的是，仅有极少数国家将与创新应用相关的创新产出指标（尤其是如高技术服务业和制造业就业人口指标、高技术产品和知识产权出口指标）视为本国的创新挑战。仅比利时、塞浦路斯、西班牙、冰岛和保加利亚等 5 国，将中高技术制造业与服务业相关的就业人口结构视为本国创新的关键挑战之一。

尽管从知识产权保护和开发的角度看，欧洲的总体创新水平仍然很低。但同样的情况是，只有为数不多的几个国家将专利申请、共同体商标等问题视为本国的创新挑战之一。

2.3 创新对策能否应对挑战

本节主要分析欧盟 25 国及其 8 个候任国/准成员国的创新政策，在多大程度上对欧洲趋势图表中的欧洲创新记分牌和政策报告所确定的创新挑战作出了回应。为了使详尽的国别分析更为简洁，这一分析采用了与 2004 年欧洲创新政策[①]报告相似的计分方法。接下来，本节还对主要挑战的应对政策方法的本质与恰当性作了深入剖析，这些挑战是根据欧洲创新记分牌五组指标而一一确定的。

---

① 具体内容可参见 http：//trendchart.cordis.lu/annualreports/report2004/innovation_policy_europe_2004.pdf。

评级	标准
☆☆☆	采取一系列措施,形成一套系统、综合的创新挑战应对方案
☆☆	采取了一些具体措施(采取一项或多项举措,当然尚不足以完全应对挑战)
☆	正在制订创新挑战的应对政策(已经制订或初步实施对策,如宣布国家里斯本改革计划)
○	没有专门的措施应对创新挑战(可能还是一个议题,但尚无已制定相关政策的任何迹象)

2.3.1 创新动力方面的创新挑战

如上所述,欧洲创新记分牌中一套有关创新动力的指标,囊括了各国的大部分创新挑战。显然,这说明人们日益关注教育和终身学习体系,是否足以维持欧洲在知识创造和知识更新上的竞争优势者地位。很明显,与接受高等教育的人口数、青少年教育成就水平等指标相关的挑战,是重要的长期性影响因素,不仅将会延缓迈向知识经济的步伐,还会降低人们接纳创新产品和组织创新的意愿。不管如何,上述挑战的解决办法更多地在于科学教育政策,而技术和创新政策只起到一些边缘性作用。

在创新动力指标中,是否拥有足够数量的科学与工程类毕业生,对许多欧盟成员国、候任国及准成员国未来以知识为基础的发展而言,仍是一个重大瓶颈。几乎所有国家在增加科学与工程类毕业生上都在朝积极的方向发展(除塞浦路斯和马耳他两国外)。在整体上,欧盟科学与工程类毕业生的比例高于美国,而比日本则相差一个百分点。

然而,在面临挑战的16个国家中,是否拥有足够的科学与工程类毕业生仍是一个重要问题,这些国家与欧盟25国的平均水平相距18%(卢森堡)至90%(比利时)之间,大部分新成员国在该指标上的表现低于平均水平(塞浦路斯和马耳他分别是欧盟平均值的30%和25%,匈牙利为39%),即便是在经济较为发达的国家如奥地利也仅为欧盟平均值的67%、意大利为65%,荷兰为60%,这些国家同样表现欠佳。

面临这项挑战的大部分国家在其政策宣言中承认了这一挑战,相当一部分国家开始采取应对措施(可参见表2.3.1-1和表2.3.1-2),然而要期望这些举措能促使科学与工程类毕业生的明显增长,还有待相当时日。

表 2.3.1-1 提高科学与工程类毕业生人数的对策

国家	评级	标准
荷兰	☆☆☆	采取一系列措施,形成一套系统、综合的创新挑战应对方案
奥地利、比利时、爱沙尼亚、德国、意大利、拉脱维亚、斯洛文尼亚	☆☆	采取了一些具体措施(采取一项或多项举措,当然尚不足以完全应对挑战)
塞浦路斯、捷克共和国、匈牙利、冰岛、卢森堡、马耳他、挪威	☆	正在制订创新挑战的应对政策(已经制订或初步实施对策,如宣布国家里斯本改革计划)
瑞士	○	没有专门的措施应对创新挑战(可能还是一个议题,但尚无已制定相关政策的任何迹象)

表 2.3.1-2 提高科学与工程类毕业生人数的具体举措

国家	应对挑战的具体措施
奥地利	大学改革(2002年大学法案)赋予大学更多的自治权 博士生培养资助计划
比利时	联邦政府通过削减社会保险缴纳金计划,从而减少研究者的工资支出 联邦和地区采取措施,促进科学与工程类教育的发展与岗位供应
塞浦路斯	在塞浦路斯大学中设立新型工程系 建立一所技术大学
捷克	国家创新政策(草案)中的具体措施 人力资源发展战略
爱沙尼亚	博士研究生院(该举措由"结构性基金"计划资助)
德国	绿卡计划 教育改革,包括解决科学与工程类学生中女生比例低的措施
匈牙利	教育和培训类基础设施发展的措施 聘用博士、科学硕士和工商管理硕士类人才
意大利	2003年全面改革教育系统 采取税收激励措施,招募非本国籍研究者
拉脱维亚	个人所得税修正案(鼓励雇主向自然科学和工程类等领域增加投入) 提高科学教学质量,扶持博士生培养和博士后研究项目
卢森堡	2003年创建卢森堡大学
马耳他	在2005年预算中,为私营部门招募科学与工程类毕业生引入具体激励措施;对国家高等教育资助政策进行评估,可能在未来采取新的举措
荷兰	科学与技术的三角洲计划
斯洛文尼亚	青年研究者计划
冰岛	扩大科学与工程类毕业生的学生规模
挪威	实施科学课程战略,以促进初等教育领域的数学与科学课程的教学(2002);兑现研究白皮书的承诺(2004—2005),提出资助学生的专门措施和额外博士后研究项目的措施
瑞士	在最新的国家教育和研究计划(2004—2007)中,兑现大力扶持年轻科学家的承诺

荷兰似乎是采取最为综合性的应对举措的国家，荷兰教育部、文化与科学部、经济事务部、社会福利与劳动部在2003年联合发布了"科学与技术三角洲计划"。该计划主要集中于如何对更多的青年人实施科学与工程类教育，以到2007年实现接受科学与工程类教育的青年人数增长15%的目标。具体措施包括：改善科学教育，提高科学与工程类职业的吸引力，通过科学中心等提高科学与工程类专业对青少年的吸引力，改善高技术人才的移民政策等。

一些国家已就加强基础教育与培训的基础设施建设采取了明确的行动，以提高培养更多科学家和工程师的能力，包括创立新的院系乃至大学（如塞浦路斯和卢森堡），或主要通过"结构基金"的扶持增加对已有教学研究培训设施的投入（如匈牙利和拉脱维亚）。另一些国家（如奥地利、德国、意大利、马耳他等国）则对高等教育资助体系和教育系统进行了广泛的改革，但结果不尽相同。如奥地利国家报告强调指出，2002年大学法案所推动的大学改革，迄今在提高科学与工程类毕业生的数量方面其作用微乎其微，甚至与预期目标背道而驰。

英国：高等教育创新基金 2(HEIF2)

它做了什么？

HEIF2 是贸易与工业部/科技办公室（DT/OST）、英格兰高等教育基金会（HEFCE）、教育与技能部（DfES）等部门的伙伴关系项目。该基金主要为高等教育机构的积极发展，及高等教育机构与研究成果的商业或潜在用户之间的关系筹建提供资金，旨在提高高等教育机构回应商业、公共服务乃至更大社会的创新需求和知识转化等方面的能力。

在2004—2006年该基金会共提供了2.6亿欧元的资金，并进一步巩固了3项更早时期的资助计划，是继对研究机构的重点资助，对学习和教学的重点资助之后的第三次对高校创新的稳定资助。基金的资助方式采取赠款和风险资本投资两大方式。由新设的22个知识交换中心所组成的联盟，同样可得到 HEIF2 基金的资助。这些知识交换中心旨在为商业与共同体合作者提供一些具体的知识转化服务。

> 为何能成功？
>
> 英国在 HEIF2 成立之前面临的问题是，促进高校创新的各项措施存在着支离破碎的现实，结果导致了各项创新政策的实施变得异常复杂，阻碍了每一项措施的实施和政策效度。从实施的角度看，HEIF2 的成功在于它把之前彼此分散且较为复杂的措施凝聚成了统一的体系。

一些国家如奥地利、爱沙尼亚、拉脱维亚等国，通过资助博士生培养项目或学校的方式，不断增加本科生和研究生层次学校的数量。德国已采取了具体措施提高从事科学与工程类职业的女性数量。在奥地利，女性在技术科学领域中比例极其低下的情况已被认为是一个严重的问题。有些国家如挪威、拉脱维亚、德国和荷兰等，已经认识到有必要加大对教育的投资力度，以提高初等教育和中等教育中科技教育的数量与质量。

最后，比利时、德国、意大利、拉脱维亚和马耳他等国都已采取措施，促进企业的研究人员招募或减少招募成本，以此激励企业对研究人员的需求。这类措施包括：德国的绿卡政策，比利时、意大利和拉脱维亚等国的社会缴费或税收削减措施等。在斯洛文尼亚，虽然青年研究者计划在 2001 年已向企业开放，但该国的报告仍着重指出，在面向企业的此类计划方面应当作出更大的努力。在匈牙利，在雇佣额外的研究人员方面存在着类似的所得税削减措施，但仅面向高等教育机构。比利时将税收削减激励措施向企业开放，这一经验值得匈牙利学习和借鉴。由于科学与工程类毕业生在短期内供给相对稳定的事实，因此上述措施似乎仅可促进人员国际流动的提高（在许多国家吸引研究者回国是一项明确的政策目标），但从长远看，上述措施最终将提高一国从事科学与工程类职业的年轻人数量。

一些国家包括捷克共和国、冰岛和瑞士等同样面临着上述挑战，它们在近来的国家战略思考上已经作出了努力，但仍需要采取进一步的具体措施以应对挑战。

> **斯洛文尼亚：青年研究者计划**
>
> 它做了什么？
>
> "青年研究者计划"发起于 1985 年，旨在鼓励更多的斯洛文尼亚年

轻人追求研究型职业。该计划每年为大约 1 200 位科学硕士和哲学博士提供相关资助，其实施降低了斯洛文尼亚公共研究部门中研究人员的平均年龄。

虽然该计划取得了成功，但针对该计划的一份评估报告认为，还是有很小一部分受过资助的研究者后来离开公共研究部门转而进入商业部门工作。因此，斯洛文尼亚政府在 2002 年年底又对该计划进行了拓展，以专门吸引来自商业部门的青年研究者。其中一项只向商业部门青年研究者开放的子项目，就是有针对性地解决这一薄弱问题。该子项目允许这些人继续在商业部门任职，并在其培养过程中允许他们与商业部门保持持续的联系。2005 年，负责实施"科学与研究公共资助项目"的研究管理机构，为该计划引入了另一项调整措施。该机构决定进一步加强获得资助学生的指导教师的遴选标准。在首轮筛选过程中，将首先对合适的指导教师开展遴选，如教授和资深研究员等。到了第二阶段，才对有潜力的青年研究者的申请进行筛选。同时，对来自技术科学和工程领域的申请者，当申请项目与本国的产业需求相一致时，将给予更多的优惠待遇。

为何能成功？

无论是内部还是外部的评价，都对该计划作了积极的肯定。该计划成功的部分原因是负责该计划的管理办公室不断地解决行政性管理问题。更为关键的是，该计划的规划设计基于相关评估与反馈结论之上，并不断调整，这也表明项目设计者的灵活应变态度。

表 2.3.1-3　终身学习方面的挑战

国　　家	等级	标　　准
丹麦、爱尔兰	☆☆☆	采取一系列措施，形成一套系统、综合的创新挑战应对方案
比利时、德国、希腊、匈牙利、立陶宛	☆☆	采取一些具体措施（采取一项或多项举措，当然尚不足以完全应对挑战）
捷克爱沙尼亚、葡萄牙、斯洛伐克、西班牙	☆	正在制订创新挑战的应对政策（已经制订或初步实施对策，如宣布国家里斯本改革计划）
保加利亚、法国、马耳他	○	没有专门的措施应对创新挑战（可能还是一个议题，但尚无已制定相关政策的任何迹象）

欧洲创新排行榜发现,超过一半的国家的国民终身学习参与率较低,这对各国未来以个人持续学习新技能和新理念为关键特征的知识经济提出了难题。在 2005 年,已有 15 个国家将终身学习确定为本国最关键的三大挑战之一,事实上其他国家如意大利、匈牙利、波兰和罗马尼亚等国,也将本国终身学习参与率低于欧盟 25 国平均水平的情况列为本国的创新挑战之一。令人惊奇的是,虽然丹麦是欧盟 25 国中终身学习参与率最高的国家之一,但还是将终身学习列为本国的创新挑战之一。从国家视野看,相较于其他北欧国家,丹麦显然希望能保持其创新的领先地位。目前丹麦已着手对职业教育和继续教育培训体系展开改革,试图将各类教育项目整合成为一个连贯的、明晰的成人教育体系。

正如表 2.3.1-4 所示,大部分面临这一挑战的国家都在采取类似于丹麦的改革实践,不断评估并改革本国的终身学习体系。趋势图表项目的政策措施数据库仅反映了一部分此类培训项目。在德国,有一个如何建设学习型地区的案例(由"欧洲社会基金"共同资助),它主要通过资助组建本地区的教育机构联盟,通过开展各类创新活动来实施终身学习原则等措施,促进了本地区终身学习和学习型社会的发展。

表 2.3.1-4 应对终身学习挑战的举措

国　　家	应对挑战的具体措施
比利时	在佛兰德斯和瓦隆等地实施战略行动计划
捷　克	人力资源发展战略
丹　麦	职业教育和培训体系改革
爱沙尼亚	正在制定终身学习战略
法　国	尚无重大新进展
德　国	学习型地区建设项目;职业培训改革
希　腊	资助了一系列项目,但仍需重组本国的终身学习体系
匈牙利	促进终身学习和适应能力
爱尔兰	发布成人教育白皮书,及一系列改革措施
立陶宛	促进研发和创新的人力资源质量改善计划
马耳他	需要制定面向创新的终身学习投资计划
葡萄牙	终身学习是《2005 年技术计划》中的四大优先发展项目之一
斯洛文尼亚	"斯洛文尼亚终身学习理念"战略;由结构基金下的运作项目所支持的各类行动
西班牙	终身学习的培训模式改革
保加利亚	需对教育和培训体系作重大改革

终身学习体系的不足是国家创新系统功能是否良好的重大障碍。在趋势图表项目的各国报告中，明显存在的普遍分歧是有关企业与创新政策、教育与培训两方面的争论。大部分诸如在技能发展、企业与培训机构的学习联盟等方面的争论，缺乏应有的深度与广度。2004年趋势图表项目的工作坊讨论，更为深入地探讨了创新技能与人力资源之间的关系。

该工作坊的讨论结果显示[①]，对创新和终身学习政策之间如何更好地实现相互协调等一些关键性议题，一定要有良好的总结。考虑到不仅需要应对如何改善终身学习体系的一般性挑战，而且需要将这一改善与企业的技能需求、企业的创新管理能力等尽可能地联系起来，因此有必要在此重申在工作坊中提到的两点重要发现：

第一个重要发现是在角色上，公共扶持行为不能取代公司与私营机构的主动行为，即及时确定和达至创新所需的新技能。培训提供者面临的主要困难是企业能否清楚地表达企业的需求。虽然培训提供者乐意提供能符合企业需求的培训，但他们需要清楚地知道何类培训是受训者确实需要的。

解决上述问题的现有方案多种多样，包括通过联合雇员、工会等对公司开展评估；通过在公司中创造条件的方式，为员工表达需求提供可能性或如何表达的技能，或至少理解员工的需要；通过开发技能体系或技能需要（对培训行为进行分类）的形式，帮助公司界定他们的需要；通过开发可用于早期鉴定技能需要的互联网方案；通过培训提供者与公司展开深入商讨的方案；以及通过在公司中促进人力资源开发等多种方案。当然，最后还要考虑中小企业与培训提供者、咨询者和指导者等开展相互交流与合作的能力。若要使合作取得成功，可能还需要在这方面提供相关的扶助和推动。

第二个重要发现是说服公司向创新管理投资。创新管理对（小）企业而言是一门相对新兴的科学，而这个概念的宣传尤为重要。如果政策制订者和培训提供者将为公司提供相关服务，那么对公司创建过程的理解是其中的关键一步。通过使用企业语言、理解企业的业务需求等方式，可使创新管理这一概念更好地被企业所理解。认识领导者、利用工会和发展人际网络等措施是更详实地认识公司的好方式，甚至可能是促进创新管理技能培训开展与理念传递的一种方式。

---

① 读者可参见 http：//trendchart.cordis.lu/reports/documents/workshop_4_2004_outputpaper_parer.pdf。

2.3.2 知识创造方面的挑战

知识创造显然是创新的必要非充分条件。从政策的视角看，欧洲创新排行榜中反映知识创造的一组指标，是政策制订者最能直接影响变革的指标。在这组指标中，将增加企业研发投入方面的挑战作为政策重点事项，反映了当前企业研发投入占 GDP 的百分比与欧盟 2/3 的研发投入来自商业部门的目标之间存在的巨大差距。

表 2.3.2-1 增加企业研发投入方面挑战的政策应对力度

国　　家	等级	标　　准
法国	☆☆☆	采取一系列措施，形成一套系统、综合的创新挑战应对方案
塞浦路斯、捷克、爱沙尼亚、希腊、匈牙利、冰岛、拉脱维亚、立陶宛、马耳他、荷兰、挪威、波兰、葡萄牙、英国	☆☆	采取一些具体措施（采取一项或多项举措，当然尚不足以完全应对挑战）
斯洛文尼亚、保加利亚	☆	正在制订创新挑战的应对政策（已经制订或初步实施对策，如宣布国家里斯本改革计划）
罗马尼亚	○	没有专门的措施应对创新挑战（可能还是一个议题，但尚无已制定相关政策的任何迹象）

提高企业的研发投入是大部分国家面临的一个主要挑战，这也部分反映了该指标具有广泛的实用性，同时还表明它是企业努力加大创新投资的一项长期性可行措施。然而，该指标受到一国经济结构的巨大影响，其原因是以科学为基础的产业部门（如医药、化学和一些电子学领域）偏好将资本更多地投资于国内研发产业，而其他产业部门的创新投资则更多地与市场、设计和非技术创新等相关。2005 年创新记分牌引入了一个相关指标，即把中高技术与高技术研发投入占制造业研发总投入的比例设为 $a\%$，但这一指标尚未被各国认为是一项重要的挑战。事实上，这个指标可能更为重要，因为它能更好地洞悉未来技术投资模式的转变。

奇怪的是，企业研发投入强度在法国和英国被视为是一项挑战，两国在该指标上的表现值均略高于欧盟 25 国的平均值。两国将该指标视为挑战，是以本国企业研发投入的具体情况为基础的。以法国为例，其表现值仅是欧盟 25 国平均水平的 106%（并呈略微下降趋势），而与其他几个主要竞争对手如德国139%的水平相比，法国在企业研发投入上显然尚不充分。法国在提高企业研发投入方面所面临的挑战，还伴随着企业与研究机构之间联系不紧密的政策讨论（衡量指标如由商业资助的大学研发投入指标）。法国承诺将在未来很长时期内提高企业的研发投入，最近又通过了一些附加措施以进一步加强企业的研发投入，其中包括合并法国技术创新局（ANVAR，一个推动研究成果商业化的国家机构）和法国中小企业发展银行（BDPME），成立一个专门扶持中小企业发展的法国中小企业发展集团，简称OSEO集团。另外，2005年的贝法（Beffa）报告[①]强调，法国公共研发投入应转向扶持中期性的工业创新项目（由一个新设的国家工业创新机构对其进行管理），以使法国的工业走向专业化的高技术产业。近来法国已采取一些具体措施来支持企业研发投入，包括一项期待在2006年能产生效益的新税收政策，以及在1999年创新法中制定的大量措施。

法国：新兴创新企业身份（The Young Innovative Company Status, JEI）

　　它做了什么？

　　"新兴创新企业身份"的目标是通过把新兴创新企业的研发投入与税收减免挂钩，帮助此类企业克服创业初期的困难。这项措施针对以下几方面的议题："里斯本战略"中的政策目标；法国公司的研发投入少于其他国家的事实；新成立的小型创新企业在创业初期实力较弱的事实。

　　有资格获得此类支持的公司需具备以下五个条件：属于中小型企业，雇员人数应在250人以下；营业额不到4 000万欧元或资产负债低于2 700万欧元；创建不到8年；年研发费用超过企业当年总支出的15%（不是所有研发开支都符合条件，例如技术考察费就不符合条件）；公司是独立的，例如公司一半以上的资本应属于自然人、其他中小企业、科研或高等教育机构或其下属机构、风险投资公司、创新互助基金、商业天使风险基金（一类风险资本提供者）等持有。

　　为何能成功？

　　"新兴创新企业身份"被认为是促进研究和创新的一项积极措施。

---

① 可参见 http：//lesrapports.ladocumentationfrancaise.fr/brp/054000044/0000.pdf。

> 它的出台回应了法国面临的两大重要挑战：公司发展初期的资金缺乏问题，以及普通私营部门尤其是中小企业研发投入普遍较低的问题。

英国在企业研发投入指标上也仅仅略高于欧盟25国平均值(为欧盟25国平均值的103%)。英国近年来在企业研发投入上的缓慢增长，不足以扭转高技术出口下滑和中高技术制造业重要性不断下降的局面(虽然在英国经济体中，服务产业的重要性是另一个解释理由，但是很难将服务产业的企业研发投入统计在内)。英国近来采取的措施是把公共资助集中用在与英国商业直接相关的技术上，通过成立技术战略委员会，并由其决定2005—2008年间英国贸易与工业部下近5亿欧元的资助重点。该委员会通过对国家技术项目的投入，势必会影响英国的未来竞争力。

另外两个比较发达的国家荷兰和挪威，也属于需要提高企业研发投入的国家之列。荷兰和挪威两国的经济结构(分别以服务业和资源型产业为主导)是造成两国在这一指标上的表现位于欧盟25国平均值90%之下的原因。上述现实造成了两国提高企业研发投入的具体困难，但两国政府都在朝这个目标作出积极努力。

在其他国家，企业研发投入占GDP的百分比指标，同样被认为是一大挑战。当8个新成员国都希望在这一指标上缩小与欧盟25国平均值的巨大差距时(差距范围从塞浦路斯仅为欧盟25国平均值的6%，到匈牙利为欧盟25国平均值的29%)，该项挑战变得尤为凸显。然而，希腊、意大利和葡萄牙等老成员国在这一指标上的表现，也都位于欧盟25国平均值的50%之下。在该指标上，也可看到一些国家正处于上升趋势中(如爱沙尼亚增长了22.5%，塞浦路斯增长了26.5%)，而另一些国家的情况则变得日益糟糕(波兰下降了20.5%，斯洛伐克下降了14.4%)。

自2004年以来在欧盟"结构基金"的财政支持下，新成员国制定了很多新的政策，但要确切了解这些新政策的执行程度，目前还十分困难。例如爱沙尼亚在这个指标上的上升趋势，也许可部分归功于该国自2002年以来启动的对企业研发投入的公共资助。然而，这一结论尚需要更长时间和更为深入的实证分析来加以证实。同样在挪威，该国在企业研发投入上的上升趋势可能要归功于《科研促进计划》(SkatteFUNN)下的税收激励政策的实施,但是还需要对其他情况进行评估。同样,虽然爱尔兰已采取大量措施以鼓励更多的研发投入,但是趋势图表项目的报告表明,目前尚需研究者来进一步论证扶持资金与企业研发投入之间的相互关系。另一方面,波兰的报告则强调,现有的对企业研发活动的资助体系仍然非常薄弱并有待进一步完善,这也许可部分解释各国在扭转下降趋势时所面临的困难。

近来大部分国家都已采取了旨在提高企业研发投入强度的政策行动,而提高企业研发投入的挑战在2004年时就已存在。各国已出台一系列具体的直接扶持措施(赠款和贷款计划),而在一些将企业研发投入视为本国创新挑战的国家,在2004—2005年间还重新修订了上述扶持措施或引入了一些新的计划。表2.3.2-2概述了各国所采取的各类措施。

表2.3.2-2 应对企业研发投入方面挑战的措施

国 家	应对挑战的具体措施
捷 克	2005年开始执行新的税收减免政策,允许提高无形研发成果的折旧率 INOVACE计划:对中小企业产品与服务的技术和效用价值的增值进行扶持
塞浦路斯	促进研究基金框架计划:包括允许私营部门为研发共同出资的措施
爱沙尼亚	继续实施研发资助计划 2006年规划并启动了新的"爱沙尼亚发展基金"
法 国	2004年实施旨在鼓励公司增加研发投入的税收政策 正在启动面向工业创新的竞争力集群和机构计划
希 腊	继续实施由欧盟"结构基金"支持的研究和投资政策
匈牙利	引入税收激励措施 对研究和技术创新的资助
爱尔兰	《2005年研发行动方案》,出台了包括研发税收减免计划的大量措施
意大利	新举措:对一些较少获得政策支持的地区,实施技术转移试点计划 《2005—2007年国家研究计划》,支持公私合作的研究实验室 《2005年竞争力法令》,提出创立循环基金的计划
拉脱维亚	继续实施由欧盟"结构基金"支持的各种项目 承诺将研究资金的每年提高幅度确定为占GDP的0.15%
立陶宛	通过提高研发公共投入的国家协议 改革税法,促进研发成本的降低
马耳他	对2005年研发投入增长的企业进行税收减免
荷 兰	在《促进研究与开发法》(WBSO)的税收方案下,拓宽对研发的界定 对合作项目实施创新补贴 小企业创新研究试点项目

续表

国　家	应对挑战的具体措施
波　兰	《国家资本基金法》与《创新活动扶持法》：明确提出到 2010 年实现企业研发投入翻 7 番的目标，包括财政激励、列为成本的研发投入等（两个法案都在 2005 年通过）
葡萄牙	《2005 年技术计划》，包括恢复促进研发活动的税收激励体系 《IDEIA 法》（促进公司应用研发成果）：促进企业和科技机构之间的研发合作
斯洛伐克	起草创新法草案，首次提出前文提及的税收补贴 出台《产业研究和企业前竞争发展的扶持办法》，支持产业研究和产品开发
英　国	重新启动研发拨款项目（早先的 SMART 和 SPUR 项目），实行分区管理
保加利亚	"国家创新基金"将对市场导向的创新项目提供支持
挪　威	宣布增加直接以产业为导向的研发项目数量
罗马尼亚	将激励企业增加研发投入作为 2005 年重点事项，可能考虑将研发投入与税收上缴相抵

可以看到大多数国家普遍增加了对产业研发的公共资源支持力度。例如拉脱维亚和立陶宛两国政府都承诺将每年提高对研发投入的公共资助力度；爱尔兰在其 2004 年 11 月的一份行动方案中设定了本国的企业研发投入目标，将年度企业研发投入从 2001 年的 9.71 亿欧元提高到 2010 年的 25 亿欧元。同样，波兰在《创新活动扶持法》中明确提出到 2010 年实现企业研发投入翻 7 番的目标。

作为回应企业研发投入不足的政策行动，其最明显方式就是新设或调整针对研发的财政激励措施。目前 19 个国家中已有 10 个国家在企业研发的税收激励方面有了新的进展。有些国家如法国、爱尔兰和荷兰等，主要通过加强已有方案的方式予以实施。在一些新成员国如捷克共和国、匈牙利、立陶宛、马耳他和波兰等国，加强已有方案的方法还处于制定阶段（已在各种计划和战略文件中宣布）。这表明正在发生观念的转变，即从过去认为推动产业发展只需将企业税率保持尽可能低的观念，转向认识到在企业税收立法中应更多地考虑到研发投入的特殊性，考虑到研发投入与产生可能的商业绩效之间存在的时间延缓问题。

当前回应企业研发投入不足的第二种方式是建立国家研究或创新基金，以支持高技术企业的创建，以及支持现有企业（包括附属的公共或学术研究中心）研究、技术开发和创新活动的开展。在保加利亚、爱沙尼亚、匈牙利、意大利和波兰等国，已经启动或正在创立此类基金。有些国家如爱沙尼亚和波兰，为创建新型技术公司，成立了新的基金以解决原始资本和风险资金的缺乏问题。而在其他一些国家如保加利亚和意大利，基金的目标则要宽泛的多，包括与公共研究机构共同合作，向以市场取向的研究项目或战略性研究计划提供资助。

匈牙利的个案更具研究价值，该国的做法是将政府资助和大中型企业的义务创新捐资相混合共同设立基金。所谓的创新捐资是以企业上一年净收入为基础而进行的调整计算：2004年为0.2%，到2006年逐渐增长到0.3%。作为对企业研发活动的一种激励，企业对基金的捐资可因企业内部研发投入额的增加，以及企业对公共研究部门或非营利性研究机构的研发投入额的增加而减少捐资。匈牙利的这种基金存在两大特点：第一，它有利于私营部门的资源在公共基金的配套扶持下重新导向创新活动；第二，企业对基金的捐资并不会减少政府的财政预算。相反，在透明专业化的"研究、技术开发与创新基金"（Research, Technological Development and Innovation, RTDI）的监控下，犹如该基金创立之时所言，它必将直接或间接地为私营部门带来受益。按照该基金的法案要求，对基金的使用需要通过竞争性的申请方可受到资助。

匈牙利："研究、技术开发与创新基金"

它做了什么？

匈牙利"研究、技术开发与创新基金"的具体目标是增加国内研发总投入，并在持续与强大的中央财政预算削减压力下为之提供稳定的资助。其目的是提高匈牙利的经济竞争力，而经济竞争力目前是该国面临的主要挑战。

这一应对企业研发投入不足的基金方案，为匈牙利的研究、开发和创新活动创造了一个稳健、可靠的财政基础。"基金"所制定的相关规则可能有助于提高企业的研发投入：基金的捐资来自各企业及来自中央政府的自动配套资金。考虑到匈牙利的社会心理环境，该基金的一个重

> 要特点是公司的捐资多少并不会减少政府的财政预算，相反，在透明专业化的基金监控下，犹如该基金创立之时所言，它必将直接或间接地为私营部门带来受益。按照该基金的法案要求，对基金的使用需要通过竞争性的申请方可受到资助。
>
> 为何能成功？
>
> 鉴于以下四方面的原因，该基金方案是一项良好的创新管理实践：一是可迁移性，该方案似乎适合或可迁移到面临相似挑战的其他国家；二是创新性，它在以下两方面是"研究、技术开发与创新"活动中既非同寻常又创新的资助模式，一是企业部门的捐资并不是以税收的形式上交给中央财政，而是通过专用基金捐资的形式，二是中央财政预算为公司的捐资提供配套资金；三是战略导向性／一致性，该方案直接服务于国家创新政策目标，并与欧盟创新政策的重点相一致，即主要提高企业研发投入与国内研发总投入；四是该方案的制定是商界及多个领域尤其是财政领域的政策制定者长期共同商讨后的结果，也是该政策取得成功的关键因素。

促进企业研发投入增长的第三种方式是激励积极或潜在积极开展研发投入的企业，与公共（或学术）研究中心之间开展更为紧密的合作与协调。这一目标的实现，尤其需要通过未来国民经济发展的关键技术项目，或通过增加本国竞争力，或通过创建创新集群等途径来实现。法国 2005 年启动的竞争力集群计划是此类计划中最为重要的一个。在提高竞争力的号召下，法国目前已创建了 67 个创新集群，聚集了一大批企业、培训中心以及各类专业技术型的地区或跨地区的公共和学术研究机构。显然，该项目的目标不仅仅是为了提高企业研发投入，更是为了促进创新集群所在地区的产业增长、经济与技术潜能的发展。

2.3.3　创新与企业家精神方面的挑战

在当前已有数据的前提下，欧洲创新记分牌中的第三组"创新投入"指标，抓住了一些推动企业创新的核心要素。该组指标下的 6 项分指标，涉及创新产品和过程创新，新技术如信息与通讯技术的传播等多个方面，它对企业从事或支持创新的努力进行了评估。该组 6 项指标中的 4 项指标数据来源于共同体创新调查结果，由于第 3 次共同体创新调查结果存在相对过时的情况（在 2005 年欧洲创新排行榜排名时，并无第 4 次共同体创新调查的数据可供使用），因此这或许可说明为什么只有少数几个国家选择了这组指标中的一项指标作为创新挑战。无论如何，在 32 个国家中有 14 个国家认识到在以共同体创新调查结果为基础的 4 项指标中，有一项指标代表了本国所面临的具体挑战，其中最被频繁选中的指标是国内中小企业的创新比率。在这组指标的其他几项指标中，早期风险投资的可获得性指标是 7 个国家在 2005 年面临的主要挑战。

表 2.3.3-1　促进早期风险投资的对策

国　家	等级	标　准
德国	☆☆☆	采取一系列措施，形成一套系统、综合的创新挑战应对方案
爱尔兰、意大利、荷兰	☆☆	采取了一些具体措施（采取一项或多项举措，当然尚不足以完全应对挑战）
罗马尼亚、土耳其	☆	正在制订创新挑战的应对政策（已经制订或初步实施对策，如宣布国家里斯本改革计划）
塞浦路斯	○	没有专门的措施应对创新挑战（可能还是一个议题，但尚无已制定相关政策的任何迹象）

虽然只有 7 个国家将早期风险投资的可获得性视为本国面临的挑战，但这并不意味其他 25 个国家已经解决了这一问题。芬兰是一个较好的对比国家，该国在对风险投资的支持上远非落后之国，凭借公开透明的财政体系，芬兰被认为是这一指标上表现最好的国家（GDP 的 0.063% 用于早期风险投资）。然而芬兰的国家报告仍然强调，相对于该国的 GDP 而言，国家风险投资市场仍显太小。因此，芬兰众多机构参与到对风险投资市场的支持，包括芬兰国家技术创新局（Tekes）、芬兰国家研发基金会（SITRA）、国家出口担保公司（Finnvera）和芬兰工业投资有限公司（均为国有公司）。因此，政府支持和公共参与芬兰风险投资的发展成为一种显著现象。然而该国的国家报告还强调，伴随着"私人资本回避早期融资"，"创新资金的增长已经完全进入了一种停滞状态"。因此，该国引入了诸如国家技术创新局为技术型公司提供创业贷款

之类的措施。

广义上讲，7个国家中已有3个国家建立了相对综合性的风险投资支持框架。与芬兰相比，德国、爱尔兰和荷兰等三国在这方面则显得落后了，大约仅将GDP的0.022%用于早期风险投资。然而，三国都在努力提高公共扶持措施在高技术新兴企业和风险投资方面的效度。德国自2004年以来采取大量措施，使以技术为基础的新兴企业能够获得资金支持。该国还重新设计了支持风险投资市场的现有联邦项目，以适应2001年新市场危机后的环境变化。该国在2004年初启动了"伞型基金"（欧洲复兴计划/欧洲投资基金），向投资于新兴技术公司的风险投资公司提供资助。2005年创立的"新兴高技术启动基金"，通过将科研成果从大学中"分立"的方式，为成果的商业化提供资助。

在爱尔兰，尽管风险投资的可获得性有所改善，但原始资本的获得则要更为困难。虽然爱尔兰为改善这种局面已经采取了许多措施，但仍需要付出更多努力。

在意大利和罗马尼亚两国，早期风险投资的情况尤为糟糕（分别仅占GDP的0.005%和0.003%）。目前两国都在计划建立支持风险投资市场发展的专项基金，以促进本国研究密集型企业和高技术企业的创建。

表2.3.3-2 促进早期风险投资的措施

国　家	应对挑战的具体措施
塞浦路斯	没有针对风险投资的专项措施
芬　兰	面向研发的资金贷款 面向高技术公司的启动贷款
德　国	创立面向高技术项目的启动基金 重新修订联邦风险投资项目
爱尔兰	在国家发展计划的框架下建立原始资本和风险投资基金(2000—2006) 实施商业拓展计划，提供原始资本
意大利	为风险投资活动提供直接支持的高技术基金
荷　兰	作为技术伙伴项目的最后一部分，2005年为高技术新兴企业提供启动设施
罗马尼亚	建议为研发和创新而创立国家风险投资基金
土耳其	设立TTGV Girisim基金

虽然塞浦路斯和土耳其两国并无评估本国早期风险投资情况的官方统计数据，但是两国已将早期风险投资的可获得性视为本国的一项挑战。在土耳其，由于该国制定的风险投资法律框架缺乏足够的吸引力，基于这一情况，世界银行支持土耳其成立"TTGV Girisim 基金"。该基金于 2004 年在土耳其政府的支持下成立，其目标是向属于信息与通讯技术、生物技术、医疗保健和高级微电子技术等产业的新兴技术公司提供早期风险资金。

意大利："下一步基金"（NEXT Fund）

它做了什么？

"下一步基金"的目标是投资于非技术转移型新公司，尤其是那些强调创建科学研究联盟的公司。该基金不仅为公司提供财政资助，而且也为公司提供各类管理工具与技术咨询，旨在加速这些公司的国际化进程。

目前已在伦巴第地区设立的"下一步基金"是一个封闭式基金，其投资最长年限为 14 年，最高额度为 6 000 万欧元。该基金目前由 Finlombarda Gestioni SGR 资产管理公司负责管理，股东包括伦巴第地区政府、米兰商会和大学多技术创新联合会等。地方政府将为投资者提供一笔 2 000 万欧元的专项拨款。该基金的运营由意大利的数个主要银行负责落实。它既可投资于其它同类基金以共同推进当地风险投资产业的发展，也可以与其他私人实体共同出资，向新公司直接投资。

为何能成功？

鉴于对产业的风险投资在意大利被极大忽视的情况，"下一步基金"这一创新项目旨在回应各地区产业的风险投资需求（金融创新）。该基金有明确的发展目标：即在伦巴第地区开创一个致力于创新和新技术开发的风险投资市场；它有明确的市场服务对象，即为创新产业中处于早期或起步阶段的中小企业服务；伦巴第地区的数个关键团体都已开始参与本基金项目；该基金在"COTEC基金"2004 年"技术转移与创新政策：地中海国家面临的新挑战"的研讨会上被认为是这一领域的卓越实践案例。最后需要特别强调的是，该基金的管理框架深受以色列

> "Yozma基金"的成功经验启迪,基金规模目前已从最初的2.1亿美元发展到了今日的28亿美元,因此"下一步基金"也是跨国学习的良好典范。

2.3.4 知识应用方面的挑战

本组指标下的5项指标通过知识应用这一维度评估各国的创新产出,为国家创新系统中的绩效表现评估和创新产业的增值评估提供了宽广的评估尺度。在知识应用方面面临具体挑战的国家,通常是一些在高技术部门就业率较低,或是一些在高技术产品出口比例较低的国家。在短期内,政府至多只能通过一些直接的扶持措施或规则调整(如促进劳动力或资金从日趋衰败的低技术部门转向高技术部门),对具体经济部门的高技术产品、知识产品和服务等的生产能力和出口能力施加影响。然而,本组5项指标的绩效表现也依赖于一国国民经济中具体产业的传统优势,依赖于教育和培训系统对劳动者技能的再培训能力以及新毕业生合适技能的培养能力。虽然将国外直接投资与高技术研发、高技术生产相结合是一个不错的解决方法,但这一方式日益要求各国能够证明本地区具备相关的知识基础和资源供应网络,以给外国投资者良好的支持。

表2.3.4-1 促进知识应用的政策对策

国 家	等级	标 准
	☆☆☆	采取一系列措施,形成一套系统、综合的创新挑战应对方案
比利时、冰岛、西班牙、瑞典	☆☆	采取了一些具体措施(采取一项或多项举措,当然尚不足以完全应对挑战)
保加利亚	☆	正在制订创新挑战的应对政策(已经制订或初步实施对策,如宣布国家里斯本改革计划)
塞浦路斯	○	没有专门的措施应对创新挑战(可能还是一个议题,但尚无已制定相关政策的任何迹象)

大多数国家的共同趋势是需要在制造业与服务业两方面同时推进创新,比利时、塞浦路斯和西班牙等国的情况同样如此。例如,尽管比利时已制定了大量措施,但不管在创新投入(企业开支,从事研发型公司数量)

还是创新产出(专利主要集中在小部分大公司手上,通常是外资公司)方面,比利时在创新活动的地理位置和产业布局上均存在着巨大差异。目前比利时已开始扶持专项竞争力集群或支点项目,并开始关注特定的产业部门(例如已提议将"布鲁塞尔基金"用于扶持本地经济的3至4个关键性创新产业)。

相比之下,尽管塞浦路斯理应扶持具更高附加值的服务产业,但该国的扶持举措仍然无一例外地集中于制造业。瑞典的扶持重点主要放在推动高技术产品的出口上,同时该国也明确认识到若想在高技术产品出口上摆脱对几个大工业集团过分依赖的状况,尤其需要大量高技术小公司积极参与到这一出口市场上来。

表2.3.4-2 促进知识应用的措施

国 家	应对挑战的具体措施
比利时	虽然已采取了大量措施,但仍大有措施可为。例如,应提高对服务创新的扶持,或推动高技术制造业的产品出口。
塞浦路斯	对重要服务部门并无应对措施,制造业仍然是促进高技术出口增长的主要关注点。
西班牙	国家改革计划要求加速五大关键产业的国际化力度;以往的许多计划已想方设法提高制造业和服务业产品的技术含量。
瑞 典	共同努力孵育高技术新企业,提升中小企业的知识含量。
保加利亚	提议设立"国家创新基金";创建"小额信贷基金",以帮助中小企业消化吸收各类新技术。
冰 岛	各类具体措施,从针对专项技术(如纳米技术)到Impra创新中心的各类具体措施。

荷兰:"创新券补助试点计划"

它做了什么?

荷兰经济事务部于2004年9月实施了一项新的"2004年创新券补助试点计划",这些创新券将使中小企业能从"知识库"中购买所需知识。创新券极大方便了中小企业"购买"所需知识或向"知识库"提交所需知识,因此创新券缩小了知识到达市场的时间。该试点计划的主要目的是想通过创新券的使用,促进中小企业与知识提供者之间的联系,从而减少相关障碍。

该计划的流程是，中小企业首先将一张创新券提交给知识创新机构，后者随之将该创新券交予经济事务部下的具体执行部门，接着执行部门将把相关资助经费划拨给该创新机构。于是，创新补助便拨给了知识创新机构，从而完成了一次知识转移过程（一方面创新机构利用自身资源促进知识转移，另一方面则需承担相应风险），并促使知识创新机构提交一张或更多的有效创新券。

为何能成功？

创新券计划在中小企业中引起了广泛的兴趣，是一种促进知识应用的良好做法。基于第一轮经验，荷兰在2005年3月开始了第二轮尝试，总共发放了400张创新券。如同第一次，创新券在第一天便又销售一空，超过1700多名申请者参与竞购。从各方面综合考虑，创新券是一种良好的做法：它一方面建立在与利益相关者的共商基础之上，另一方面则建立在对荷兰国家创新系统的优劣势分析基础之上。而且，该计划明确宣布为试点计划，意即允许在探索中学习。创新券计划的另一优势是它解决了三大关键性问题：一是中小企业的创新不足问题，二是在需求供给方面公共与私营机构之间的交互不足问题，三是知识创新机构的激励方式未能很好指向知识需求的问题。

2.3.5 知识产权方面的挑战

创新挑战的最后一组指标反映了知识产权在以下两方面的重要性，它既是知识创造成果多少的衡量尺度，也是此类知识成功实现商业化转化的需要。2005年欧洲创新记分牌的技术报告，对面向知识产权的政策措施与创新绩效或目标定位之间的关系进行了分析[①]。该报告认为支持知识产权的创新政策可归纳为以下三类：(a) 鼓励中小企业申请专利的措施；(b) 促进专利资讯传播的措施；(c) 鼓励公共研究机构申请专利的措施。

---

① 详见2005年记分牌报告：政策指标和目标——评估创新政策的影响力（Policy Indicators and Targets: measuring the impact of innovation policies）。可参见网址：http://www.trendchart.org/reports/scoreboards/scoreboards2005/scoreboards_papers.cfm。

表 2.3.5-1　改善知识产权管理的应对政策

国　家	等　级	标　　准
丹　麦	☆☆☆	采取一系列措施,形成一套系统、综合的创新挑战应对方案
冰　岛	☆☆	采取一些具体措施(采取一项或多项举措,当然尚不足以完全应对挑战)
立陶宛	☆	正在制订创新挑战的应对政策(已经制订或初步实施对策,如宣布国家里斯本改革计划)
芬　兰	○	没有专门的措施应对创新挑战(可能还是一个议题,但尚无已制定相关政策的任何迹象)

将知识产权视为本国创新挑战的丹麦、冰岛、立陶宛和芬兰等四国,都或多或少地采取了上文所述的三类政策。丹麦面临着它在美国高技术专利指标上地位相对下降,而在欧盟专利指标上地位有所上升的状况,因此丹麦在2000年首次引入了新的专利法案,随后又实施了一系列面向知识产权政策的财政扶持措施与资讯服务措施。最近,面向公共研究机构的《技术转移法》使大学能够创建有限责任公司,从而使大学的专门知识可向企业转移,实现商业化。

法国参照了丹麦的方法,推出了 SAIC 举措,即成立旨在促进公共研究机构与企事业合作的技术转移办公室,寻求在单一结构体系内实现大学知识产权和专门技术的推广与商业化。技术转移办公室负责管理研究计划合同和专利政策等事宜。其财政预算框架独立于大学体系,并具有更大的灵活度。该办公室创建的全国性网站(www.curie.asso.fr)集聚了知识与专门技术商业化的全部人员,并促进了本领域各类实践的互相交流。

在欧洲创新排行榜上,冰岛在知识产权方面的所有指标都低于欧盟 25 国的平均值。目前该国已采取了一系列立法措施,如已签署世界知识产权组织(WIPO)的专利合作条约。该国希望通过引入新的立法框架的方式,有助于本国公司提升对知识产权的认识。芬兰的情况比较特殊,由于它仅仅在欧洲共同体商标指标上表现不佳,因此该国的政策制定者也未将此视为一项主要挑战。立陶宛的情况则截然不同,为改变其在知识产权上的落后状况,立陶宛专门起草了一份知识产权战略计划,不过这还有待具体实施。立陶宛在其国家报告中强调指出,应将"支持专利申请的基础设施"建设、组建由合格专利咨询人员与法律代表组成的成员联盟等视为本国的重点事务。

表 2.3.5-2 支持知识产权的措施

国　家	应对挑战的具体措施
丹　麦	面向公共研究机构的《技术转移法》
芬　兰	没有关于共同体商标(该指标表现较差)的专项措施，但有促进研究成果推广的措施，如 TULI 计划
法　国	在公共研究机构中普遍设有技术转移办公室
立陶宛	已经起草了知识产权保护战略，但尚未实施
冰　岛	在 2004 年年底，签署了世界知识产权组织的专利合作条约，改革了立法框架，旨在提高本国企业对知识产权的认识

2.4 欧洲创新政策的新趋势

2.4.1　2004 年以来各国主要创新政策目标的发展

2000 年以来，欧盟各国受到"里斯本战略"目标的影响，在创新政策方面有了重大进展。在那些创新政策还不尽完善的新成员国和候任国，这一进展尤为明显。它在多个方面产生了影响，包括各地区或部门的公共政策优先事项与政策目标，创新政策实施的具体结构与工具，以及公共和商业领域的战略等。总的来看，政府的政策文本已从政府层面简单发布政策意图，发展到今天在国家和地区两个层面上更为综合的跨部门行动计划和实践措施。这些计划和措施的制定，正日益基于面向企业的咨询与调查，基于对影响国家竞争力的各类因素的深入分析与前瞻性思考。

从图 2.4.1-1 时间序列呈现的各类涉及创新战略的正式文件，我们可看到几乎全部欧盟 25 国及候任国都确定了本国的创新政策目标和措施。然而，一些成员国的创新政策依然仅是该国科学与技术政策的一小部分，并主要面向基本的学术研究议题(如希腊、西班牙和罗马尼亚等国)。尽管如此，即使在科学和技术政策中，传统的以科学为推动力的方法正逐渐被一种更为系统化的创新观所取代。这些政策文件依然常常只把研发投入占 GDP 的比例(受"巴塞罗那目标"的启示)作为唯一的目标性指标。当然，也有一些政策文件包含了与创新政策目标更具相关性的一些指标，用于监控面向企业的创新政策的效应或影响，反映了国家对此问题的关注(如荷兰，以及近来引入新战略和行动计划的葡萄牙和拉脱维亚等国)。

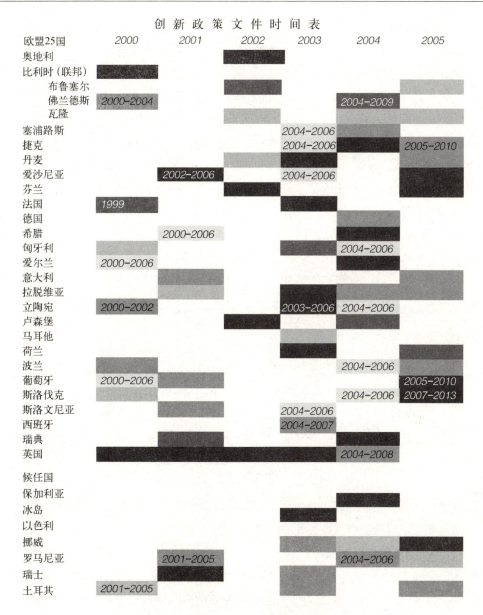

图 2.4.1-1 各国创新政策文件时间表:2000—2005

作为本轮欧盟"结构基金"规划方案的一部分,《国家发展计划》(National Development Plans)草案已对大多数老成员国如希腊、葡萄牙和西班牙)和10个新成员国提供了帮助,帮助各国制定了更为合适的创新战略和政策目标。早在2005年,一些新成员国(如捷克和斯洛伐克)通过对《欧盟2007—2013年规划》的战略反思,在各自的《国家发展计划》中进一步完善了本国创新导向的战略政策。同样,一些候任国正在制定支持中小企业创新的国家计划和战略,同时也在制定促进研究和创新的政策。

总的来看,各国的整体发展趋势在很大程度上延续了上一年度报告中所提及的发展趋势(《2004年欧洲创新政策》)。2005年,若干国家颁布了一些重要的创新政策,尤其是新成员国,但也包括老成员国如丹麦、葡萄牙和意大利等国。下面的国家政策文件尤其值得关注:

● 葡萄牙通过了一项《以经济增长为目标的技术计划》,其主要目标就是为创新提供新动力。该计划提出了数项措施,如创建200个技术型新公司,为创新企业提供双倍风险投资基金,为年轻科学家、工程师和管理类毕业生提供职业介绍服务,以更好地促进中小企业创新;为促进研发活动和吸引技术型外商直接投资,计划设立税收激励制度。

● 丹麦实施了一项《风险投资行动计划》。政府已设定目标,即到2010年把丹麦建设成为全欧洲最好的功能性风险投资市场之一。该计划包括10项子计划,以为更多来自私人投资者和养老基金的风险投资资金铺平道路。可以预见到2010年,该计划将导致对未上市证券的整体投资出现双倍增长。这些子计划包括:建立新的风险投资基金,对投资未上市证券提供减税政策,为商业天使风险投资提供更好的政策条件等。

● 意大利实施了《创新企业行动计划》。该计划主要通过信息与通讯技术的升级来促进企业(尤其是中小企业)的现代化。该国还颁布了以2003年实施的原有计划为基础而编制的《2005—2007年国家研究计划》。

● 波兰议会已通过了《支持创新活动法》。该法的主要目标是提高本国经济的竞争力与创新能力,并通过增加企业的研发支出来改善用于研发的公共资源管理。值得注意的是该法引入了一系列措施,包括技术信贷机制、技术借贷基金,对合适企业承认其研发中心地位,对新技术投资采取财政激励措施(如改革个人所得税和企业所得税制度),将与研发相关的服务增值税设为22%等。

- 捷克共和国颁布了两份文件，即《国家创新政策》和《长期重点研究方向指南》。《国家创新政策》有4项主要目标：一是将研发转化为创新资源，二是建立良好的公私机构合作机制，三是提升面向创新的人力资源，四是提高国家研究、发展和创新管理部门的行政效率。上述四大目标将与捷克未来欧盟"结构基金"项目相关的48项具体措施共同运作。《国家创新政策》还设定增加国家在研发上预算投入的目标，以便在2010年实现研发投入占GDP1％的目标。

- 斯洛文尼亚的发展新战略。斯洛文尼亚政府对2006—2013年的国家发展愿景和重点发展事项展开了讨论，其中一些重点事项与创新之间密切相关，如与国民经济发展和就业相关的知识高效创新、知识转移与应用等事项。在目标量化的角度，公共研究投入总额将提高到占GDP的1％，同时采取措施使商业投资总额增长到占GDP的2％。目前，政府已对新的发展战略文本展开讨论，并将提交国会讨论。该国近来关于财政预算的讨论对新发展战略及其实施可能会产生何种影响，目前情况尚不明朗。

- 在里斯本议程上，斯洛伐克政府采纳了《斯洛伐克当前至2010年竞争力发展战略》。该战略确定了四项与知识经济相关的重点事项，即人力资源与教育政策，信息社会政策，研发与创新政策，以及商业环境政策。该国教育部制定的《国家机构支持研发法》是促进此项战略实施的首部重要法律。该战略整合了斯洛伐克数个长期性经济发展战略，如经济部颁布的《斯洛伐克2005—2013年国民经济战略体系结构》白皮书。斯洛伐克在白皮书中公布了国家社会和经济发展的主要目标、原则和重点事项，其具体内容可以在欧盟下一轮项目报告内容中看到。

- 拉脱维亚提出了《2005—2010年单一经济体战略》。该战略的总目标是通过改善商业环境的方式，为国家竞争力与基础设施完善提供良好的条件。战略拥有50项可量化的具体指标，如到2010年，每千人国民中中小企业的数量从18个增加到30个，到2030年增加到50个；到2010年中高技术产业在工业结构中的比重从目前的30％增加到50％。该国经济部还颁布了一项行动计划，旨在采取系统措施全面扶持中小企业，包括便于中小企业通过拉脱维亚担保机构获得资助，建立风险投资基金和简化申请"结构性基金"资助的程序。

- 挪威于2005年颁布了两份白皮书，其中的《研究地位》白皮书关注企业的国际化、基础性研究、基于创新的研究与价值创造等议题,并支持"巴塞罗那目标",即到2010年将GDP的3%用于研发投入。一个值得注意的变化是,创新政策是以地区政策的形式公布的。通过促进各级地方层面的官方机构、企业、研究机构与教育机构之间的相互合作,白皮书实现了将创新政策下放至地区层面的目标。

虽然新成员国的创新政策发展状况千差万别,但相关情况显示出这些国家的创新议程正朝着成熟的方向发展。各国的计划包括各类高级议题(如财政工具、金融工程等),试图从更为整体的角度探讨经济发展与创新计划之间的关系。虽然各国的计划似乎受到欧盟创新议程和"结构性基金"规划提议的驱动,但是也反映出各国创建创新友好型环境的内在动力,各国在这方面日益接近发达国家。由于很多计划在采纳时对计划的可能影响或溢出效应缺乏深入分析,因此在未来几年内对政策的协调与评价将始终是一项重要议题。经济和公共财政状况将对创新政策的特征和范围产生影响,尤其是那些没有特惠政策的地区。总之,新成员国最近颁布的各类政策文件,应当被认为是各国在未来妥善利用"结构基金",提升创新能力的一次预备。到2007年,各成员国将进入是否实施2007—2013计划的决定性阶段,因此对于各国创新政策的追踪分析将非常有意义。

2.4.2 2005年创新政策新举措

本节对各国的新创新政策措施作了简要回顾,这些措施由趋势图表项目驻各国的通讯联络处于2005年确定。在2005年,共有53项新措施被放入到趋势图表项目的政策措施数据库中[①],其中意大利(11项)、匈牙利(10项)和捷克共和国(8项)三国是政策颁布最为活跃的国家,共占了趋势图表项目所监控到的一半以上措施。在创新领域,新创新政策数量的多少可作为创新政策活跃度的一个替代指标。显然,新创新政策的多少取决于国家的大小和政策周期的长短。许多国家如芬兰、奥地利和拉脱维亚等在几年前已开始实施创新措施,目前仍处于执行阶段,因而并没有引入许多新的措施。

---

① 在去年的报告中,本部分内容包括新增的措施和有大幅度修订的措施。因此,在所分析的措施数量上有显著增加(共有126条措施)。在这份报告中,我们只统计了在2002年1月至2005年9月期间出台的新措施。

各国创新政策的覆盖范围非常广泛，其类别包括从规章制度问题到对企业的直接财政支持或间接创新措施支持。2005年的中心工作是支持新的或现有的创新型中小企业，或者直接给予基金资助，或者鼓励企业与研究机构开展合作。在2005年中有约40%的措施，其目的在于培育创新友好型环境。在这方面，各国共有8项政策特别关注增加企业的研究和创新支出，鼓励企业掌握各类战略技术，尤其是信息与通讯技术（意大利在这方面颁布了7项措施）以及对企业的创新活动引入新的法律议案（各国共有4项）。

与2004年年度报告一样，2005年的报告表明各国的创新政策正进一步持续关注创新的技术转移和创新集群问题（共有19项），关注创新型公司的创建及如何支持其发展的问题（共有18项）。但在此前一年，在改善创新管理和战略性政策情报方面，很少有国家引入这方面的措施（四分之三的新成员国和候任国没有引入这方面的任何措施）。

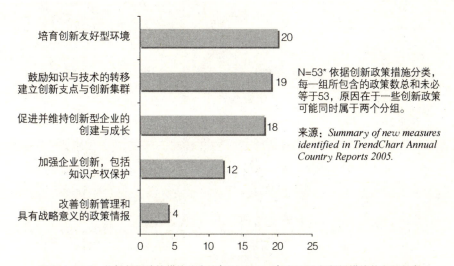

图2.4.2-1 依据创新政策措施分类法（IPM category）对2005年创新措施的主题归类

图2.4.2-2呈现了根据创新政策措施次级类别分类法（IPM sub-categories）对2005年新措施进行的主题分类。该图呈现的结果确认了各国政府所颁布的政策与具体行动的重点在于建立创新集群，在于在企业与科学研究之间搭建桥梁，尤其是对中小企业和大学联合项目的支持（各国共有9项新措施）。促进中小企业与大学合作的措施已在5个国家中实施，其中以匈牙利（4项措施）和意大利（2项措施）两国最为显著。

其他引入新措施的大部分主题包括：增加企业对研发与创新的投入（8

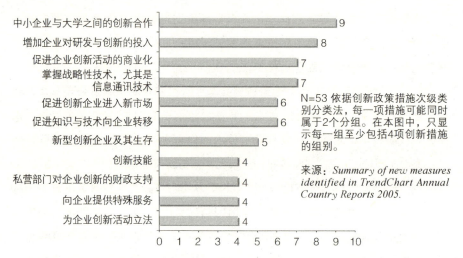

图 2.4.2-2 依据创新政策措施次级类别分类法对 2005 年各国政策措施的主题分类

项),促进企业创新活动的商业化(7项),促进创新企业进入新市场(6项),以及促进知识与技术向企业转移(6项)等方面。其中掌握具有战略意义的技术措施(7项)全部由意大利一国引入。

以下对 2005 年各国采取新措施所存在的两大关键趋势作一概述。

● 创新支点:促进企业与研究机构相互合作的方法

在全球范围内,通过创新集群鼓励中小企业、大学和其他创新机构之间的合作,其中最广为人知的项目要算法国的竞争力支点计划。该支点计划希望通过创新联合项目,将公司、培训中心和公私营研究机构等联合起来。由于计划的申请项目数量远超最初的意料,因此法国政府决定将 2006—2008 年对该计划的资助金额从 7.5 亿欧元增加到 15 亿欧元,翻了一番。2005 年 7 月,法国公布了 67 个经过批准的创新集群项目(共有 105 个申请项目),它们覆盖的众多领域包括航空、信息与通讯技术、生命科学等,当然也有较为传统的产业如木材、肉类或建筑业等。类似计划现正在比利时的佛兰德斯(卓越创新支点项目)和瓦隆地区(采取了新的措施),以及希腊(区域创新支点项目)等国展开。

目前更为传统的旨在促进大学与企业之间技术转移的计划也已建立,如匈牙利在本国各大学中实施了区域知识中心计划。匈牙利期许此类知识中心能与企业密切合作,共同促进地区的经济与技术发展。政府期待这一计划能够取得某些成果,如强化学术界与产业界合作,提高研发成果的商品化率等。

意大利则推出一项新的资助计划，旨在促进研发机构向中小企业技术转移。该计划主要针对一些尚未享有特惠政策的地区，目的在于通过创新者联盟和卓越创新中心周边的创新产业集群，共同促进创新和技术转移。

- 新的资助机制：支持新的创新企业和具有高增长潜力的公司

各国出台了一系列新的措施，尤其是通过改善企业获得资金和市场，通过促进创新成果的商品化等方式，支持新的创新型公司的建立和发展。在德国、英国、比利时、意大利和保加利亚等国，计划的形式是为高速成长型企业提供原始资本和启动资金。英国在这方面的计划是建立了"企业资本基金"，旨在通过向具有高增长潜力的公司，以公私资金结合的方式进行基金的商业化投资。这类投资至多可达到金额为200万英镑的股权投资，不过目前尚无一家企业需要200万英镑的股权投资。"企业资本基金"的未来总预算额将达到2.9亿欧元。

德国的"高技术创业基金"为以技术为本的创业公司提供风险投资资金，其主要服务对象为公共研究机构、大学和企业的分立机构。平均而言，每项创业项目都将获得大约50万欧元的风险资助。该基金2005—2010年的总预算为2.62亿欧元。意大利也设立了类似的"高技术基金"，为中小企业提供总额为1亿欧元的资助，以此来促进高技术产业中创新企业的建立和发展。比利时的佛兰德地区也建立了新的基金，即"佛兰德斯创新基金"（VINNOF），佛兰德斯政府为该基金提供了7 500万欧元的启动资金。

值得在此一提的是，保加利亚政府也采取了类似的举措，同时也有助于我们了解不同国家的不同做法。2004年8月，保加利亚在其颁布《国家创新战略》中提出设立"国家创新基金"。该基金是在创新项目彼此竞争的基础上，对创新项目进行资助的政府工具。该基金的启动预算为250万欧元，至2006年扩大至400万欧元，2007年扩大到700万欧元。到2013年，该基金的预算总额将达到约5 000万欧元。

捷克也采取了提供资金资助方面的类似措施，如Zaruka与Progres两大措施。前者协助中小企业实施商业计划，并帮助中小企业获得银行借贷、风险投资或可能的贷款等方面的担保。后者帮助企业取得贷款，以便企业在具体产业中实施商业计划。许多新成员国的创新政策制定，似乎尚未达到一个能承担设立完全可行的风险投资基金的阶段。

除了提供和促进资金资助的政策外，2005年还出台了一些支持创新型公司的"软"措施，特别是在新成员国。爱沙尼亚启动了《创新审计计划》，该计划主要探索向中小企业提供由专业顾问实施的创新审计的可能性。基于审计结果，审计顾问将与企业合作，共同制定具体的行动计划。在捷克共和国，《Poradenstvi 计划》是一项面向未来中小企业，促进企业培训和咨询服务的顾问计划，旨在为中小企业的起步阶段、发展成长阶段提供帮助。

希腊："ELEFTHO 计划"

它做了什么？

在希腊，如何鼓励高附加值且又是知识密集型产业的企业家精神，是经济决策者的一项重要议题。显然，科技孵化基地和科技园区，可提高新技术产业领域风险投资项目的产生与发展的机会。在1990年代，希腊实施了一项发展公立科技园区的计划，但实施效果不佳。新的 ELEFTHO 计划，通过对私营机构建立和发展科技孵化基地、科技园区进行补贴的方式，弥补并解决了1990年代计划的缺陷问题。

ELEFTHO 计划于 2002 年正式实施。该计划对设立科技园区的提案，不仅要求其提供新公司的硬件基础设施信息，而且要求其提供咨询服务、创新联盟等软信息，政府则组织国际专家对其进行评审。所有提案在满足特定标准、全面兑现财政预算承诺之后方可通过。到 2005 年初共有 10 个项目得到了批准，这些被批准项目主要集中在信息与通讯技术，以及具有市场优势的传统产业（如食品产业）。

为何能成功？

ELEFTHO 计划成功的一个因素，是主动放弃了一条未能达到预期结果的政策路线。当原有公立科技园区的计划被证明停滞不前时，希腊政府认为通过公共资助增加公立科技园区的做法，行之无效。

计划成功的另一个因素是动员私营部门建立不同机构之间的合作联系，并引入了与公立科技园区相互竞争的机制。在资金支持方面，必须确保为动员私营部门的公共资金补贴可获得欧盟的认可。在公私立孵化基地之间开展相互竞争，有助于提高双方的工作效率。

2.4.3 关注服务创新[①]

传统上,服务产业被看作是不同种类"剩余"(left-over)产业活动的统称,并不隶属于农业(第一产业)或工业(第二产业)。近年来,服务产业成为经济决策领域中被人忽视的重要领域。然而在许多国家的报告中,"传统"制造业地位的下降往往伴随着作为经济主要贡献者的服务产业的增长。

将研发作为服务产业创新的源头并不被人正确理解。进而言之,现有的对研发和创新的定义,并不适合于工业、制造业或技术等领域以外的活动。因此,服务业创新的意义尚未得到政府决策者的认同。相关研究文献显示,目前鲜有创新支持政策是面向服务业创新的(Howells,2000),而看似中立的产业创新措施也明显偏袒于制造业或技术研发活动(如 Miles,2005)。因此现行的各类国家创新支持措施,未能很好地支持服务性公司。

然而,欧洲委员会和经合组织的政策取向,已将注意力集中在具有潜力的服务业创新。为获得更多有关当前创新政策关注点与整个欧洲对服务业支持情况的实证证据,趋势图表项目驻各国政策通讯联络处已开展了一项调查,其结果可归纳如下。

虽然经合组织、欧盟统计局和共同体创新调查可以为各国的服务产业提供相关统计数据,但是一些国家如比利时、西班牙、冰岛和挪威等已经对本国服务产业的大体情况作了测算与统计。有证据显示,服务业在各国国民经济中的比重正在不断增加。

一些国家如芬兰、德国,以及丹麦、比利时和荷兰等国,加上冰岛和挪威两国,在服务产业重要性和服务产业创新问题的政策讨论方面属于领先国家。奥地利、意大利、爱尔兰、瑞典、拉脱维亚、马耳他、斯洛文尼亚,以及塞浦路斯、西班牙和英国等国,也在开展着类似的讨论。

当政策文件开始关注服务业创新之后,一些服务业创新的"领先"国家,包括丹麦、芬兰、德国、荷兰和瑞典等国,给予服务业创新以极大的政策关注。在服务业创新"追随"国家中,包括比利时、塞浦路斯、爱尔兰、意大利、拉脱维亚、马耳他、挪威、葡萄牙、西班牙、土耳其和英国,也包括捷克

[①] 《服务业创新》的主题报告由保罗·坎宁安(Paul Cunningham)撰写,作为趋势图表项目于 2006 年 6 月 19—20 日在芬兰赫尔辛基召开的研讨工作坊的会议文件。如需详细资讯,请参阅:http://www.trendchart.org/ws_overview.cfm? id=10。

和爱沙尼亚等,其政策文本中已经出现了服务业创新的内容。最后是第三组国家,包括奥地利、法国、希腊、卢森堡、波兰、斯洛文尼亚、斯洛伐克和瑞士等国,对服务业创新几乎没有或极少给予政策关注。

芬 兰

CUBE 计划,即"建筑服务技术项目(2002—2006)"是芬兰的一项技术计划范例。该计划将商业服务和新技术两者联系起来,旨在实现以下目的:为商业建筑与住宅建筑提供具有国际竞争力的建筑服务和以技术为基础的服务产品;在房地产业中强化建筑服务技术的服务能力;使现有空间满足用户的需要,强调现有房地产的现代化;利用经济周期和功能空间为房产业主创造更多价值;在建筑中利用信息通讯技术创新与能源技术创新等。

FinnWell 计划,即"卫生保健技术项目(2004—2009)"包括有清晰的服务内容。该计划的基本理念是:如果新医疗服务程序与新医疗产品同时以创新的方式发展,那么技术就能改善医疗保健服务的质量和效益。

芬兰国家技术创新局最近实施了一项新计划,即"服务:创新型服务技术项目(2006—2010)"。正如其名,服务是该计划的重点,旨在实现以下目的:鼓励服务创新观念的发展和公司中服务取向经营模式的发展;加强和拓宽与服务相关的创新活动,尤其是中小企业的服务创新活动;提高各产业中服务的生产力和质量;促进服务创新和服务业方面的理论研究。

虽然各类创新政策措施中常常存在着对制造业或技术的偏袒(可能是一国产业结构的产物),但一般而言,各国的创新支持措施具有水平开放特性(horizontal nature)(即同时向制造业和服务企业开放)。目前面向某类具体服务的措施的数量似乎有所增长。

挪 威

在 2006 年 1 月之前,挪威研究委员会负责管理 Plus 计划,即"特

> 殊研究项目"计划。目前该计划已被并入一个更大的名为 BIA 计划的研究计划，即"用户导向的创新舞台计划"。Puls 计划旨在实现以下目的：通过基于研发的创新，提高挪威服务业的创新和知识含量，包括贸易业与物流产业；基于合作行动者联盟，建立高效的服务创新流程；提高服务企业的服务能力；加强国际合作，以及改善对服务业重要性的认识基础。
>
> 挪威研究委员会新的"BIA 计划"，显然是一项具有水平开放特性的中立性政策措施。该计划关注基于研究的创新，尤其关注知识密集型企业及这类企业在研发环境中的共同合作。同时该计划明确要求，委员会资助的项目参与者必须来自创新流程的整个价值链，而非仅仅关注技术创新流程。

少数国家的报告中有面向服务业创新支持措施的具体实例，并表达了对服务业明确或强烈的创新意向。这些国家包括芬兰、意大利、葡萄牙、塞浦路斯、捷克和挪威等。挪威和芬兰两国的服务业创新措施具有明确的产业重点，其他几个国家如奥地利、比利时、德国、卢森堡、马耳他、西班牙、冰岛和土耳其等，则采取了一些具有水平开放特性的措施，包含服务型公司。

此外，除一部分措施以一般性服务领域为目标外，还有一些措施则以具体服务领域为目标，包括建筑与建筑产业、卫生保健业、休闲和旅游业、物流与运输业等，它们在国民经济中起到了重要作用。

相对而言，对面向某服务产业的创新支持政策，包括对服务产业公司的创新支持政策，很少有政府机构对此类政策的实施与分布进行相关的政策监测或评估。这些国家包括德国、意大利、荷兰、西班牙、瑞典、塞浦路斯、立陶宛和斯洛文尼亚等国。

2.5 政策管理的发展

2.5.1 管理结构

由于创新过程本身是一个复杂的过程，因此创新政策的管理具有一定的挑战性。一方面，创新与其他政策之间相互联系，如科研政策、教育政策、国内市场政策等。但另一方面，与其他政策领域相比创新政策更为重要，政府必须确保用妥善的方式解决各类具体的创新问题。国家和各地区的利益相关者，在彼此合作与相互学习方面，应当积极参与并作出承诺，这对完善创新政策与提高国家竞争力至关重要。

在所有国家中，一般都有1至3个政府部门，以及来自国会委员会、顾问委员会以及行政机构的成员，一道参与创新政策的制定与执行。然而，创新管理机构多种多样，可按照政府级别与彼此协调强度的分类方法进行区分。不过，这些都是理想的分类方式，事实上大部分国家的创新管理机构都有来自不同管理机构的不同要素所组成。

- 在整个政策周期中，需要大量人员在跨机构之间开展强有力的协调。一般来说，虽然这种模式的政府级别或协调强度并不相同，但是都伴随着利益相关者在整个过程中的积极参与。北欧国家、荷兰和盎格鲁-撒克逊文化国家，都是这一模式的范例。但是，有必要确定该协调机制的"自然"上限，以避免协调机制的过分泛化和产生额外的官僚作风。

- 基于政府级别，与其他政策制定和执行机构开展强有力的协调。德国、法国、以色列和意大利等国，都是这一模式的范例。但是这一模式也遇到创新管理制度不够成熟的情况，这在罗马尼亚或拉脱维亚较为明显。

- 分散体系(fragmented systems)，这一模式中的许多人按照个人议程开展行动，其中一些非常高效，但彼此协同作用则相当有限，并会引起潜在的利益摩擦。大多数国家都属于这一类型。然而，也可看到大部分国家正在通过建立顾问委员会和顾问机构的方式，促进不同利益相关者之间的相互协调。

另一个层面的协调是国家和地区之间的关系协调。地方的自主管理权限即包括比利时三个完全自治的区域，也包括希腊、葡萄牙和新欧盟成员国的中央集权式管理，而其他国家中央政府与地区之间的自主管理权限则处于上述两个极端之间。

在许多成员国的政策制定与政策执行分享上，其政策管理结构是：一方面将政策制定权分配给一个或多个部委，另一方面将政策执行权分配给一个或多个执行机构。传统的机构模式是单一委托人：即一个执行机构向一个"老板"或部委负责（如爱尔兰企业局，芬兰国家技术创新局）。另一种机构模式则是多重委托人，即执行机构担当几个主管部委的协调人。

理想的模式是对政策制定部门和执行机构间的职责进行分工,将政策制定(部门的职责是依据政府决策制定相应政策)和政策执行(按照部门的指示执行政策)的职责区分开来。然而实际的情况是,各国在政策制定和政策执行之间的界限往往模糊不清。此外,许多国家的政策执行机构常在政策制定过程中起着直接或间接制定者的作用。

趋势图表项目政策研讨工作坊[1]的研讨结果显示,各国在政策制定和政策执行之间的界线和责任因国而异。57%的国家(或21个国家中有12个)设有政策执行机构,并在政策执行中担当一定的作用。其余9个国家,则由另外的机构负责各类项目的管理,其中6个国家由其现有部委自己负责各类项目的管理。一些国家,如德国、英国没有常设执行机构,其政策执行由外包的公共或私营机构负责具体实施。表2.5.1-1展示了各国政策制定部门和执行机构的责任分配:

表2.5.1-1 欧盟11国创新政策责任分配方式

国　　家	政策制定	项目设计	项目经营	项目行政管理
拉脱维亚	部委承担全部责任		责任分担	机构承担全部责任
法　国	部委承担全部责任	机构承担全部责任		
葡萄牙	部委承担全部责任	责任分担	机构承担全部责任	
爱尔兰	部委承担全部责任	责任分担	机构承担全部责任	
荷　兰	部委承担全部责任	责任分担	机构承担全部责任	
匈牙利	部委承担全部责任	责任分担	机构承担全部责任	
芬　兰	责任分担	机构承担全部责任		
爱沙尼亚	责任分担	机构承担全部责任		
奥地利	责任分担	机构承担全部责任		
斯洛文尼亚	责任分担	机构承担全部责任		
斯洛伐克	责任分担	机构承担全部责任		

资料来源:TrendChart Policy Workshop:*A European Innovation Agency? How to improve innovation policy governance in Europe?* April 2006, Workshop Output Paper.

事实上,管理体制的有效性和效率,似乎与政府采用的治理模式之间并无直接联系,如既不鼓励自下而上的管理模式(由实践者提供创新计划的统称),

---

[1] 趋势图表项目政策研讨工作坊,《欧洲创新委员会?如何改进欧洲创新政策管理?》("A European Innovation Agency? How to improve innovation policy governance in Europe?"),2006年4月。

也不鼓励自上而下的治理模式（由高层决策者提供战略导向）。前者的重要性在于由环境来决定是否引入目前尚不存在的创新服务，但良好的自上而下的管理也同样需要。以美国为例，其自上而下的管理结合了研究者极大的自由度和政府明确的社会发展目标。当然，人们也可以反驳说历史上根本不存在真正的自下而上的管理。

政府的强势管理未必一定是自上而下的管理。无论是自下而上的管理还是自上而下的管理都是必要的，当然还有"中间模式"。

创新更为现代与动态的处理方式是将创新视为公共政策的横向桥梁，不过这需要多方协调，从而使行政事务流水线化并避免行政职责相互重叠的问题。在这方面，协调方式不尽相同，包括正式的或非正式的，自上而下或自下而上的，严格的或灵活的，但不管何种协调都可达至实现有效协调的目标。因此，本文下面就各组国家的特点、存在的关键问题和良好实践等内容作一介绍。

创新管理方面更为积极的做法，主要来自于欧盟一些最具活力的经济体，即盎格鲁-撒克逊国家和北欧国家。这些国家都在快速地向知识经济转变，表现为较高的经济增长率，以及在里斯本指标和欧洲创新排行榜指标上的得分高于欧洲国家平均值。

英国常被认为是创新管理的典范。英国在维持大学体制稳健与多元化的同时，其贸易与工业部在工业研究和由产业研究委员会资助的投资优惠方面起着主导作用。英国政府的目标是实行"联合政府"（joined-up government）政策，确保在政策决议和政策实施过程中所有政府部门与机构都能参与政策协调，包括首席科学顾问、科学与技术委员会、议会特别委员会和研究委员会主任等人员都能参与创新管理协调机制的建制。"联合政府"式的创新管理政策，尤为值得各国关注。

在爱尔兰，所有政府部门在其能力权限范围内对支持创新承担相应的责任，其中的核心实体机构是跨部门科学与技术委员会。该委员会由企业、贸易和就业部部长、内阁技术委员会和首席科学顾问等人员组成，负责相关协调事宜。爱尔兰每个政府部门下都设有本部门的科技执行机构，其中以企业、贸易和就业部下的科技执行机构最为强大，包括爱尔兰国家政策咨询处、科学技术办公室、爱尔兰企业署、企业战略工作组、科学基金会和爱尔兰开发署等机构。爱尔兰教育和科学部则负责大学和研究委员会并与企业、贸易和就业部紧密合作。教育和科学部在基础研究的经费资助方面发挥关键作用。

北欧国家则有彼此之间追求一致模式的传统。也许北欧国家的管理结构不同于盎格鲁-撒克逊国家，它们在政策制定时更倾向于使利益相关者尽可能地参与政策制定。由于在政策采纳时各方对所定政策并无多少异议，所以往往能使所定政策得到有效执行。芬兰研究、技术发展与创新（RTDI）的决策系统可以成为大家广泛学习的典范。自1986年芬兰国家技术创新局成立和科学政策委员会更名为科学和技术政策委员会以来，20年来该系统几乎没有任何变化。芬兰出现了"两部门强有力协调"（*two ministries with strong coordination*）模式。芬兰科学与技术委员会成为创新管理上这一"强有力协调"的最高机构，它由芬兰总理任主席，并由4名部长代表和10名学术界和经济届代表组成。

其他北欧国家采取多层级协调的模式，其中瑞典和挪威两国的情况有许多相似之处。两国发展国家工业为导向的创新政策的主要职责分化在3个部门中，即教育与研究部、贸易与工业部，以及地方政府和地区发展部。瑞典近年来应对发展变化的措施包括：正在讨论一项关于研究的新法案，以改善瑞典公共研发投入的战略和组织结构，同时创立了"创新桥梁"以支持本国的知识型创新。挪威改组了本国的研究委员会，建立了庞大的创新分支机构和地区办事处。丹麦政府也在作出类似的努力，通过创新项目来加强政策之间的相互联系，缩小研究政策与产业政策之间的政策鸿沟。该国近来成立了科学、技术与创新部，主要负责创新和高技术产业发展，而这一职责原先由工业部和教育部两部负责。此外，丹麦最近还成立了全球化委员会，负责处理在全球竞争情境下的创新工作，而丹麦最值得注意的创新协调特征是成立于2004年的丹麦研究政策委员会。该委员会主要负责向科学、技术与创新部提供创新政策建议，同时也向国会和其他政府部门提供建议。

德国和法国这两个大国拥有非常强大的研发体系，但在创新管理上仍遵循较为传统的取向。虽然德法两国在创新管理上存在着比上述国家更多的规章制度，但两国都在朝着更为强有力的创新协调方向过渡。在德国，联邦政府试图为创新管理提供创新友好型环境，并为研发制定战略愿景，因此联邦政府在创新管理上起着关键作用。德国的创新管理主要由两个部门实施，即联邦教育与研究部和联邦经济部，其中联邦经济部与工业界直接联系，并与联邦司法部相互合作，对工业研究、企业创业、市场竞争与知识产权保护的法律框架等相关活动予以支持。各州负责对大学发展的支持。在德国，联邦政府和州政府在各类政策上的协调，是通过联合委任或通过在国会中非正式协调的方式予以完成的。虽然德国的创新政策由中央政府制定，但也极大地受到各类不同利益团体的影响，其中各类产业协会和专业协会对政策制定的影响最大。

法国的创新管理体系一方面受控于大型公共研究机构，另一方面又受到促进创新的国家科技创新署（2005年该机构并入法国中小企业发展集团，即OSEO集团）的强大影响。虽然学术研究和创新之间的传统割裂依然清晰可见，但法国近来正试图在两者之间搭建桥梁。在过去几十年中，通过学习德国、日本和其他国家的良好经验，法国已经实施了数次改革，将研发任务从教育界转向产业界，后又从产业界转回教育界，现在又回到了产业界。不管如何，政策执行机构保持了稳定不变，并通过将促进创新的职责移交给地方，从而使地方承担起促进创新的职责。现在法国已经在各地区（甚至小地方）有了成功的创新政策，情况发生了显著变化：一方面通过法国研究署这一新设立的机构解决了研究的经费投入问题，另一方面通过法国中小企业发展集团（OSEO）这一新机构解决了创新的风险投资问题。OSEO集团由法国国家科技创新署（ANVAR），法国中小企业发展银行（BDPME）和法国中小企业信贷风险担保公司（SOFARIS）等机构组建而成。此外，还在工业部下设立了负责主管工业的企业总理事会（General-Directorate for Enterprises，DGE），它由与创新相关的两个分支机构合并而成（即工业、信息技术和邮政分支机构与地区行动和中小企业分支机构），旨在为企业提供更多的支持措施，并更为有效地处理创新与企业竞争力问题。工业部实施的"竞争点"计划旨在扩大经济规模与范围，建立区域创新集群。特别需要提及的是，2005年成立的法国产业创新署通过筛选和支持大型工业研发项目的方式，尤其是通过在项目早期给予支持的方式，来提高法国的工业能力并促进国家技术潜能的发展。

在提高创新管理效率方面，荷兰是一个与众不同但非常值得研究的案例。荷兰创新政策的制定与实施由两个部委完成，即技术与创新政策经济事务部和教育、文化与科学部。荷兰创新管理的主要特征是注重国民经济整体发展和投资政策之间的强有力联系，特别强调通过科学、技术和信息政策委员会（Council on Science Technology and Information Policy）进行各方利益的协调（该委员会在内阁层面运作并为内阁提供集体决议）。在政府部委层面，则由跨部门的科学、技术和信息政策委员会（Committee on Suence,

Technology and Information Policy，CWTI）负责协调各方利益。该跨部门委员会努力做好不同部门之间的利益协调工作，以便能够形成共同的发展愿景。跨部门委员会得到了多个机构的支持，它们包括咨询机构（荷兰科学技术政策咨询委员会、荷兰皇家科学院）、大学联合会、中央规划办公室和中央统计局等。中央统计局为决策制定机构提供政策分析和评估，并帮助形成共同的发展愿景。荷兰创新管理的另一个重要机制是在内阁委员会设立了创新论坛（Innovation Platform，简称IP），它由总理倡议而设立，旨在提出各类战略计划以促进荷兰知识经济和创新的发展。各咨询委员会、政策执行机构和专业团体共同帮助政府搜集相关情报和采用现代管理技术。

由于比利时和瑞士是联邦制国家，因此其情况更为特殊。除财政措施外，比利时地方自治政府在各个领域的创新政策上拥有全部的自治权。佛兰德斯地区政府在这方面有多次绩效不错的实践。瑞士在联邦层面为各地区提供普通技术基础设施，包括工程师教育，对"州立"大学和研究项目进行资助。瑞士先前的两个机构（前联邦教育与科学办公室和瑞士科学署）现已合并为国家教育与研究秘书处。同样，奥地利联邦和州一起共同承担创新管理职责。奥地利在过去两年中成立了两个新的机构，即奥地利经济服务部（由Bürges发展银行、奥地利担保基金、创新署和企业劳工力市场促进计划等合并而成）和研究支持学会，目的在于简化创新政策的管理结构。这两个机构为之前成立的奥地利航天局、创新与技术办公室、工业研究促进基金和技术促进学会等机构提供服务工作。

在南欧如意大利、西班牙、葡萄牙和希腊等国，可见到更为传统的创新管理模式。然而，这些国家之间同样存在着巨大的差异：意大利（除经济与财政部外）由教育、大学与研究部以及创新与技术部两大部门负责本国的创新政策制定。当创新管理能力逐渐由中央转移至地区时，教育、大学与研究部在公共知识生产方面承担主要作用。创新与技术部则主要负责各部门间的相互协调，指导和鼓励其他公共行政部门的相关人员共同促进国家信息化社会的发展。最近，跨部门经济政策制定临时委员会（CIPE）对经济项目进行了协调。意大利近来的经济发展也要求改善本国的创新管理，包括要对《科学与技术计划（2003—2006）》进行新的战略选择。

在上一届大选和将科学与技术部拆分为工业部、教育与科学部、跨部门科学技术委员会之后（机构分化但仍保持彼此协调），西班牙在创新管理上似乎也在采取类似的做法。西班牙的创新管理体制主要在2004年发生了变革，这一年撤销了创建于2000年科学与技术部，由新成立的教育与科学部（原名为教育和文化部）及工业、旅游与贸易部两大部门代替其职责。

葡萄牙的创新管理结构似乎不够清晰，一方面其创新政策的协调工作由该国总理的助理部长负责，另一方面一个跨部门的创新与知识委员会与一个创新与知识工作组又即将开始运作。葡萄牙在创新管理模式上曾多次变化，包括在上次大选后进行的大规模改组。虽然在规模上与法国无法相比，但是希腊的创新政策制定结构与法国非常相似，其原因可能是希腊政府在决策制定上的中央集权化模式以及政府非常关注国民经济中的公共产业。

中欧和东欧大部分成员国存在着相似的创新管理特征，即以科学或技术的推进模式为主导。这些国家因市场和政府失灵，从而对本国知识产生和知识探索的创新集群与网络的建设构成了阻碍。因此，挑战不再是如何将技术和科学转变为市场拉动政策，而是建立一个复杂、互动、多方参与的创新管理体系，一个可增强创新、鼓励创新、产生创新并促进未来知识生产的创新管理体系。当然这些评论不能掩盖创新政策的实际进展，它正走向一个更为信息化、以事实为依据和结构良好的创新政策体系。对成员国身份的期待以及需要制定由"结构性基金"资助的发展规划，大部分成员国近2—3年来都已设立了新的政府部门、政策执行机构和协调机构。尽管新机构之间的彼此协调极为有限，但仍然没有采取推动机构之间彼此协调的任何措施。同样，在8个国家中没有1个国家将利益相关者参与决策过程视为本国的政策优先事项。

虽然上述变化都发生在最近几年，还不足以对其作出任何充分的评价，但显然已有一些国家比其他国家取得了更大的进步：

● 捷克共和国正在对本国的现行制度进行重新设计，计划将当前至2010年的各年度政策均考虑在内。目前该模式正被各国研究与参仿，并被认为是当下改革中最成功的创新管理模式。

● 匈牙利在2003年实施了一项重大的机构改革，教育部在科学与教育政策的制定和执行方面起了关键的作用。虽然由国家研究与技术办公室负责实施国家技术政策，但研究与技术创新委员会在这方面提供了大量支持。在匈牙利的研究、技术发展与创新（RTDI）政策领域，议会下属的教育与科学委员会和经济委员会是这一领域的最高政治协商机构。

● 波兰有3个部门共同负责研究、技术发展与创新（RTDI）事务。该国的创新部于2003年3月成立，负责波兰创新政策的制定与实施。科学委员会取代了国家科学研究临时委员会，负责本国科技政策的制定，而波兰企业发展署则负责实施本国的经济发展计划，尤其是中小企业的发展。

- 斯洛伐克和斯洛文尼亚两国也进行了机构改革。斯洛伐克为更好地实施创新政策，已将创新政策制定权从国务院转到了经济部。斯洛文尼亚重新设立了科学与技术部，该国经济部创新政策制定方面的人员则调配到这一新的部门。

- 波罗的海国家在创新管理上采取了两大部门权力分享的方式，但这些国家亟待进行机构重组，以创建必要的政策协调机构。各国议会也已对此展开了讨论。爱沙尼亚显然使用了芬兰模式，很早就创建了一个现代的管理结构，即由两大部门分享职责的方式行使创新管理，将政策制定与政策执行两者分离开来，同时努力争取在总理层次上实施相关利益协调机制。这非常有助于建立高效的政府管理体系。拉脱维亚是极少数几个视教育部的权力高于经济部的国家之一。

规模较小的国家如卢森堡、塞浦路斯、马耳他、冰岛等国的创新管理可视为特殊案例，原因在于这些国家的机构数量非常有限，彼此协调相对比较容易。由于政府部门规模较小，因此即便是非正式协调，也能实现高效的创新管理。这些国家倾向于依靠一个中央政府部门与一所大学，并重点关注具有本国优势的少数几个创新产业部门（即原材料加工业、造船业、渔业、金融服务和旅游业）。马耳他在期待着新的创新和研究管理结构。波罗的海国家未来也很可能会朝这个方向发展。

在候任国中，接受高效率创新管理的程度和模型各不相同：罗马尼亚整合了教育和研究部下的各类创新计划，并建立了一个跨部协调委员会。保加利亚采纳了一个更富"动力的"改革方向，建立了结构良好的政府管理体系，将政策制定和政策实施两者相分离，同时还制定了一个雄心勃勃的通报体系。由于该国从2004年起刚开始改革，因此对其政策执行的评价为时尚早。在世界银行的帮助下，土耳其采纳了一个更像美国式的创新管理结构，即土耳其科学与技术研究委员会在研究和创新促进方面发挥关键的作用，它决定成立一个"土耳其研究领域"（*Turkish Research Area*），以此为平台制定相关战略并与欧洲研究领域（ERA）相整合。

以色列也是一个非常值得关注的国家，该国的政策设计是层次化的、并以技术为推动力的,不过非常行之有效,部分原因是该国私营投资者通过风险投资资金对创新的积极参与。以色列研发体系的管理部门放在工业、贸易与劳工部下的首席科学家办公室,由该办公室负责实施国内和国际两方面的技术研发计划。首席科学家办公室是一个单一层级机构,并无任何下属分支机构,直接负责重点工业研发项目的管理,而项目经理则负责其他各类项目的管理。以色列没有高层次的政府协调机构。以色列民用研发委员会于2004年成立,然而该机构只有临时预算且经费非常有限,没有能力开展大型协调活动。该机构在确定以色列国家科学、技术和创新重点项目或在各部门的利益协调上,从不发挥主导作用。这一职能更多的是由首席科学家办公室来担当。

表 2.5.1-2 对各国创新政策制定过程的评价

政策制定与协调工具	标 准	排 序*
基于证据论证和公开咨询的程序,制定战略性政策,包括国家战略、白皮书等。	☆ 几乎没有事前讨论与研究,并无利益相关者参与	☆ —
	☆☆ 至少较系统地开展了一些讨论与研究,并有部分利益相关者参与	☆☆ 奥地利、比利时、保加利亚、塞浦路斯、法国、希腊、意大利、拉脱维亚、立陶宛、卢森堡、马耳他、葡萄牙、罗马尼亚、斯洛伐克、瑞典
	☆☆☆ 系统地开展了讨论与研究,并有利益相关者参与	☆☆☆ 捷克、德国、丹麦、爱沙尼亚、芬兰、冰岛、爱尔兰、荷兰、挪威、波兰、西班牙、瑞士、土耳其、英国
存在协调机制(政府高层次委员会,跨部门临时委员会等)	☆ 没有协调机制	☆ 捷克、波兰
	☆☆ 少量或者零散的双边协调行为	☆☆ 奥地利、比利时、保加利亚、塞浦路斯、德国、爱沙尼亚、法国、希腊、意大利、拉脱维亚、立陶宛、卢森堡、马耳他、葡萄牙、罗马尼亚、斯洛伐克、斯洛文尼亚、西班牙、瑞典、土耳其
	☆☆☆ 组织内部良好的政策协调机制	☆☆☆ 丹麦、芬兰、冰岛、爱尔兰、荷兰、挪威、瑞士、英国
对创新政策的系统评估	☆ 几乎没有政策文件,因此也就没有评价	☆ 卢森堡
	☆☆ 少量的专门评估	☆☆ 比利时、丹麦、爱沙尼亚、意大利、希腊、冰岛、拉脱维亚、立陶宛、马耳他、葡萄牙、罗马尼亚、斯洛文尼亚、瑞典、土耳其
	☆☆☆ 系统政策评估	☆☆☆ 奥地利、保加利亚、塞浦路斯、捷克、德国、芬兰、法国、爱尔兰、荷兰、挪威、波兰、斯洛伐克、爱沙尼亚、瑞士、英国

续表

政策制定与协调工具	标　准	排　序*
面向创新政策制定与实施的措施	☆ 在政策制定和实施上非常中央集权化或封闭体系	☆/☆☆ 斯洛文尼亚
	☆☆ 在基本层面开展政策咨询和合作	☆☆ 奥地利、比利时、保加利亚、爱沙尼亚、法国、希腊、意大利、拉脱维亚、卢森堡、波兰、葡萄牙、罗马尼亚、斯洛伐克、土耳其
	☆☆☆ 在所有利益相关者之间开展全方位互动	☆☆☆ 塞浦路斯、捷克、德国、丹麦、芬兰、冰岛、爱尔兰、立陶宛、马耳他、荷兰、挪威、西班牙、瑞典、瑞士、英国

注：　*本表的排名依据趋势图表各国通讯联络处联盟对各国情况的评估。本表缺少匈牙利和以色列两国的数据。资料来源：*National TrendChart Country Reports*。

运用更为量化的研究方法，似乎可得出以下结论：所研究的大多数国家日益强调创新的重要性，认识到创新对创新管理机制现代化发展的效用。这一转变非常重视协调对提高创新效用、扩大经济规模与减少管理重叠的价值。在某些国家如英国和意大利，政府治理的改善表明有更多的利益相关者参与国家政策管理；而在其他国家如爱尔兰，则更为强调在国家层面上加强政策的战略性思考。所有大国以及北欧国家，继续强化制度对地区层面创新的促进作用，而一些小国如卢森堡、塞浦路斯、马耳他和冰岛等则比较关注本国的国际性战略合作与资助资金的妥善安排。

大部分协调是相当隐蔽的，通过主要相关组织之间的非正式网络而进行，这些组织主要是商业公司。在知识经济的框架下，越来越多的教育和公共研究机构加盟这些协调网络，在政策制定与执行方面分享着"自下而上式"的协调。同时，要求增加透明度的压力促使高层次政府委员会、跨部门临时委员会等诸如此类机构的设立。各国面临的更大压力是将公共支持的重点放在研发和支持创新的计划上，这在一些小国和地区尤为明显。

地区创新努力的强度跟随着国家层面创新政策的强势程度。国家创新政策制定得越详细，地区就越积极地拥护与实施创新政策。创新文化在各经济活动中的渗透，对政府管理的各个层面也产生了重要影响。因此，伴随参与者的日益增多，对协调的要求也就水涨船高。欧盟通过"结构基金"计划、创新行动计划、研究与技术发展框架项目等对各国创新的干预，有助于建立大欧洲经济体的意识。边远地区过去非常关注传统经济发展所需的基本要素，如运输手段以及教育与医疗基础设施等,但在现今知识经济时代的全球化背景下,它们开始重新考虑各自的政策重点事项,如人力资本、企业家精神和新技术等因素的重要性。

最后,非常值得注意的是在一些成功的创新管理模式中日益显现的一些重要特征:

● 在各国的创新管理中,政策稳定性程度各不相同。最稳定的创新管理体系是芬兰,只发生微小的变化。其他北欧国家、以色列和比利时等国的创新管理体系正在逐渐发生变化。最不稳定的国家则是葡萄牙和西班牙,两国的创新管理体系总是忽左忽右。大多数国家处于上述两个极端之间,在最近几年只发生有限的主要变化。

● 最近有许多提高创新政策效率的努力。在欧盟15国中,"里斯本进程"可能是这些努力发生的原因之一,然而对于大部分新成员国而言,加入与制定共同体支持框架(Community Support Framework)才是其努力提高创新效率的主要驱动力。

● 在创新管理方面,似乎出现了新一代高水平的现代协调机制,如瑞典的创新桥梁、荷兰的创新平台和英国的"联合政府"。丹麦科研政策委员会也形成了一种有价值的协调方式,即通过非正式途经进行协调。越来越多的国家将总理级协调视为协调的最合适层次,从而赋予创新更为重要的使命(如芬兰、荷兰、爱沙尼亚等国)。

2.5.2 创新政策的制定与评估

当欧洲将创新议案更多地转移至经济政策时,各国日益注重采用合适的政策制定工具为政策制定服务,特别是组织必要性信息的收集工作,以系统化监控国家的创新绩效指标,并运用这些指标与其他各种形式的信息共同为政策设计服务。

英国和荷兰在这方面处于领先地位,而其他国家如德国、奥地利和爱尔兰等近来则采用了情报收集程序,并取得了良好的效果。还有其他国家如意大利和西班牙,在最近几年才开始这方面的工作,因此很难评估这些国家的工作成效。应当注意到,尽管各国日益倾向于利用情报工具,但实际的情况是此类倾向仅停留于口号与措施制定层面,尚未利用相关资源付诸实施(尤以意大利为例)。在政策制定阶段,许多国家在经过对政策的广泛讨论后,采纳了相似的政策文本。这些文本成为中期政策设计的指导方针，一些国家以白皮书形式发布了政策文本，而另一些国家以欧洲"结构基金"项目文本的形式予以发布。

因为半数以上的国家使用了系统化论证和公开协商流程，所以一些国家在战略性政策制定上已经达到某种精通的程度，而另一半国家也在主动朝着这一方向发展。

评估是创新日益重要的一项工具。在对创新进行分析时，特别需要关注评估的某些特征，这可概述为以下若干关键点[1]：

● 在欧洲，各地的评估文化发展很不平衡，这表明部分国家和地区未充分利用这一方法，同时也至少意味着有一些良好的实践可供借鉴。

● 在一些文明程度更高的国家，评估已超越了对创新绩效的简单审计。评估已成为一种学习方式，成为支持政策制定和项目形成的一部分。

● 评估可以不断提升政府对创新体系可行方式的认识，在这一创新体系中各类创新项目以各自的方式运作。

● 创新项目评估可以从研究项目评估中获得大量经验，但也对评估本身提出了需要去解决的创新挑战。

● 在评估中没有"魔术子弹"，即没有单一的评估方法可以回答某项项目评估的全部主要问题，可应用于全部类型的项目评估。典型的情况是，评估需要使用混合的方法，以适合特定研究项目的评估需要。

● 评估的有效开展，需要博闻识广的评估者，他们能对任何评估项目存在的不足有充分的认识。

为提高评估的质量与标准，可依据各国是否运用系统化的方式（尤其是否进行政策综述）进行政策制定，依据在创新政策措施的制定与实施过程中是否与所有利益相关者开展交互等方法，而对各国进行分类。在大多数国家，对创新政策的评估和考核只是偶尔公开发表和讨论，但也有几个国家如荷兰、挪威、瑞士和英国等将其对创新政策的评估全部公开发表或讨论。大多数国家认为对创新政策的评估是基本要求，或认为是为了满足具体某政府部门或资助实体的要求。他们代表了当前欧洲对创新政策评估的一般水平。

---

[1] 欧洲委员会，DG 企业和工业（2006），支持对创新计划的监测和评估：对评价创新计划的实践性指导（网址：http://cordis.europa.eu.int/innovation-policy/studies/gen_study14.htm）。

一些国家如荷兰、爱尔兰、德国和爱沙尼亚等在系统化评估上要高于一般水平，而其他国家如意大利、卢森堡和一些新的成员国则要低于一般水平。由外部机构实施的评估活动也得出类似的结论。在大多数国家，一部分评估由独立机构完成，而在少数国家，外部专家参与了系统化评估并对评估报告的质量进行严格把关。只有极少数国家如意大利和卢森堡等仍然执行着内部评估。

近来由于评价和评估活动得到了长足的发展，因此政策的良好制定和评估日益与协调式管理紧密联系。良好创新模式的共同点是商业部门在研究、技术发展的总支出上占有很高的比率。在瑞典和芬兰，大公司在创新方面发挥主导作用，并可能驱动国家治理体系朝着更为协调一致的方向发展。通过大型跨国公司的内部投资，在爱尔兰也存在大公司发挥创新主导作用的情况。在过去几年中，德国和荷兰两国已显现创新政策的评估文化，日益关注对公共资助项目的管制及议会的绩效责任。对各国的标准化评价可见表2.5.2-1：

表2.5.2-1 对各国评估文化的评价

政策制定工具与评估工具	标 准	排 序*
在创新政策领域存在某种"评估文化"	☆ 对创新措施很少开展评估，仅对其进行监控和审计。	☆ 意大利、拉脱维亚、立陶宛、卢森堡、马耳他、波兰
	☆☆ 认为对创新措施的评估是基本要求，或认为是为了满足具体某政府部门或资助实体的要求	☆☆ 奥地利、比利时、保加利亚、塞浦路斯、捷克、冰岛、挪威、葡萄牙、罗马尼亚、斯洛伐克、斯洛文尼亚、瑞典、瑞士、土耳其、英国
	☆☆☆ 在措施实施的转折点上，对创新政策进行系统化评估	☆☆☆ 捷克、德国、爱沙尼亚、芬兰、希腊、爱尔兰、荷兰、西班牙
		☆☆/☆☆☆法国
对创新政策措施的外部评估与内部评估	☆ 一般只进行内部评估	☆ 捷克、意大利、卢森堡、斯洛伐克
	☆☆ 一部分评估由独立机构实施，但这一评估方式尚未常态化	☆☆ 奥地利、比利时、保加利亚、塞浦路斯、丹麦、法国、冰岛、拉脱维亚、立陶宛、马耳他、葡萄牙、土耳其、英国
	☆☆☆评估遵照良好的实践标准（聘请外部专家进行系统化评估、实证评估、评估报告的质量评估）	☆/☆☆☆罗马尼亚、斯洛文尼亚
		☆☆☆ 德国、爱沙尼亚、芬兰、希腊、爱尔兰、荷兰、挪威、波兰、西班牙、瑞典、瑞士

续 表

政策制定工具 与评估工具	标　准	排　序*
评估结果的透明化 与公开化	☆ 评估结果缺乏透明度 ☆☆ 偶尔公布或公开讨论评估结果 ☆☆☆在公开论坛上公布或讨论所有评估结果	☆ 卢森堡 ☆☆ 奥地利、比利时、保加利亚、塞浦路斯、捷克、丹麦、爱沙尼亚、法国、意大利、爱尔兰、冰岛、拉脱维亚、立陶宛、马耳他、葡萄牙、斯洛文尼亚、西班牙、土耳其 ☆☆☆ 芬兰、希腊、荷兰、挪威、波兰、罗马尼亚、斯洛伐克、瑞典、瑞士、英国 ☆☆/☆☆☆德国

注：* 本表的排名依据趋势图表各国通讯联络处联盟对各国情况的评估。本表缺少匈牙利和以色列两国的数据。资料来源：*National TrendChart Country Reports*。

系统化评估的特点表明，现在多数国家都处在一个中间状态。目前得分最低的领域是一国是否存在实际的评估文化，其中6个国家没有评估文化，剩下一半以上的国家只有部分评估文化，而不是将评估看成一个系统化的过程。那些能进行高效创新管理的国家都有较好的评估文化，积极寻求外部评估，并把评估结果公开化，如英国、挪威、爱尔兰、荷兰、德国、瑞士等国。大多数国家处于中间位置，虽然这些国家声明将为此作出努力，从而使评估成为创新政策周期的组成部分，但是这类努力仍比较松散，远没成为国家文化的一部分。在其他一些国家如希腊、西班牙、波兰等，其考核评估的表现比其管理系统要好得多。本文在此对评估文化排名的解释或许高估了共同体支持框架下的评估程序的价值。

在确定要对哪些领域开展评估方面，较为成熟的方法是对研究活动（项目和计划）和研究机构开展评估，而不是对创新项目本身开展评估。

2.5.3 政策基准和跨国学习

现在利用政策基准（Benchmarking）和跨国学习帮助本国政策制定的情况正在逐渐增加，除特殊情况外，一般会经常或一贯地从外国资源中"搜集情报"。这方面使用最多的国家通常是一些在创新政策制定上已形成了高效制定机制的国家。面积较大和较为富裕的国家尤其是英国、德国和法国等，常会系统化或频繁地向欧洲以外的国家学习，特别是向美日学习，有时也向加拿大和韩国学习。通过交流和研究而部分学习创新政策体系的情况也在不断增加,如向中国和印度学习,但向这些国家的学习更多的是作为提高对这些国家的认识,更多的是作为确定某些高技术研究领域(特别在生物技术和纳米技术方面)的参照基准工具。

政府机构似乎更为开放,更希望从外国同行中学习经验而非本国的政府部门。目前机构间的合作联盟存在着四种类型。每一种类型都在进一步深化合作:(a)系统交换信息和实践经验;(b)识别和分析共同的战略性议题;(c)开展国家或区域项目之间的联合创新活动;(d)实施跨国联合创新活动。图2.5.3-1呈现了26个欧洲国家在上述四类合作联盟中的发生频率:

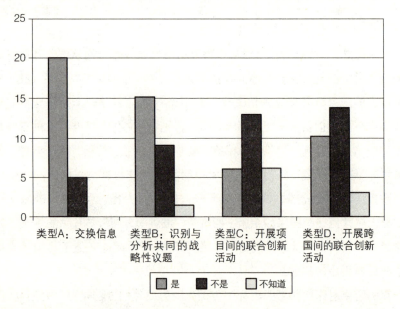

图2.5.3-1 趋势图表项目各国通讯联络处报告的欧洲各创新机构之间的当前合作活动

资料来源: TrendChart policy workshop: Collaboration between Innovation Programmes and Policy Agencies in Europe, April 2005 TrendChart survey。

但目前最为重要的是进一步开展深入合作,超越已有的实践经验交流。欧洲实现良好创新管理的关键不是制度建设,而是在于如何促进创新的卓越表现和过程绩效。未来的管理模式应当是一个基于优质知识和促进高品质创新过程的具有竞争力的绩效管理模式。

一些面积较小但比较发达的国家也越来越多地使用政策参照基准方法,并设法在更为系统的基础上开展跨国学习。文化联系为这种努力提供了很大的帮助。因此,爱尔兰一直在采用政策参照基准方法,从英美两国学到了很多经验。伴随经济的蓬勃发展,信息来源已不再是问题,爱尔兰的三大机构(爱尔兰发展署、爱尔兰企业署和爱尔兰国家政策咨询处)负责对其他国家技术与创新发展的趋势和政策走向等战略性信息进行收集。达沃斯论坛的《全球竞争力年度报告》也是收集信息的好渠道。芬兰的个案非常值得关注,该国通过参与众多的全球联盟,在参照基准设定和情报收集方面,已经形成了一套系统化的方法。在创新政策执行方面,芬兰与其他国家间的合作也在逐步发展。

对大多数国家来说,此类信息的收集是基于特定的基础,或以经合组织国家或者欧盟国家为基础,或是为了回应具体需求。当需要开展双边或多边政策学习时,某种类型的学习就会出现:

- 文化相似和地理位置邻近的因素,似乎是促使一国迈出跨国政策学习的驱动力之一。正如爱尔兰等一些国家在有限的能力范围内,向地理和文化相近的邻国学习实践经验。卢森堡一直在向法国、德国和比利时学习经验。塞浦路斯主要向英国、希腊学习。而北欧国家则彼此之间相互学习,波罗的海国家主要向芬兰学习,以色列向美国学习,中欧国家向奥地利和北部东欧国家学习。

- 国家规模大小似乎是向他国学习的驱动力之一。小国似乎更具危机感,很早就开始向别国学习有益的实践经验。卢森堡的做法已清楚地说明了这一点,相似的,马耳他近来在创新政策方面制定了大量计划。同时像葡萄牙和希腊这样的大国也在积极关注其他国家的创新政策信息。

- 启动较晚也是向他国学习的驱动力之一。与几十年前制定创新政策的国家相比,近来才开始制定创新政策的国家更多地使用政策制定的参照基准方法。土耳其便是这方面的典范,该国从国际组织(包括世界银行)及从同土耳其有双边协议的欧盟国家系统地搜集各类创新政策情报,主要是向英国、德国和希腊等国学习。在创新政策设计方面,中东欧国家通过共同体支持框架(CSF)学习各类政策制定的经验。波兰从瑞典和荷兰两国进行了跨国政策学习。在这个意义上,对较小和不够成熟的创新政策而言,政策内在规则和向外联盟等跨国学习将会非常有益。

- 国家彼此之间交换或聘请创新政策人员和专家。德国在这方面作了非常系统化的工作。在跨国联盟中有资深政策制定专家/执行人员的参与,似乎是促进创新政策发展的有效方法。其他国家在较高（法国）或较低（瑞典）系统化水平上，通过大使馆来收集这类信息。

- 与其他国家共同开展政策合作：包括双边或多边创新合作项目，如由欧洲技术执行协会（TAFTIE）和北欧创新中心推动的合作项目，尤其是各国的参照基准项目（如德国的创新和技术分析项目、法国和英国长远性参照基准项目）比国际上宽泛的参照基准项目要更为深入的多。
- 有些国家更倾向于和某些国家开展双边合作（如法德合作项目，伊比利亚美洲国家试点项目[①]）。
- 通过利用参照基准经验，比较与评估各国创新绩效（如记分牌）或更为系统地比较各国政策活力。例如，西班牙马德里地区雇主和产业联合会同意并发起了一个新项目，旨在开发一套制定参照基准政策的工具，该项目发现南欧国家和企业界越来越多地开始参与创新政策的制定进程，而卢森堡已经成立了一个创新政策观察站。

旨在促进政策学习的创新机构多边合作案例

除了独立创新部门和机构所采用的双边合作形式外，在创新领域已出现了跨国协作和合作的多种形式，其中以欧洲技术执行协会（TAFTIE）和北欧创新中心最为众人所知。

欧洲技术执行协会创立于20世纪90年代初，该协会发起在17个国家和地区的技术和创新项目上开展多边学习，共有16个欧洲国家的管理机构参与其中。其主要目的是鼓励知识交流和国际合作，该协会已成为政府制定和实施创新项目方面的知识中心。

北欧创新中心由北欧各国部长委员会于2004年建立，旨在促进和加强北欧内部创新政策措施的相互交流，以促进和加强各国创新决策的有效性。措施包括：通过创建平台实现知识共享；通过联合北欧创新项目，从而完善政策框架；通过促进有益实践经验的交流，为今后的政策制定提供建议；建立和加强北欧国家之间的创新系统联系。

[①] 伊比利亚美洲国家是指包括拉丁美洲19个讲西班牙语和葡萄牙语的国家以及欧洲伊比利亚半岛的西班牙、葡萄牙和安道尔在内的22个国家。——编者注

> 欧洲研究、技术和创新署也极力通过"STARMAP"项目交换各类"有益实践",从而实施更为有效的创新项目。在过去十年,这些机构在专业化发展方面已经取得很大进步,用于项目监控和评估的很多工具和方法正变得更为精密。

运用标准化的编码方法,对政策参照基准和学习计划进行整体评估,在本文以上部分的分析中已有所反映。除了意大利、拉脱维亚、斯洛伐克和爱沙尼亚等国以外,大多数国家已设立了正式的政策学习机制。德国、冰岛、瑞士、芬兰和法国等国已在这方面作出了系统的努力。同样的,其他18个国家(匈牙利和以色列除外)在制定本国创新政策时也在参照外国的经验,偶尔也会聘请外国专家,或在更为基础的层面上参照外国经验。意大利在这方面似乎更为孤立,而一些国家如塞浦路斯、爱沙尼亚、荷兰、波兰、罗马尼亚和土耳其等,也开始设置系统化的政策学习机制。欧盟政策工具对最后一组国家的影响力是显而易见的。在人员流动作为跨国学习的方法方面,各国在使用程度上彼此分化,但没有一个国家系统地使用这一方法。劳工政策可能是其受阻的原因之一,因此未来需要在这方面制定相关政策并获得《竞争力和创新框架计划》的具体激励支持。显然,各国更为频繁与系统地促进资深政策制定者之间的相互交流,而初级或中级人员之间的交流则有待进一步改善。

虽然主要是在国际经验框架领域(如经合组织、欧盟、世界银行等),但是大多数国家已经实施了参照基准计划。在一大批中等国家,如奥地利、捷克、丹麦、芬兰、爱尔兰、荷兰、挪威、爱沙尼亚和瑞士等国,都已在系统化地利用政策参照基准工具,将各国的经验融入到本国的新政策中。

从表2.5.3-1中可以看到一些明显的趋势。

● 在全球高技术领域竞争的大国和强国都在使用政策参照基准工具,而且长期以来一直在努力从欧洲内外部的竞争对手那里学习经验。从外国直接投资(FDI)或研究能力信息为始的外国情报收集工作,正逐渐转向创新政策信息收集。英国和德国两国在这方面最为典型。

● 一些成功的中等国家,如北欧国家(尤其是瑞典)和荷兰,正在迅速地转向既从欧洲内部学习,又向欧洲外部学习。

- 大多数其他国家(南欧国家、中东欧国家和一些小国)在经合组织、欧盟或达沃斯论坛上越来越多地采用参照基准经验,但仍较为零散。这需要各国作出努力来促进学习,这一情况尤其需要在部分国家(如意大利)大力推进。

- 本分析中最具价值的特征集中在最后一组国家。有明确的证据显示,这些国家正努力从零散的参照基准实践转向规范化的参照基准实践。卢森堡的创新政策观测站项目和西班牙的正式参照基准实践项目,可以证明这一努力。芬兰的开创性做法,即"在与他国的合作中逐步推进创新政策的实施",将"北欧合作"模式作为参照基准。这非常值得进一步研究。

- 在未来,获得"创新框架项目"具体激励的政策措施将把促进创新政策人员的流动作为系统化跨国学习的手段。

表 2.5.3-1 各国政策学习实践情况的评价

政策学习工具	标 准	排 序*
存在政策学习的正式机制(各类研究、创新政策观察站、研究性访问等)	☆ 不存在任何机制	☆ 意大利、拉脱维亚、斯洛伐克、西班牙
	☆☆ 某些特定的机制	☆☆ 奥地利、比利时、保加利亚、塞浦路斯、丹麦、爱沙尼亚、捷克、希腊、爱尔兰、立陶宛、卢森堡、马耳他、荷兰、挪威、波兰、葡萄牙、罗马尼亚、斯洛文尼亚、瑞典、土耳其、英国
	☆☆☆全面努力,存在系统化的机制	☆☆☆德国、芬兰、冰岛、瑞士
		☆☆/☆☆☆ 法国
在制定本国政策时运用国外的经验(如聘请国外专家参与政策设计)	☆ 没有或偶尔发生	☆ 意大利
	☆☆ 偶尔发生,或特定情况	☆☆ 奥地利、比利时、保加利亚、捷克、丹麦、法国、希腊、拉脱维亚、立陶宛、卢森堡、马耳他、葡萄牙、斯洛伐克、斯洛文尼亚、西班牙、瑞典、瑞士、英国
	☆☆☆系统化的	☆☆☆塞浦路斯、德国、爱沙尼亚、芬兰、冰岛、爱尔兰、荷兰、挪威、波兰、罗马尼亚、土耳其
从外国聘用或交换创新政策人员或专家	☆ 没有	☆ 奥地利、比利时、保加利亚、捷克、法国、爱尔兰、意大利、拉脱维亚、卢森堡
	☆☆ 特定情况	☆☆ 塞浦路斯、德国、丹麦、爱沙尼亚、芬兰、希腊、冰岛、立陶宛、马耳他、荷兰、挪威、波兰、葡萄牙、罗马尼亚、斯洛伐克、斯洛文尼亚、西班牙、瑞典、瑞士、土耳其、英国
	☆☆☆ 有系统的计划	☆☆☆ —

续表

政策学习工具	标 准	排 序*
在跨国联盟中有资深政策制定者和执行者参与（如欧洲技术执行协会等）	☆ 没有 ☆☆ 参与一个联盟 ☆☆☆ 参与所有联盟	☆ 意大利、捷克、斯洛伐克 ☆☆ 奥地利、比利时、保加利亚、丹麦、爱沙尼亚、希腊、拉脱维亚、立陶宛、卢森堡、马耳他、波兰、葡萄牙、罗马尼亚、斯洛文尼亚 ☆☆☆ 塞浦路斯、德国、芬兰、法国、冰岛、爱尔兰、荷兰、挪威、西班牙、瑞典、瑞士、土耳其、英国
利用参照基准经验，比较与评估各国创新绩效（如记分牌），或更为系统地比较各国政策活力	☆ 没有 ☆☆ 特定参照基准经验 ☆☆☆ 参照基准是一系统化的过程，学习结果融合到本国政策制定中	☆ 意大利、拉脱维亚、卢森堡 ☆☆ 比利时、保加利亚、塞浦路斯、丹麦、爱沙尼亚、法国、希腊、冰岛、立陶宛、马耳他、波兰、葡萄牙、罗马尼亚、斯洛伐克、斯洛文尼亚、瑞典、土耳其、英国 ☆☆☆ 奥地利、捷克、德国、芬兰、爱尔兰、荷兰、挪威、西班牙、瑞士
与其他国家开展政策合作：开展双边或多边的创新项目合作等	☆ 没有正式开展合作 ☆☆ 在具体情况下存在共同的创新活动 ☆☆☆ 许多长期性协定	☆ 捷克、卢森堡、罗马尼亚、斯洛伐克、英国 ☆☆ 奥地利、比利时、保加利亚、塞浦路斯、丹麦、意大利、芬兰、爱尔兰、拉脱维亚、立陶宛、马耳他、荷兰、挪威、波兰、葡萄牙、斯洛文尼亚、瑞典、土耳其 ☆☆☆ 德国、爱沙尼亚、法国、希腊、西班牙、瑞士 ☆☆/☆☆☆ 冰岛

注：*本表的排名依据趋势图表各国通讯联络处联盟对各国情况的评估。本表缺少匈牙利和以色列两国的数据。资料来源：*National TrendChart Country Reports*。

关于参照基准的较好实践案例

在政策参照基准方面有3个案例值得研究。卢森堡和西班牙两国最近认可了参照基准方法的中肯性，两国分别通过公共政策和私营产业计划，努力使本国更为高效地使用这一工具。第3个案例是芬兰，芬兰认为参照基准方法非常重要，但需要持续改进使之成为政策制定的有效手段。该方法不仅可衡量一国的整体情况，而且可演变为系统的政策设计工具。下面对这3个例子作较详细介绍：

西班牙：2005年6月，马德里地区雇主和产业联合会同意参与一项旨在研制一套参照基准政策的国际项目。该项目的主要目标是研制一套评估方法，可评估创新政策对参与地区的影响，尤其是分析这些政策对中小企业的冲击。这项分析将为参与地区的评估基准提供相关信息并确定成功的评估方式，以便改善其他地区的创新政策设计。

该项目有方法论要求，并分为四个主要阶段。前两个阶段涉及研制一套评估创新影响的方法论，而后两个阶段则主要在参与地区建立地区参照基准和相关政策建设。

结论和政策建设。基于对参照基准的分析，可确定每个地区的成功因素，并"输出"应用到其他参与地区。参与地区间的彼此合作包括：

- 优秀经验和实践的直接交流
- 各类需要地区或国家额外资助的行动
- 欧洲范围内的联合项目

卢森堡对参照基准方法和跨国学习程序的正规化，是通过在2002年设立的创新政策观测站而实现的。作为"数字化卢森堡项目"框架内的一部分，创新观测站有数项任务，其中之一是帮助政府系统化地使用参照基准方法。通过在卢森堡建设详实高质量的创新信息库，为卢森堡的国家和国际性机构提供参照基准服务，如卢森堡政府、各部委和欧洲委员会，以及本领域的研究者与专家。

卢森堡的创新报告和竞争力报告已经证实，该国的政策制定趋势是更多地运用参照基准和更为深入地开展跨国家学习。上述两项报告都运用了参照基准方法，并对卢森堡和其他国家的创新绩效情况进行了比较。两份报告中的一些建议是以其他国家的相关政策措施为基础的。

很久以前，芬兰的政策制定者就已开始广泛使用评价、参照基准方法和其他各种政策情报收集手段，用以确定本国的创新优势、劣势、机会和威胁。一些国际组织如经合组织对创新政策的研究和讨论，也受到芬兰创新政策制定者的高度肯定。在过去，芬兰的国家政策往往依据国际上的范例进行参照设计，模仿外国或由经合组织制定的政策规范。

但在过去十年里这一局面已发生改变。芬兰不再是他国政策的追随者，而成为创新政策制定的成功国家典范。芬兰对跨国参照基准的兴趣并未消减。虽然决策者和政治家在当前不断变化的处境上正面临着新的挑战，但这并不意味跨国政策学习在今日已不再重要。国际参照基准在今日仍然非常切实可行，但已不再是决策制定的唯一依据。在这方面最值得注意的地方是由芬兰国家技术创新局、瑞典工业技术发展署、瑞典国家创新署和挪威研究委员会，从1998年起每年共同公布的《北欧政策参照基准年度报告》。该报告的主题依据各方相互学习的政策而确定，并在最可行的层面上开展相互合作。

此外，目前芬兰的参照基准已远远超过欧洲范围。近年来，芬兰创新政策的主要制定者(如各政府部门、芬兰国家技术创新局、芬兰研发基金会(SITRA))曾委托研究人员对特定国家或地区的发展状况进行评估，特别是那些对芬兰国民经济和产业发展而言极具利益的国家或地区。近来已公布的评估对象包括中国、印度、俄罗斯西北地区、韩国和中国台湾等。面对经济的日益全球化，2004年芬兰开展了一项关于全球化挑战与机遇的参照基准项目；芬兰总理万哈宁(Vanhanen)还委派了一个临时委员会，负责调查芬兰在全球经济中的地位。

为促进潜在的信息交流和政策相互学习，欧洲委员会支持进一步加强不同地区、不同国家之间创新行动和项目的跨国政策合作。除了现有创新中继中心(Innovation Relay Center, IRC)项目外，欧洲委员会还在新的《欧洲创新领先》[1](PRO INNO Europe)计划框架下发起了新的《创新联盟行动计划》(INNO-Nets Actions，该计划参照在研究领域的"欧洲研究区域联盟"模式而设立)[2]。欧盟的作用是对其成员国提供未来的情报支持，以更好地为欧盟的社会、技术和市场发展趋势做准备，而它们将对欧洲竞争力产生很大的影响。

---

[1] 《欧洲创新领先》(PRO INNO Europe)是由欧洲委员会企业与产业秘书处发起的一项新创新政策计划，主要关注欧洲创新政策的最新发展趋势与相关分析。——编者注
[2] 网址：http://cordis.europa.eu/innovation/en/policy/pro-inno.htm。

3. 结论：创新政策对经济增长和就业的影响

本报告第 2 部分对 2005 年 33 个欧洲国家的创新政策发展状况进行了分析，并对各国由欧洲创新排行榜所确定的创新挑战进行了比较。在本质上，已有政策对相关创新问题的处理方式是妥当并前后一致的。虽然趋势图表项目的各国创新政策年度报告对各国不同创新政策的效用和影响作了分析，但仍很难得出一些总结。

各国创新政策是否有效促进创新绩效改善仍是一个问题，仍需要在国家层面开展更为广泛与定期的政策评估，需要在企业层面对政策干预与政策成果之间的相关关系开展更为精确的计量经济学分析。虽然在部分国家已开展了此类分析，但在大多数国家，政策决策者充其量只关注到关键创新指标上的长期性变化，而在决策者所热衷的创新政策与创新绩效之间未能建立起直接的联系。

2005 年趋势图表项目的各国创新政策年度报告中有一章特别关注创新政策的政策效用问题。对于这一问题，趋势图表项目各国通讯联络处提出了一系列探讨议题以供讨论。

首先，大多数国家的创新政策目标仍然十分模糊。大多数国家并没有在更具战略性的水平上清晰界定本国的创新政策目标，或者没有在各类创新措施与预期措施成果之间建立因果联系。对于这一政策议题，解决方法的典范是荷兰的"从政策预算到政策问责制"方案。在该方案中，决策者有责任制定绩效评估指标以对预算的每一部分进行评估。每一项指标都设有明确的目标，其他各类手段都应积极配合以达到所设定的目标。

表 3-1 对创新政策报告中各国政策目标精确性与设定情况作出概述。

表3-1 欧盟25国政策目标的精确性和设定情况

创新政策目标的精确性和设定情况	成 员 国
具体的创新政策目标，目标任务可量化	匈牙利、拉脱维亚、荷兰、葡萄牙、瑞典、英国
一般性的创新政策目标，有少量可量化的目标任务	奥地利、比利时、捷克、丹麦、爱沙尼亚、芬兰、法国、德国、波兰、西班牙、斯洛文尼亚
没有具体的创新政策目标和任务	塞浦路斯、希腊、意大利、卢森堡、立陶宛、马耳他、斯洛伐克

对表 3-1 的阅读需要适当注意,正如葡萄牙报告所指出的,一些成员国的良好状态是"现有'结构基金'项目要求各国达到的目标的反映"。因此,问题需要进一步精细化:目标制定的非常好吗?这些国家是否已把设想有效地转化为目标?这些目标是否从整体的创新政策视野出发处置相关议题?

其次,在设定目标时受到"巴塞罗那目标"的限制,即"将GDP的3%用于研发,其中三分之二由商业提供"。虽然在一般意义上这一目标对促进各国的研发投入非常重要,但是该目标对理解现代创新系统的复杂动力性或在认识研发投入与国家或地区经济结构之间的关系上,其价值非常有限。例如,对大公司或研发密集型企业存在的解释,既可解释为研发投入的成果,也可解释为政府决策者的政策努力。正如在本报告引言中所作的探讨与界定,创新是一个非常宽泛的现象。还以荷兰为例,虽然GDP 3%的目标是作为创新投入的指标,但该国的政策及其实施工具往往将其视为最佳的政策结果,显示了荷兰国家创新系统中的优势和不足。荷兰的目标包括提高新改良产品在企业销售额中的比例,以进一步推动由市场推动的创新。

再次,即便确定了政策任务,政策也被认为是合理的且具有可行性,也不一定会提高创新业绩。继续以荷兰为例,该国的报告重点指出"相较于其他竞争对手的政策工具,荷兰制定了良好的政策工具,可解决创新功能系统中的各类重要议题。然而各创新绩效指标显示,荷兰的创新绩效正在下降,特别是在新创新政策已确定目标任务的相关领域"。荷兰并非唯一的案例,许多观察者认为英国同样如此。英国是政策设计、目标设定和评估方法方面的良好典范,其政策覆盖范围极其广泛,似乎回应了该国创新系统中大部分弱项。然而,英国从20世纪90年代以来,许多创新绩效指标的趋势绩效表现并未取得明显的进步。因此,有时研究者对项目的评估,可以论证该项目是否达到了预期目标,但这很少能使决策者得出以下结论:政策措施在"健康创新系统"上产生了广泛的影响。

这将是未来几年内欧洲创新政策制定者所要面临的挑战:大量政策工具在鼓励和支持企业创新时以及企业利用这些工具促进全球市场的持续发展时,需要对这些政策工具所带来的可能影响进行评估并进一步深化认识。

促进经济增长和就业的新里斯本战略将是一项挑战。在新一轮欧洲创新政策计划"欧洲创新领先"的框架下,在未来几年,趋势图表项目将继续对新里斯本战略的创新绩效进行分析和评估。

各国简称对应表

EU15：欧盟 15 国
EU25：欧盟 25 国
AT：奥地利
BE：比利时
BG：保加利亚
CH：瑞士
CY：塞浦路斯
CZ：捷克
DE：德国
DK：丹麦
EE：爱沙尼亚
EL(GR)：希腊
ES：西班牙
FI：芬兰
FR：法国
HU：匈牙利
IE：爱尔兰
IL：以色列
IS：冰岛
IT：意大利
JP：日本
LT：立陶宛
LU：卢森堡
LV：拉脱维亚
MT：马耳他
NL：荷兰
NO：挪威
PT：葡萄牙
PL：波兰
RO：罗马尼亚
SE：瑞典
SI：斯洛文尼亚
SK：斯洛伐克
TR：土耳其
UK：英国
US：美国

图书在版编目（CIP）数据

欧洲创新潮：欧洲国家创新政策进展/赵中建选编.
—上海：华东师范大学出版社，2012.5
ISBN 978-7-5617-9495-1

Ⅰ.①欧… Ⅱ.①赵… Ⅲ.①教育改革-教育政策-研究-欧洲 Ⅳ.①G550.1

中国版本图书馆CIP数据核字(2012)第082817号

欧洲创新潮
——欧洲国家创新政策进展

选　　编	赵中建
责任编辑	金　勇
责任校对	邱红穗
装帧设计	高　山
出版发行	华东师范大学出版社
社　　址	上海市中山北路3663号　邮编 200062
网　　址	www.ecnupress.com.cn
电　　话	021-60821666　行政传真 021-62572105
客服电话	021-62865537　门市(邮购)电话 021-62869887
地　　址	上海市中山北路3663号华东师范大学校内先锋路口
网　　店	http://hdsdcbs.tmall.com
印刷者	上海华大印务有限公司
开　　本	787×1092　16开
印　　张	18.25
字　　数	302千字
版　　次	2012年10月第一版
印　　次	2012年10月第一次
印　　数	1—2 100
书　　号	ISBN 978-7-5617-9495-1/G·5587
定　　价	35.00元
出版人	朱杰人

（如发现本版图书有印订质量问题，请寄回本社客服中心调换或电话021-62865537联系）